Von Charles Moore

The Black Market: Ein Leitfaden zum Kunstsammeln
Verwandelnde schwarze Künstler aus Israel
Kunstsammler über die Brillanz der Farbe Schwarz

Laufen im Einklang: Eine Hommage an die Laufkultur

Laufen im Einklang:

EINE HOMMAGE AN DIE LAUFKULTUR

Ein Memoir

Charles Moore

Petite ♦ Ivy
PRESS

Laufen im Einklang: EINE HOMMAGE AN DIE LAUFKULTUR ist ein Werk der Literatur. Ohne schriftliche Genehmigung des Herausgebers/Autors darf kein Teil dieses Buches in irgendeiner Form oder mit irgendwelchen mechanischen Mitteln, einschließlich Datenspeicherungs- und Abrufsystemen, reproduziert werden. *Laufen im Einklang: EINE HOMMAGE AN DIE LAUFKULTUR*, NEW YORK, U.S.A.

Copyright ©2024 by CHARLES MOORE.
Alle Rechte vorbehalten.
Veröffentlicht in den Vereinigten Staaten von Petite Ivy Press.
Alle Bilder, Logos, Zitate und Markenzeichen in diesem Buch sind durch die Gesetze der Vereinigten Staaten von Amerika zum Schutz von Markenzeichen und Urheberrechten geschützt.
Library of Congress Control Number:
Namen: MOORE, CHARLES, Autor
Titel: *Laufen im Einklang: EINE HOMMAGE AN DIE LAUFKULTUR* / CHARLES MOORE
Beschreibung: New York: Petite Ivy Press. [2024]
ISBN: 978-1-955496-10-0 (Hardcover-Druck) |
MENGENBESTELLUNGEN: Bei der Bestellung größerer Mengen dieses Titels können Schulen, Firmen, Berufsgruppen, Vereine und andere Organisationen von Sonderkonditionen profitieren.

Alle Rechte vorbehalten von CHARLES MOORE. Dieses Buch wird in den Vereinigten Staaten von Amerika gedruckt.

Porträtmaler: Telvin Wallace

Für Columbus Jr., Cheryl & Andrea

Inhaltsverzeichnis

Kapitel 01
"Sei"..01

Kapitel 02
Adrenalin!...11

Kapitel 03
Laut meiner Mutter kann ich alles machen und alles sein...........17

Kapitel 04
Auftauchen...29

Kapitel 05
Gib dich deiner eisernen Reise hin..43

Kapitel 06
Meine Art von Volk...55

Kapitel 07
Schwarze Männer laufen keine Marathons?................................67

Kapitel 08
Kampfmodus!..73

Kapitel 09
Zeit für Stille..85

Kapitel 10
Mit Freunden überstehst du jeden Marathon..............................95

Kapitel 11
Ciao Roma!...105

Kapitel 12
Heldengedenktag, Boston..115

Kapitel 13
Brücken!..127

Kapitel 14
Berlin & Rosa..137

Kapitel 15
Die brüllende Löwin.. 149

Kapitel 16
Die Wenigen, die Stolzen..159

Kapitel 17
Zwei Meter Zehn Groß..167

Kapitel 18
Das Nicken..177

Kapitel 19
Hitzewelle...187

Kapitel 20
Pandabären. 197

Kapitel 21
Geschlagene Krieger...207

Kapitel 22
Guten Tag, Detroit!..217

Kapitel 23
Schwarze Männer laufen Marathons................................227

Kapitel 24
Swag Surfin'... 235

Kapitel 25
Ahmaud der Tapfere!..243

Kapitel 26
Und wieder von vorne. 253

Kapitel 27
Durchbruch. 259

Kapitel 28
Marathon Weltenbummler. 267

Kapitel 01
"Sei"

Als ich endlich am Start des Detroit Free Press Marathons stand, war ich erleichtert und zufrieden - besonders weil ich vor heimischem Publikum lief. Meine Wurzeln liegen in der Motor City, einem Ort, der einige meiner größten Hoffnungen und Träume geprägt hat.

Da dieses Rennen durch Kanada führt, gilt es als ein internationales Rennen, das mit allen Arten von terroristischen Bedrohungen in Verbindung gebracht wird. Detroit hat seine eigenen Gesetze, die man nicht brechen darf. Erstens: Wer nicht läuft, darf die Strecke nicht betreten. Zweitens müssen die Läufer zu jeder Zeit ihre Startnummer zur Schau tragen.

Ungefähr bei der zwölften Meile fing mein Motor an zu laufen. Ich rannte ohne Pause die Bagley Street hinauf. In diesem Moment bemerkte ich zwei Polizisten in Schwarz, von denen mich einer zum Öffnen des Reißverschlusses meiner Jacke aufforderte. Widerwillig kam ich der Aufforderung nach, dachte aber, dass mir kalt sei. Mein Motor war gerade angelassen worden, also schien keine allzu große Schwierigkeit zu bestehen, die Vorschriften zu befolgen.

Ich ging an den beiden schwarzen Beamten vorbei. Direkt hinter ihnen stand ein weißer Beamter. Er sprang von seinem Posten auf und streckte seinen linken Arm in die Höhe, während er mit der rechten Hand nach seiner Pistole griff.

Will der Kerl wirklich nach seiner Waffe greifen? Das fragte ich mich. Als Schwarzer aus Detroit ist das für ihn vielleicht ganz normal. Traurig.

Ich war gerade vierzig geworden, als ich mit dem Laufen anfing. Kaum "über den Berg", setzte ich mir als Läufer und als Schwarzer drei Ziele: die nächste Generation schwarzer Jugendlicher, einschließlich meiner Nichten und Neffen, zu inspirieren; mich als Mensch zu neuen Höchstleistungen herauszufordern und mir und anderen zu beweisen, dass ich gut genug bin; und eine Gemeinschaft für mich selbst zu schaffen. Ich war mir nicht sicher, ob ich eines meiner ursprünglichen Ziele nach einem Dutzend Marathons und Läufen erreicht hatte. Und jetzt war ich mir nicht mehr sicher, ob ich dieses Rennen überhaupt zu Ende laufen würde, ganz zu schweigen davon, ob ich es lebend überstehen würde.

"Ich muss dein Lätzchen sehen!", rief der Beamte.

"Du kannst mit mir reden, aber wag es nicht, mich anzufassen. Sonst vermiete ich dein Haus, bis ich dich verklagt habe", antwortete ich frustriert.

Moment mal! Was habe ich gerade getan? Soll ich um des Mannes willen anhalten oder weitergehen? Ich kann ihn wohl nicht abhängen. Ich muss das heute zu Ende bringen. Gewinnen muss ich das Rennen.

˄˄˄

Ich wollte schon immer gewinnen, solange ich denken kann. Meine Mutter, Cheryl, war sehr wetteifernd, und da ich in vielerlei Hinsicht nach ihr gekommen bin, bin ich es auch geworden. Das wurde besonders deutlich, wenn die Familie zu Besuch war und wir Monopoly, Scrabble oder Kartenspiele wie Pik gespielt haben.

Ich nahm an Schulturnieren teil und warf Nachbarschaftskörbe. In meinen Träumen hörte ich auf dem Basketballplatz "Auf, Charles!", nachdem ich einen tollen Crossover gespielt hatte, oder ich hörte den tosenden Applaus, wenn ich ein ahnungsloses Kind bei einem Turnier der Academic Games League of America (AGLOA) besiegt hatte. Die AGLOA besteht seit 50 Jahren. Sie organisiert lokale, regionale und nationale Turniere, bei denen die Fähigkeiten junger Menschen in den Bereichen Logik, Mathematik und Auswendiglernen getestet werden. Das Motto lautet: "Durch akademischen Wettbewerb Spitzenleistungen fördern". Den Teil mit Exzellenz und Wettbewerb habe ich ernst genommen. Man stelle sich vor, wie ich das Spiel gegen einen größeren Wächter gewinne, wie ich an diesem Tag ein Triple-Double mache, wie ich später mit einer Formel, die ihnen Tränen in die Augen treibt, einige vermeintliche Wunderkinder in die Ecke dränge und wie ich mit einer anderen Trophäe nach Hause fahre. Ich erinnere mich, dass ich immer derjenige war, der die Ziellinie überquerte und den Pokal entgegennahm.

Ich nehme an, dass die Ziellinie in diesen Fällen nicht wirklich existierte; es handelte sich um eine Trophäe oder nur um eine Angeberei gegenüber den ahnungslosen Opfern. Aber meiner Mutter war das egal. Alles, was sie tat, war, mich ständig daran zu erinnern, dass ich den Sieg mit nach Hause nehmen würde.

Tief in mir brannte die Leidenschaft für Wettkämpfe und Siege. Ich wollte anderen zeigen, dass ich gewinnen kann. Dass ich der Beste sein kann und das Gefühl habe, etwas zu erreichen. Woher kam dieser tiefe Wunsch, sowohl im akademischen als auch im sportlichen Bereich zu dominieren? Ich habe mich in vielerlei Hinsicht immer als Außenseiter gefühlt. Im Vergleich zu den anderen Basketballspielern war ich oft einen Kopf kleiner. Und im Gegensatz zu den Kindern, gegen die ich antrat, hatte ich bei Schulwettkämpfen nie die besten Trainer.

Zur Selbstbestätigung brauchte ich die Trophäe. Es hat mich innerlich aufgefressen, wenn ich nicht gewonnen habe, wenn ich nicht der Beste war. Bis ich wieder eine Chance hatte, anzutreten und zu gewinnen, grübelte ich darüber nach. Wenn die Chance da war, dass ich sofort wieder antrete und gewinne, dann mussten wir sofort eine Revanche machen.

Kam die Chance zur Revanche später, konnte ich nicht aufhören, darüber nachzudenken, bis ich wieder eine Chance auf den Pokal, die Medaille oder den Preis hatte. Ich fühlte eine unglaubliche innere Verpflichtung, fast so, als ob ich mich durch den Wettkampf für das rächen wollte, was ich nicht zu haben glaubte. Ich musste allen Zuschauern zeigen, dass ich es draufhabe. Dass ich Mann genug war, groß genug, stark genug, schwarz genug, hart genug ... einfach genug.

Von meiner Kindheit bis zu meinen Marathontagen und sogar während all meiner akademischen und beruflichen Erfolge kämpfte ich um den Beweis, dass ich würdig und genug war. Aber bei jedem Preis und jeder Trophäe gab es eine Person, die nicht der Meinung war, dass Charles Moore gut genug war. Diese Person war ich.

Würden meine eventuelle Teilnahme am Marathon und meine neunzehn Finishs (dazu später mehr) mir endlich die Bestätigung geben, die ich brauchte? Was, wenn nicht? Wer wäre ich dann? Wie könnte ich mir selbst und anderen beweisen, dass ich es wert bin und dass ich mehr als genug bin? Dass ich einfach sein kann?

^^^

Gleich in meinem ersten Jahr an der Mittelschule, in dem ich auch zum ersten Mal an der AGLOA teilnahm, belegten wir den dritten Platz. Ich war neu, aber eindeutig der beste Spieler unserer Mannschaft und hatte das Potenzial, unter die besten Fünf der Stadt zu kommen. Über die vielen knappen Niederlagen gegen die beiden anderen Schulen setzten wir uns zusammen und diskutierten. Jeder Spieler unserer fünfköpfigen Mannschaft hatte einige Spiele gewonnen und einige knapp verloren. "Das Wichtigste ist, dass ihr Spaß am Spiel hattet", so die Worte unseres Trainers. Ich hingegen wollte mit dieser Diskussion nichts zu tun haben: die emotionale Teilnahme-Trophäe.

Blut roch ich, ich wollte Gold und Hardware, keine tröstenden Worte. Ich weiß noch, wie mich meine Mutter vor unserem ersten Landeswettbewerb zum Bus gebracht hat. "Hol ihn, mein Sohn. Und vergiss nicht, es gibt auch noch Einzelpokale", sagte sie. Ich glaube, meine Mutter hat sich immer nur um einen einzigen Menschen gekümmert, und das war ich.

Zum ersten Mal war ich ohne meine Eltern unterwegs. Bei dem landesweiten Turnier traten die besten Mannschaften aus allen Regionen von Michigan gegeneinander an. Die Teams wurden mit Bussen quer durch den Staat gefahren und kamen in der Mitte des Staates an. Dort kämpften sie um Mannschafts- und Einzeltitel. Dass die Landesmeisterschaft nur eine Wiederholung der Regionalmeisterschaft sein würde, wussten wir nicht. Unsere Mannschaft hatte das Nachsehen, und obwohl ich meine Spiele gewann, reichte es nicht für die Qualifikation der Mannschaft für die nationalen Meisterschaften. Ich war wahrscheinlich der einzige Michael-Jordan-Fan in Detroit in diesen Jahren. Sein Team verlor in den Playoffs auf dem Spielfeld, meines in der Halle. Nach meiner Rückkehr hatte ich zwar ein etwas ungutes Gefühl, aber ich war bereit für die Rückkehr in den Trainingsmodus für das nächste Jahr.

^^^

Meine Eltern arbeiteten hart und wollten das Beste für sie. Deshalb haben sie auch nicht gezögert, als sie genug Geld gespart hatten, um in eine bessere Gegend zu ziehen. Ich erinnere mich noch daran, wie ich voller Freude in die Schule kam, weil ich wusste, dass ich in die Nähe des Sherwood Forest ziehen würde, wo all die reichen Kinder der Stadt wohnten. Ich dachte, mein Team würde sich für mich freuen, aber Alicia, eine Teamkollegin, sprach mich an und fragte: "Mit welchem Bus kommst du hierher?

Bus? Ich? Mit dem Bus? Warum sollte ich das tun? Ich kann doch zu Fuß zu einer besseren Schule gehen. Die, wie sich herausstellte, einer unserer erbitterten Rivalen war, die zweitbeste Schule in Detroit.

Ich weiß noch, dass ich an diesem Tag traurig und bitter nach Hause kam und mich fragte, was es für einen Sinn hatte, in einer Mannschaft zu sein, wenn meine Mannschaft nicht für mich jubelte. Meine Mutter reagierte so gut sie konnte: Sie ging mit mir einkaufen.

Wir bereiteten uns so vor, als ob ich es bis zu den nationalen Meisterschaften geschafft hätte. Ich wurde mit einem brandneuen Paar Air Jordan 5 in Weiß, drei Paar weißen Jordan-Shorts und drei weißen Jordan-T-Shirts ausgestattet. Aber als wir in die Abteilung für Schulkleidung gingen, war meine Mutter aus irgendeinem Grund ein bisschen sauer auf mich. Damals trug ich nur khakifarbene Hosen und Poloshirts von Ralph Lauren und Tommy Hilfiger. Außerdem hatte ich Sperrys und Rockports an. Meine Mutter versuchte, mich in Levi's Jeans zu stecken. "Du bist nicht verpflichtet, dich deinen schicken Freunden anzupassen", maßregelte sie mich.

"Aber Mama, das tun sie doch. Sie wollen sich so anziehen wie ich, nicht andersherum", erwiderte ich. "Und außerdem ziehe ich sie nicht an, wenn du mir diese Levi's kaufst."

Schnell verließen wir das Hudson's Kaufhaus und gingen schweigend nach Hause. Wir hatten zum ersten Mal gestritten.

Meine Mutter hatte kein Recht, mich preppy zu nennen. Ich weiß nicht, ob sie jemals ein anderes Auto als einen Volvo gefahren hat, und irgendwann, als sie älter wurde, hatte sie eine Limousine und einen Kombi. Sie liebte ihren Kombi. Am liebsten hatte sie die Nummer 850, denn das war die große Limousine von Volvo. Seit Ende der achtziger Jahre hatte sie auch das Nummernschild FAFNGOD (Faith in God - Glaube an Gott). Ihr Haar trug sie immer glatt, was zu ihrer hellgelben Haut passte. Ihre bequemste Kleidung bestand aus einem einfarbigen T-Shirt, lässigen Designerjeans und Sperrys ohne Socken. Sie lächelte so, dass sie jeden Raum füllen konnte, und fand in allem, was sie sah, etwas Gutes.

Damals begann sie, in die Kirche zu gehen. Sie legte ihre Zigarettenschachteln beiseite, um Bibelverse zu lesen. Ihre

Wahrheit war ihre, und sie musste sich von niemandem sagen lassen, was sie zu tun hatte oder wie sie zu handeln hatte, und wenn niemand mit ihr in die Kirche gehen wollte, ging sie konsequent ihren Weg. Meine Abenteuerlust und meine Hartnäckigkeit, neue Dinge auszuprobieren, habe ich wohl daher.

Es war das erste Mal, dass ich ohne meine Eltern oder Großeltern den Staat verließ, als ich in den Charterbus nach Atlanta stieg. Ich war zwölf Jahre alt. Ich vergaß, dass ich Insekten, Ungeziefer und alles Schmutzige hasste, als ich auf dem Campingplatz in Atlanta ankam. Ich war hierher gekommen, um in der Schule jedes Spiel zu gewinnen, das man mir gab. Ach ja, und Basketball.

Ich bemerkte die Highschool-Schüler, die Basketball spielten, gleich nachdem ich meine Taschen abgestellt hatte. Ich schlüpfte in meine Jordan 5 und in mein ganz in Weiß gehaltenes Jordan-Outfit und machte mich auf den Weg, um sie daran zu erinnern, dass ich nicht nur ein Rechengenie bin und ein hübsches Gesicht habe. Als ich auf den Platz kam, rief mir jemand zu: "Hey, Mann, du kannst nicht in diesen weißen Sachen auf dem Platz spielen! Das macht alles kaputt."

Eine Art roter Tonschmutz entsteht durch die Eisenoxide und den sauren Regen, der in Georgien vorherrscht. Mit den modernen Mitteln und den Fortschritten bei der Reinigung ist die Entfernung dieses Schmutzes von der weißen Kleidung um vieles leichter geworden. Aber nicht 1989. Natürlich war nicht nur meine Kleidung ruiniert, sondern auch meine blütenweißen Air Jordans. Mir war's egal, du hattest keine Ahnung.

In drei verschiedenen Spielklassen habe ich bei den nationalen Meisterschaften Einzelpreise und Trophäen gewonnen. Ich ärgerte die Größeren, war schneller und cleverer auf dem

Platz. Man konnte mir keine Chance geben, denn es hagelte Schüsse. Außerdem sah ich aus wie eine Nike-Ambassador und es schien mein erster Ausflug in die Modewelt zu sein. Ich hatte die kompliziertesten Kombinationen von Gleichungen, ich hatte einen tödlichen Sprungwurf, und die roten Flecken auf meinen weißen Jordans hielten mich nicht davon ab, der am besten gekleidete Spieler auf dem Platz zu sein.

Als ich an diesem Montag nach Hause kam, kochte meine Mutter mein Lieblingsessen: Wolfsbarsch aus Chile, Brokkoli und Kartoffelpüree. Ich bin sicher, dass wir zur Feier des Tages eine Flasche Champagner geleert hätten, wenn ich so jung gewesen wäre.

"Ja, das ist mein Sohn", sagte sie lächelnd. Mein Vater und meine Schwester sahen uns an, als hätten wir sie gar nicht bemerkt. "Ich wette, keines dieser Kinder hat dich kommen sehen, aber sie wussten, wer du warst, als du weg warst. Hab Vertrauen in Gott, er wird sich um dich kümmern."

Bei meiner Rückkehr in die Schule in dieser Woche hatte ich das Gefühl einer großen Leere. Die Euphorie des Wettkampfes, die Euphorie des Gewinnens, die Euphorie, im Moment des Sieges zufrieden zu sein, war verschwunden. Wenn ich nicht kämpfte und gewann, wer war ich dann? Wird es mich weiter auffressen? Würde ich fähig sein, dieses Gefühl zu überwinden?

Kapitel 02
Adrenalin!

Ich lag im Bett, an der Seite meiner Frau Andrea, den Blick an die Decke gerichtet. Die Sonne brannte durchs Fenster wie die Trommeln des menschlichen Chronometers, dem ich lauschte: Rock & Roll Hall of Fame Al Jackson Jr. Al starb zwei Monate vor seinem vierzigsten Geburtstag. Ich war vierzig Jahre alt.

Die letzte Nacht - so hatte ich mir vorgenommen - war die letzte Nacht, in der ich leblos in meinem Bett liegen würde. Mein Körper hatte langsam das Gefühl von Frieden und Ruhe. In der Woche zuvor hatte ich meine Wohnung neu streichen lassen, und von den Wänden meines Schlafzimmers hing noch immer ein halbgiftiger Geruch nach Farbe. Mir war schwindelig. Ich hatte Kopfschmerzen und meine Augen tränten. Aber es waren nicht die neuen, porzellanweißen Wände, die mir das angetan hatten, sondern ich hatte mir eine schlimme Erkältung eingefangen. Als die Sonnenstrahlen gegen meinen Kopf schlugen wie zwei massive Trommelstöcke aus Eiche gegen das Fell einer kleinen Trommel, überkam mich schnell das Gefühl der Klaustrophobie.

Soll ich noch einen Tag im Bett bleiben und mich weiter ausruhen, fragte ich mich, oder soll ich mich aus dem Kreislauf von Unruhe, Stille und Schlaflosigkeit befreien, der mich in den letzten drei Nächten, die mir schon wie eine Ewigkeit vorkommen, verschlungen hat?

Ich bin nie krank. Aber wenn, dann werde ich warten. Nur dann komme ich zur Ruhe. Ruhe zu definieren und in den Tagesablauf zu integrieren, gelingt den meisten Typ-A-Persönlichkeiten nicht. Nichts tun? Nicht arbeiten gehen? Meine Mutter hat mir einmal einen handgeschriebenen Zettel geschickt, auf dem stand: "Wenn dir dein Bachelor-Abschluss nicht reicht, dann mach doch noch einen Master. In Rom, Italien, hatte ich aber schon meinen MBA in Finance gemacht. Wenn ich jetzt aus dem Fenster schaute, stellte ich mir vor, dass die Rückseite von Peter Dillons 36th Pub der Seiteneingang zur Galleria Nazionale d'Arte Antica war, wo ich oft hingegangen war, um mir Judith, die Holofernes enthauptet von Michelangelo Merisi da Caravaggio anzusehen. Ich wünschte, ich wäre noch in Rom... Aber ich lag in Midtown Manhattan in meinem Bett. Das Dröhnen der Trommeln in meinem Kopf waren nicht die Beats von Al Jackson, sondern die Schläge, die die Stadt der Götter den Schwachen versetzt.

Ich hatte einige Jahre in Italien gelebt, von 2009 bis 2012, um genau zu sein. Ich erinnerte mich an die Momente, in denen ich abends an meinen Finanzkursen arbeitete und tagsüber Italienischunterricht nahm, Museen besuchte und im Internet nach Opern- und Ballettkarten suchte. Damals wusste ich noch nicht, dass ich es in der Finanzwelt nicht lange aushalten würde, denn in mir brodelte etwas intellektuell Kreatives.

Ich wechselte zu etwas Leichterem: einem Ballet Russe-Mix von Sergej Prokofjew. Ich spielte diese Mischung, wenn ich ruhig und gelassen sein wollte, wahrscheinlich beim Lesen eines Buches oder beim Lernen für eine Prüfung. Ich fühlte mich, als hätte ich gerade ein Muskelrelaxans geschluckt, als ich ins Bett sank. Ein Kissen, so weich wie die Tutus der Ballerinas, stützte meinen pochenden Kopf, der in meinem Kopf tanzte, wenn ich es schaffte, ein wenig zu schlafen.

Aber dann setzte das Trommeln wieder ein, und mein Herz fing an, wie wild zu klopfen. Ein Oboenduo tauchte aus den Lautsprechern auf und verdrängte die Ballerinas. Meine Augen begannen zu leuchten. Während André 3000 seine Strophe von "Int'l Players Anthem (I Choose You)" sang, wollte ich aufstehen. Ich schickte meiner Mutter eine SMS, um sie wissen zu lassen, dass es mir besser ging, und beschloss, ein für alle Mal aus diesem Haus zu verschwinden.

An meiner Haustür traf mich dieselbe Sonne, die durch mein Fenster schien. Ich bewunderte die Wochenendkrieger, die ihren Sonntagmorgen in Sag Harbor, New York, verbrachten und sich im American Hotel in der Main Street 49 ihre Frühstücksomeletts und Bloody Marys schmecken ließen. Stattdessen näherte ich mich der Fifth Avenue und kehrte zu meinen Gnaden zurück, wie Jordan bei seinem triumphalen Comeback mit der Nummer 45. Vielleicht war mein Comeback nicht so ernst wie das von MJ, aber es tat gut, wieder unter den Lebenden zu sein und einfach nur spazieren zu gehen, etwas frische Luft zu schnappen und etwas zu essen.

Zu Beginn meines Spaziergangs schoss mir eine seltsame Idee durch den Kopf: "Charles, lass uns zum Columbus Circle gehen. Ich konnte mich nicht daran erinnern, jemals diesen 1,7

Kilometer langen, 35-minütigen Spaziergang durch den Central Park gemacht zu haben. Mit etwas Stadtluft im Gesicht fühlte ich mich glücklicherweise besser. Ich setzte mein Headset auf. Ich begann, auf Spotify zu scrollen. My Beautiful Dark Twisted Fantasy, ein meisterhaftes Album des Künstlers, der früher unter dem Namen Kanye West bekannt war, stach durch sein rotes Cover mit dem Phönix hervor. Der heutige Tag ist wie meine eigene schöne, dunkle, verdrehte Fantasie, dachte ich. Nur knapp entging ich einem Zusammenstoß mit einem Taxifahrer, der während der Fahrt eine SMS schrieb.

Hier in New York City zu leben, davon hatte ich immer geträumt. Schließlich hatte ich 2005, als ich wusste, dass es an der Zeit war, die mutige Entscheidung getroffen, East Lansing, Michigan, wo ich die letzten Jahre gelebt hatte, zu verlassen. Nicht nur, um Urlaub zu machen, sondern einen Tapetenwechsel. Es war wie das Abenteuer, auf das ich mich vor zehn Jahren eingelassen hatte, als ich heute Morgen mein Haus verließ. New York war meine Stadt. " It's the magic hour", rappte Ye und beschrieb damit diesen Moment. Der magische Moment, der Moment, in dem ich um eine Ecke biege. Seit fast vierzig Jahren findet er jedes Jahr am ersten Sonntag im November statt, der New York City Marathon. Alles verlangsamte sich, als die Gitarre mit Lichtgeschwindigkeit durch meine Kopfhörer dröhnte, meine Augen weiteten sich beim Anblick von Hunderten von Läufern und noch mehr Zuschauern. Das Lied endete. Ich schaltete die Musik aus. Ich war gezwungen, der Musik der HOKAs, Nikes und ASICS zu lauschen, die über den Asphalt stampften, als sie zum Start der letzten achthundert Meter um die Ecke kamen.

Ich drehte mich zu einem der Zuschauer um und fragte: "Was ist denn hier passiert?"

"Das ist der New York City Marathon", antwortete sie, ohne sich wirklich umzudrehen, mit einem genervten, aber überheblichen Lächeln. Dann drehte sie sich um, um sich wieder zu formieren, und rief niemandem zu: "Du kannst es schaffen!

Es war also Marathon-Sonntag in New York City. Die Neugier in mir war geweckt. Im Jahr 2006 war ich einen 5-Kilometer-Lauf zugunsten von Nierenkranken gelaufen, und erst letztes Jahr hatte ich einen 5-Kilometer-Truthahnlauf in Wilmington, Delaware, mit Bravour gemeistert. Damals hatte ich noch keine Ahnung, was es heißt, einen Marathon zu laufen, ich wusste nur, dass er lang ist. 26,2 Kilometer lang. Ich versuchte mir den Start vorzustellen.

Es war der Blick in die Augen der zukünftigen Finisher, der meine Faszination für diesen Lauf auslöste. Während die Läufer, die das Ziel noch nicht erreicht hatten, in einem halsbrecherischen Tempo über die Ziellinie sprangen, schlenderten die Medaillengewinner anmutig und mit der Geschwindigkeit einer Galapagos-Schildkröte an mir vorbei. Ihre stoische Gelassenheit faszinierte mich. Der Anblick der Läufer beim Überqueren der Ziellinie des Marathons weckte meine Neugier. Ich war fasziniert von dem, was ich in den Gesichtern der Läufer sah, verzerrt von einem Ausdruck der Niederlage, auch in den Gesichtern derer, die die Ziellinie überquert hatten. Der Marathon war geschafft, aber die Läufer wirkten gebrochen und niedergeschlagen von der mentalen und physischen Anstrengung, die sie auf sich genommen hatten.

Die ganze Szene spielte sich in Zeitlupe ab. Ich wusste nicht, warum mich in diesem Moment so viele Emotionen überkamen; Gott wusste, dass ich dorthin laufen musste. Aber in diesem Moment wurde mir klar, dass ich eines Tages den New York City Marathon laufen würde. Eines nahen Tages.

Kapitel 03
Laut meiner Mutter kann ich alles machen und alles sein.

Ich wusste, dass ich eines Tages in New York und in Italien leben würde, seit ich zwölf Jahre alt war. "Eines Tages werde ich an der Wall Street arbeiten und in Rom Italienisch lernen", erzählte ich meinen Eltern und Freunden. Die meisten meiner Freunde lachten und dachten, das sei wieder einer dieser arroganten, ehrgeizigen Momente dieses seltsamen Kindes. Aber dass ich alles tun, alles sein und alles haben kann, hat mir meine Mutter immer gesagt. Und ich war verrückt genug, darauf zu hören.

Ich kam der Wall Street sehr nahe, gleich nach der Highschool. Ich musste ein Jahr warten, bis ich an der Michigan State University aufgenommen wurde.

Das lag angeblich an meinem Praktikum bei Merrill Lynch, aber in Wirklichkeit war es wegen eines Mädchens. Ich hatte eine Freundin, die ein Jahr jünger war als ich, und so habe ich mich bei einer Bank beworben, damit ich ein weiteres Jahr in der Stadt bleiben konnte. Mama war sauer. "Du gehst aufs College", schrie sie mich jeden Tag an.

Ich dachte, sie sollte glücklich sein. Erst vor ein paar Monaten hatte ich ihr die Papiere zum Unterschreiben gegeben, damit ihr minderjähriger Sohn dem US Marine Corps beitreten konnte. Mein Vater Derrick hatte sie ausgelacht. "Du weißt, dass der Junge nicht zum Militär geht. Er liebt Tony Bennett, steht nicht vor zehn Uhr auf und liest lieber ein Buch, als sich die Hände zu beschmutzen. Sie sagte, als die beiden Rekrutierungssoldaten ihr einen Stapel Papiere unter die Nase hielten und sie weinte, habe sie mich nicht für voll genommen. "Bist du sicher, dass du das machen willst?", fragte sie beiläufig. "Ja", sagte ich und dachte: "Wann sagt sie mir, dass ich nicht darf? Zu den Marines wollte ich auf keinen Fall. Gleich nach dem Abitur hatte ich begonnen, das Mädchen meiner Träume kennen zu lernen.

Irgendwann würden wir die Entlassungspapiere für die Marines nach Hause schicken. Ich würde zur Merrill-Lynch-Filiale in der Innenstadt gehen, wo ich meinen Marineanzug anbehalten würde - kein Wortspiel. Ich fühlte mich New York City so viel näher, wenn ich in diesem Büro war. Jeden Tag las ich die Finanzzeitungen und träumte davon, den echten Gordon Gekko zu treffen: Carl Icahn oder George Soros. Bei Ausschnitten aus dem Film Wall Street schwärmten mein Mentor (der einzige Afroamerikaner im Büro) und ich. Er war in der Rolle von Michael Douglas und ich natürlich in der von Charlie Sheen. "Geld schläft nie, Kumpel" - das hat er mir immer wieder ins Gedächtnis gerufen.

Nach etwa einem Jahr Arbeit in der Innenstadt von Detroit musste ich mir eingestehen, dass ich auf der Strecke geblieben war. Ich schrieb mich schließlich an der Michigan State University ein. Die Zeit verging wie im Flug. Ich erinnere mich, wie ich eines Tages in meinem Zimmer im Midwest Studentenheim saß und Frank Sinatra's "New York, New York" aus der Stereoanlage dröhnte. Ich malte mir meine Zukunft aus: Die Tage, an denen ich an der Seite von Gordon Gekko millionenschwere Deals abschließen würde, die Nächte, die ich mit den Damen aus Sex and the City verbringen würde ... Moment mal. Aber diese Leute gab es gar nicht. Was ist mit den Menschen, die wirklich in New York City gelebt haben? Wie waren sie? Wie waren die? Was war so hart an dieser Stadt, dass es so schwer war, sie zu ertragen, und doch war sie so einzigartig, dass so viele Menschen in ihr leben wollten?

Irgendwann fing ich an, mich auf dem College zu langweilen, brach es ab und verbrachte die nächsten Jahre damit, in einer Reihe von unsinnigen Jobs zu arbeiten. Um mich intellektuell zu stimulieren, konzentrierte ich mich auf meine Hobbys. Ich interessierte mich für Musik, Kunstmuseen und Literatur. Irgendwann im Jahr 2002 hatte ich ein Date mit einem Mädchen namens Flor, einer Mexikanerin, die als Verkäuferin arbeitete. Wir waren unzertrennlich. Zwei- oder dreimal in der Woche brachte sie mir etwas zu essen mit und traf sich mit mir, wenn ich Pause hatte.

Eines Tages kam einer meiner Kollegen nach dem Mittagessen zu mir und fragte: "Warte, kommt sie wirklich aus Mexiko?

"Ja, sie kommt aus einer Stadt gleich außerhalb von Mexiko City."

"Wie, aus Mexiko ... spricht sie mexikanisch?", fragte er.

Mich erstaunte das. Ich hielt es für einen Scherz. "Nein, Kumpel, sie spricht Spanisch. Das ist die Sprache in Mexiko." Er sah genau so verwirrt aus, wie ich es war.

Später an diesem Abend, als ich nach Hause kam, schaute ich in den Spiegel und dachte: "Der Typ ist fast fertig mit dem Studium! Ich konnte es nicht glauben. Ich habe aufgehört zu studieren, und dieser Idiot steht kurz vor dem Abschluss. Auf der Suche nach dem schnellsten Weg zum College-Abschluss ging ich ins Internet.

Ich würde 2003 zur Schule gehen. Zur Feier des Tages buchte ich eine Reise nach New York City. In New York zu leben war schon immer mein Traum gewesen. Ich hatte drei Dinge geplant: Die Wall Street zu besuchen (das war einfach, weil ich nur einen Block entfernt im Club Quarters Hotel wohnte), die Metropolitan Opera zu besuchen (ich hatte gerade eine Leidenschaft für die Oper entwickelt) und in den 40/40 Club zu gehen (mein Lieblingsrapper zu der Zeit war Jay-Z, und er hatte gerade die luxuriöse Sportbar eröffnet).

Ich rief im Club an, um einen Tisch zu reservieren. Desiree Perez war am Apparat. Dass sie eine der Gründerinnen des Clubs war, wusste ich nicht. Wir unterhielten uns fast zwei Stunden. Ich sagte, ich wüsste, dass ich irgendwann einmal hier wohne, dass ich ein Riesenfan von Jay-Z bin und dass ich bald hierher komme. Am Ende des Telefonats sagte sie mir, dass mein Gespräch sie berührt habe. Sie schickte mir von einem Tag auf den anderen eine VIP-Mitgliedskarte und sagte mir, dass ich auf ihrer persönlichen Gästeliste stehen würde, wenn ich dort ankommen würde. Lange bevor ich nach der Arbeit einen Martini in der King Cole Bar des St. Regis Hotels trank, saß ich in der VIP-Lounge neben Jason Kidd – dank des zufälligen, aber bewegenden Telefongesprächs mit einer Concierge.

^^^

Was Müdigkeit bedeutet, lernt man als Kind zum ersten Mal beim Laufen. Als Erwachsener bin ich Marathonläufer. Ich weiß, dass es nicht viele Langstreckenläufer gibt, die so aussehen wie ich.

Dass ich kontaktfreudig und extrovertiert bin, haben die Leute schon immer gedacht. Vielleicht mein Sternzeichen? Löwe. Meiner Meinung nach ist es die Sprache meines Körpers: Ich bin sehr selbstbewusst. Oder vielleicht ist es mein Drang, etwas zu erreichen. Die Wahrheit ist, dass ich ein introvertierter Mensch bin, der sich nur ab und zu aus der Deckung wagt. In der Mittelschule hatte ich Angst vor dem Sprechen im Unterricht, also brach ich den Blickkontakt ab, wenn Lehrer Fragen stellten, auf die ich die Antworten leicht wusste. Dass ich eine Energie habe, die Menschen zu mir hinzieht, sagen mir die Leute oft. Aber soziale Interaktionen rauben mir diese Energie. Wahrscheinlich ist das so, weil ich das Lesen eines Buches oder das Anschauen eines Films dem Zusammensein mit einer großen Gruppe von Menschen vorziehe.

Auf dem Basketballplatz habe ich mir mit meinem Mundwerk immer Ärger eingehandelt. So wie damals, als wir in der Mittelstufe in ein neues Viertel gezogen sind und ich innerhalb einer Woche auf dem Basketballplatz jeden im Umkreis von zehn Häuserblocks in die Pfanne gehauen habe. Damals wurde ich auch fast verprügelt, weil ich sagte, ich sei ein besserer Spieler. Mein Selbstvertrauen und mein Siegeswille überstrahlten meine Statur und mein nerdiges Auftreten. Aber um ganz sicher zu gehen, untermauerte ich den ganzen Unsinn, den ich von mir gab, mit meinem Willen zu gewinnen.

Teamsportarten wie Basketball und Fußball mochte ich, aber ich habe nie in einer organisierten Mannschaft gespielt, sondern nur Streetball. Logisch, dass ich in einer Sportart, in der es nur auf Einzelleistungen ankommt, wie Tennis oder Golf, herausragend wäre. Diese Sportarten habe ich nie ausprobiert. Als Kind war ich zu sehr damit beschäftigt, meine Schultasche zu schleppen und zum wöchentlichen AGLOA-Turnier zu gehen. Von Natur aus war ich eine neugierige Person. Ich habe alles ausprobiert: Klavier, Trompete, Hockey und sogar Fremdsprachen. Man stelle sich vor, wie überrascht meine Mutter reagierte, als ich 2005 in der 44 Wall Street zu arbeiten begann und 2009 nach Rom zog.

Meine Gedanken schweiften ständig ab. Als ich ein Praktikum in einer Anwaltskanzlei in East Lansing, Michigan, absolvierte, kam mein Chef in mein Büro und warf einen Blick auf das Buch, in dem ich gerade blätterte. "Etwas leichtere Kost für dich, Charles?" Ich lächelte und las in Freuds Traumdeutung weiter. Etwa zur gleichen Zeit begann ich meine selbstinduzierte Romanze mit anderen Büchern von Freud. Ich las auch Bücher von Ralph Ellison, F. Scott Fitzgerald, Skip Gates, Jung, Kant, Machiavelli, Marx, Toni Morrison, Nabokov, Nietzsche, Tolstoi und Cornel West. Später entwickelte ich eine leichte Besessenheit für die berühmten Dichter und Romanciers Charles Bukowski, Chekov und Brett Easton Ellis. Gegenüber Henry James hegte ich eine starke Abneigung. Ich bin der Meinung, dass jedes Exemplar von The Turn of the Screw unter Haloperidol gesetzt und dann an einen Euophrys omnisuperstes verfüttert werden sollte.

Wenn Menschen einen Rat brauchen, war ich schon immer die Person, an die sie sich wenden. Es ist mein natürlicher Instinkt, anderen bei der Lösung von Problemen, beim Nachdenken und beim Finden von Lösungen zu helfen. Meine Worte ermutigen die Menschen oft, weiterzumachen. Natürlich wäre ich ein großartiger Trainer oder Manager, aber ich habe nicht das Verlangen nach diesem Titel: "Ich bin eher ein Michael Jordan als ein Phil Jackson", habe ich oft gesagt. Jackson, der die Chicago Bulls in den 1990er Jahren während ihrer sechs Spiele andauernden Meisterschaftsserie als Head Coach betreute, hat Jordan von einem erstklassigen, individuellen Superstar zu einem Gewinner gemacht. Ich habe ein angeborenes Bedürfnis, vielseitig zu sein. Und ich bin stark motiviert, wenn ich gewinne. "Du wolltest diese Trophäe schon immer", sagte mein Freund David einmal.

Meine Eltern haben meinen Bruder 15 Jahre nach mir bekommen. Weil sie seltsamerweise nicht wussten, wie sie ihn sonst nennen sollten, habe ich ihn so genannt. Sie nannten ihn nach seinem Vater II (der Zweite, nicht Jr.), genau wie mein Sohn es fast dreißig Jahre später getan hat.

Meine Geschwister rufen mich an, wenn sie sich streiten.

Sie rufen mich an, wenn meine Freunde Beziehungsprobleme haben.

Manchmal spüren Menschen, die mir zufällig begegnen, diese Energie und fragen mich, wie ich mich in der Welt oder im Leben zurechtfinde.

Als Finanzberater war ich erfolgreich, weil ein großer Teil meiner Arbeit darin bestand, den Menschen zuzuhören, was in ihrem Leben vor sich ging, und zu versuchen, einen Sinn darin zu finden und ihre finanziellen Probleme zu lösen.

Wenn ich an die Zeit zurückdenke, in der ich an inoffiziellen und offiziellen Sportwettbewerben teilnahm oder Bücher von

Autoren aus mir unbekannten Ländern verschlang, so ging es mir nicht um den Pokal, sondern um das Abenteuer, um das Ausprobieren, um die Überwindung von Hürden. Für mich war es (zunächst) nicht die Medaille, die mich zum Laufen meines ersten Marathons bewegte, sondern das Gefühl, das ich beim Blick in die Augen der Läufer spürte. Ich habe es mit dem Gefühl verglichen, das Stevie Wonder gehabt hat, als er die Doppel-LP Songs in the Key of Life herausgebracht hat: Du hast viel Arbeit auf dich genommen, bis du dieses Ergebnis erreicht hast. Wenn sich das jetzt nach Nörgeln anhört, dann hast du recht. Auch dazu neige ich. Okay, genug geschimpft.

^^^

Als ich die Läufer beim New York City Marathon ins Ziel laufen sah, wurde ich neugierig. Dort angekommen, hatte ich das Gefühl, dass sich alles bewegt, aber in Zeitlupe. Wie in der Szene auf dem Dach in Matrix. Nur mit dem Unterschied, dass ich nicht auf dem Dach stehe. Stell dir vor, ich wäre Keanu Reeves. Ich stehe an der Ecke, immer noch benommen, zerbrechlich und auf Cobalamin angewiesen, als wäre es die Bühne des Bolschoi-Theaters. Ich stelle mir vor, wie die Ballerinen zum ersten Mal im Bolschoi auftreten. Es ist die wohl renommierteste Ballettbühne der Welt. Die Läufer bewegen sich wie die erschöpften Kopien von Prinz Siegfried und Baron von Rothbart (die Rivalen im Kampf um die Hand der Schwanenkönigin Odette im Schwanensee). Doch um Odettes Aufmerksamkeit buhlen die Läufer nicht. Sie sind erschöpft, außer Atem und nicht in der Stimmung für eine Unterbrechung ihres Weges. Ich meide die grazilen Läufer, die mit Medaillen um den Hals und siegessicheren Gesichtern vorbeigleiten.

Aber das war gestern. Heute suche ich im Internet. Was ein Marathon ist, weiß ich eigentlich nicht. Okay, ich weiß, dass es ein Lauf über 26 Kilometer ist. Lane Wallace befasste sich 2009 in einem Artikel für The Atlantic mit den Fragen von Marathon-Elitisten. Ich wusste, was Elitismus ist. Aber dass es in einem Atemzug mit Marathonläufern genannt wird, war mir neu.

Elitismus stammt vom lateinischen Wort eligere ab - ein Verb, das "auswählen" oder "auserwählen" bedeutet. Elitismus hat seine Wurzeln in der Leistungsgesellschaft. Der Begriff bezieht sich auf die Exklusivität einer kleinen Gruppe von Menschen und findet vor allem in Klassensystemen wie den Vereinigten Staaten Anwendung, deren demokratische Gesellschaft auf der klaren Vorstellung beruht, dass bestimmte Gruppen aufgrund ihrer Intelligenz, ihres Fachwissens und ihrer Erfahrung einen besseren Zugang zu Chancen haben. Auch wenn Elitismus nicht notwendigerweise eine Frage der Geburt oder des Reichtums ist, so ist der Begriff doch ein Hinweis darauf, dass bestimmte Gruppen der Bevölkerung mit größerer Wahrscheinlichkeit als andere den Weg an die Spitze oder in Machtpositionen finden. Was aber ist der Marathonlauf und wo liegen seine Wurzeln?

Mit Pheidippides, einem Soldaten und Boten, begann (wahrscheinlich) alles im antiken Griechenland. In der Schlacht von Marathon trafen die persischen Heere auf Athener und Plataer, als diese in Griechenland einfielen. Die griechischen Soldaten standen kurz vor dem Sieg, als Pheidippides etwas Seltsames bemerkte: Ein einziges persisches Schiff hatte sich abgewandt, um zu kämpfen. Die Flotte zog sich vorzeitig zurück, anstatt die Soldaten auf dem Schlachtfeld zu unterstützen. Die Perser wollten die Schlacht als Ablenkung nutzen, um Athen zu plündern, während die griechischen Soldaten feierten, interpretierte Pheidippides richtig.

Pheidippides rannte los, ohne ein Wort zu jemandem zu sagen. Er ist aus Marathon geflohen und die vierzig Kilometer bis nach Athen gelaufen. Dank seiner Gewissenhaftigkeit und Ausdauer konnte Pheidippides die Athener vor dem einlaufenden Schiff warnen und den griechischen Sieg verkünden. Wenige Augenblicke später brach er zusammen und starb.

Als Inspiration für den ersten Marathonlauf der antiken Olympischen Spiele reichte die Legende des Pheidippides aus. Dieser Lauf wurde zum Markenzeichen der Olympischen Spiele, als Pierre de Coubertin sie 1896 wiederbelebte. Seither haben Veranstaltungen wie der Boston-Marathon und der New-York-City-Marathon die Marathonbewegung ins Rollen gebracht. Heute gibt es Marathonläufe in jeder größeren Stadt der Welt.

Das wollte ich also? Ich wollte einen Marathon laufen?

Es war ein heller, sonniger Novembertag im Jahr 2015. Meine Erkältung war abgeklungen, mein Energielevel wieder normal und ich machte einen gemütlichen Spaziergang durch Manhattan. An diesem Nachmittag, dem 1. November, war ich ein wenig nervös, weil ich mich zuvor nicht für das Laufen interessiert hatte. Im Jahr 2007 hatte ich an einem 5-Kilometer-Lauf teilgenommen, um die National Kidney Foundation zu unterstützen, und seitdem hatte ich mich vor jedem Turkey Trot 5-Kilometer-Lauf gescheut - auch vor dem, an dem ich im Jahr 2014 teilgenommen hatte. Als Kind war ich ziemlich sportlich gewesen, aber ich hatte nie Leichtathletik betrieben und mich auch nie für einen Lauf interessiert. Mein Vater sagte: "Er steht nicht gerne früh auf", als er darüber lachte, dass ich zu den Marines gehen wollte. Seltsamerweise beginnen die meisten Marathons in den frühen Morgenstunden.

Mein erster Trainer war natürlich das Internet, angefangen mit zufälligen Google-Suchen. Nachdem ich das, was ich in diesem November am Columbus Circle sah, verdaut hatte, wusste ich, dass ich dieses Gefühl noch nie zuvor erlebt hatte und dass ich es wollte. Ich wollte es schaffen. Ganz gleich, wie schwierig die Aufgabe auch sein mochte, wenn ich mich darauf konzentrierte, würde ich es schaffen. Wir sprechen hier von dem kleinen Jungen, der in den Armenvierteln von Detroit geboren und aufgewachsen ist. Als er zwölf Jahre alt war, erzählte er seinen Freunden voller Zuversicht, dass er eines Tages nach Italien gehen und Italienisch lernen würde. Und das habe ich dann auch getan.

Damals hatte ich keine Ahnung, was Elitismus im Marathonlauf bedeutet. Und zu keinem Zeitpunkt in meinem Leben hatte ich gedacht, dass Rasse ein Hindernis für das sein könnte, was ich einmal tun wollte. Ob zum Barbecue oder ins Ballett, in die Mailänder Scala oder ins LA Fitness, ins American Hotel in Sag Harbor oder zu einem Jay-Z-Konzert im Hyde Park - ich ging dorthin, wohin ich wollte.

Ich hatte mir noch keine Gedanken über die Vielfalt unter den Läufern gemacht. Ich wusste nicht, was ich nicht wusste, als ich zum ersten Mal mit dem Laufen begann. Worauf ich mich körperlich einlassen würde, wusste ich nicht. Ich war nicht an Stereotypen gebunden. Erst bei meinem zweiten Marathon, etwa ein Jahr später, wurde mir die rassistische Komponente bewusst. Beim New York City Marathon waren mir die Unterschiede nicht aufgefallen. Wie sollte ich auch? Für den United Airlines NYC Halbmarathon, der nur wenige Monate später stattfinden sollte, hatte ich mich noch nicht einmal angemeldet. Kannst du dir vorstellen, dass ich innerhalb von ein paar Monaten den Sprung von der Couch auf die Halbmarathonstrecke schaffen wollte? Der einzige Grund, warum ich mich entschied, Halbmarathon zu laufen, war, dass ich dachte, ich bräuchte nur drei Monate, um mich vorzubereiten. Was das überhaupt bedeutet, wusste ich nicht. Ich wusste nur, dass ich es tun würde. Bloomberg, das Wall Street Journal, die New York Times und The Atlantic waren meine bevorzugten Nachrichtenmedien. Deshalb hätte ich nie den Artikel von Marcus Ryder im Guardian mit dem Titel "Why don't black people run marathons?" oder den Artikel von Jay Jennings in der Runner's World mit dem Titel "Why Is Running So White?" gelesen.

Die vielen coolen Klamotten sind mir in den ersten Monaten aufgefallen. Angefangen habe ich mit Sneakers, den bekannten Marken wie Nike, New Balance, adidas, Brooks und ASICS. Doch auch Nischenmarken wie Mizuno und HOKA wurden mir bekannt. Unzählige Stunden verbrachte ich bei JackRabbit, um den unglücklichen Läufer zu überzeugen, der mich als potenziellen, unverbindlichen Kunden hatte. Für den fēnix 6 von Garmin, mit dem ich natürlich schneller laufen konnte, habe ich 600 Dollar ausgegeben. Ich habe meine ASICS GELNIMBUS 18 eingelaufen, nachdem ich die Metaruns aufgegeben hatte. (Zweihundertfünfzig Dollar für Laufschuhe? Ich dachte mir, dass ich die zusätzlichen fünfzig Dollar sparen könnte, indem ich mir ein paar Trainingsklamotten von Lululemon kaufe). Meine neue Besessenheit mit dem Laufen wurde schnell in eine Obsession umgewandelt.

Kapitel 04
Auftauchen.

An jenem Morgen meines ersten Halbmarathons fiel kaltes Licht auf den frühwinterlichen Schnee, und der pulvrige Untergrund schien sich mit dem Tritt meiner ASICS-Laufschuhe zu vertragen - mit dem einzigen Unterschied, dass ich am Tag des Rennens nur im Freien lief. Diesem Motto sollte ich die nächsten drei Jahre folgen. Ich empfehle jedem, der diese Zeilen liest, sich nicht an meinem Trainingsplan zu versuchen. Eine Routine, die mich durch meine gesamte Laufkarriere begleitet hätte, hatte ich nicht entwickelt.

Meine erste Aufgabe als Läufe war, mich dem Preisschock eines Fitnessstudios auszusetzen, das die Manhattaner "Bougie" nennen: Equinox. Meine Straße, die East Thirty-Fifth, östlich der Fifth Avenue, war von Bäumen gesäumt, und die Strecke, die sich über vier Blocks erstreckte, war landschaftlich sehr reizvoll. 23 Park Avenue war eines meiner Lieblingsgebäude.

Damals war 23 Park Ave. an der Kreuzung der East Thirty-Fifth Street und der legendären Park Avenue ein Schmuckstück, heute ein Symbol für das, was einmal war. Als unvergleichliches Zeugnis der Genialität des Architekturbüros McKim, Mead & White ist es das Herzstück des Stadtteils Murray Hill. Das Äußere des Gebäudes hebt sich von seiner Umgebung ab und lenkt die Aufmerksamkeit auf die Brillanz und die Kunstfertigkeit, mit der es entworfen wurde. Steht man unter den robusten Mauern und blickt auf das Gebäude aus dem Gilded Age der 1880er Jahre, gibt es viel zu bestaunen. Man kann die Jahrzehnte der Geschichte, die vor diesem Giganten liegen, aus jedem der großen, gewölbten Fenster sehen. Die Aussicht von der Park Avenue ist so reichhaltig wie eh und je, und sie passt genau an ihren Standort, genau wie jedes andere Gebäude in Manhattan. Umgeben von Kultur und Geschäftigkeit, aber irgendwie auch abgetrennt, denn das Eingangsvordach bildet einen Durchgang zu einem ganz anderen Ort. Hier, in dem auch als Robb House bekannten Gebäude, verschmilzt die luxuriöse Gegenwart mit der prunkvollen Vergangenheit. Im Jahr 1998 wurde die 23 Park Avenue von der Stadt New York als historisches Wahrzeichen anerkannt und hat damit ihren Platz im kulturellen Erbe der Stadt noch weiter gefestigt. Und jetzt hatte ich endlich eine Ausrede, um an ein paar Tagen in der Woche an dem Gebäude vorbei zu gehen.

Nur am Wettkampftag draußen zu laufen ist verrückt. Auf dem Laufband zu laufen ist für die meisten Menschen, mich eingeschlossen, so unterhaltsam, wie nach einem langen Urlaub einen Stapel Junk-Mail zu öffnen. Man läuft auf der Stelle, in einer temperaturkontrollierten Umgebung, für dreißig Minuten, eine Stunde oder vielleicht sogar vier Stunden. Man stelle sich vor, man müsste das in den Monaten vor einem Marathon immer wieder machen. Die Alben von Led Zeppelin und Kanye West würden mir schnell ausgehen, und ich würde mir CNN auf einem der vielen Fernseher ansehen, die in der Mitte der Turnhalle aufgestellt sind. Deprimierend. Außerdem kann man in der Halle nicht die Vielfalt des Geländes und die unberechenbaren Wetterverhältnisse simulieren, denen man am Wettkampftag ausgesetzt sein wird. Spuckern, Bordsteinkanten oder wütenden Vögeln, die nur darauf warten, auf dich zu kacken, wirst du nicht ausweichen können. Stell dir vor, du bist drinnen, wo es vierundsiebzig Grad heiß ist, und dann gehst du nach draußen, wo es eiskalt ist, und du hast deine Canada Goose Jacke nicht dabei. Ja, das ist ungefähr so traumatisch wie die Rechnung über 185 Dollar, die ich für meinen ersten Monat im Bougie-Fitnessstudio bekommen habe.

Ich ignorierte alle Regeln, als ich mit dem Training für meinen ersten Halbmarathon begann. Regeln, unordentliche Küchen, haarige Menschen, Feiertage (deren Daten ich sowieso vergesse), die Farbe Lila (nicht den Film) und Restaurants, die mit dem Buchstaben A anfangen, sind mir zuwider. Die machen das nur, um in den Gelben Seiten ganz obenzustehen. Wenn es darum geht, große Gruppen von Menschen zu treffen, bin ich der Charles-Bukowski-Preisträger. Bukowski würde sagen: "Wohin die Menge auch geht, laufe andersherum. Sie sind immer falsch." Warum laufe ich einen Marathon, der so viele unorganisierte, haarsträubende Regelverletzer... und überhaupt so viele Leute anlockt?

Ich komme aus Detroit, der Motor City. Wir in Detroit kennen uns mit Autos aus, und wir haben nie ein Problem damit gehabt, uns die Hände schmutzig zu machen. Naja, die meisten. Ich arbeite lieber mit dem Kopf als mit den Händen. Mein Großvater war immer ein fleißiger Arbeiter und hat in den Kohlengruben von North Carolina gearbeitet, bevor er nach Detroit ging, um in der Automobilindustrie tätig zu werden. Er brachte mir bei, wie wichtig harte Arbeit war, mit der einzigen Methode, die er kannte - mit seinen Händen.

Eines Tages rief er mich zu seinem Auto, als ich in der Mittelschule war. Er wollte mir etwas darüber beibringen, wie man sich um ein Auto kümmert und es wartet. Ich sagte: "Das brauche ich nicht. Ich bezahle jemanden, der das macht."

Mein Großvater sah mich mit einem seltsamen Blick an. Ich dachte, er würde einen Drehmomentschlüssel nach mir werfen. Glücklicherweise war er gegen Gewalt. Vier oder fünf Stunden mit einer Horde Verrückter zu laufen, ist für mich völlig ungewohnt.

Zur Vorbereitung auf den United Airlines NYC Halbmarathon 2016 habe ich drei Monate lang trainiert. Was ich da tat und wie ich mich vorbereiten sollte, wusste ich nicht. Ich wusste nur, dass ich laufen musste. Als ich anfing, ging ich ins Equinox Fitnessstudio, bereits angezogen, weil ich Umkleideräume in Fitnessstudios hasste, und stieg direkt auf das Laufband. Im Nachhinein hätte ich im Internet nach einem Trainingsplan googeln sollen, aber ich war ein bisschen dickköpfig und war der Meinung, dass es ein Kinderspiel sein würde.

Am ersten Tag bin ich eine Meile gelaufen. In den nächsten Wochen ging ich für etwa eine Stunde ins Fitnessstudio, dehnte und streckte mich und lief dann bei jedem Besuch zwischen einer und drei Kilometer. Nach einigen Wochen erhöhte ich meine tägliche Laufleistung auf etwa drei bis vier Kilometer pro Besuch. Schließlich schaffte ich einmal sechs Kilometer.

Ich war immer dehydriert während des Trainings. Ich konnte das Wasser nicht schnell genug trinken, oder vielleicht trank ich nicht genug. Mein Körper fühlte sich ständig wie eine Irisblende an, ich vertrug nicht nur große Mengen Wasser, ich brauchte es. Das ist weit entfernt von der empfohlenen Trainingsmenge. Das würde bedeuten, dass man sich auf etwa zehn Kilometer hocharbeitet, bevor man sich verjüngt. Kurz vor dem Rennen reduziert man das Laufpensum und läuft dann den Halbmarathon. Ich dachte wirklich, ich würde etwas Produktives tun. Nach jedem Besuch kam ich nach Hause, duschte, zog mich an, machte mich für die Arbeit fertig. Ich erzählte allen, die ich kannte, dass ich für einen Halbmarathon trainiere.

Ich musste es allen sagen, denn die einzige Möglichkeit, an diesem Lauf teilzunehmen, war das Sammeln von Geld für wohltätige Zwecke, um mir die Teilnahme zu sichern. Also habe ich mich an den einzigen Ort gewandt, von dem ich wusste, dass ich die Idee ohne persönliche Ablehnung in die Welt hinausposaunen konnte: Facebook. Dann entschied ich mich für eine gemeinnützige Organisation, die ich unterstützen wollte: die National Multiple Sclerosis Society. Warum ich mich für diese Wohltätigkeitsorganisation entschieden habe, hat mehrere Gründe. Zum einen war ich nach meinem Umzug nach New York einige Jahre ehrenamtlich im Komitee für junge Berufstätige tätig, und Michelle - eine enge Freundin meiner Frau Andrea - kämpft jeden Tag gegen die Krankheit. Es gab noch andere Wohltätigkeitsorganisationen, aber diese war für mich die Organisation mit der größten Verbundenheit.

Der Benefizlauf wird wie folgt organisiert: Man meldet sich so früh wie möglich für den beliebten Lauf an - die Plätze sind ausgebucht - und sichert sich eine Startnummer; im Gegenzug verpflichtet man sich, einen bestimmten Betrag zu sammeln, der für die Unterstützer steuerlich absetzbar ist, und das Geld geht an die jeweilige Wohltätigkeitsorganisation. Um teilnehmen zu können, musste ich 1.500 Dollar für Multiple Sklerose sammeln. Das Auftreiben des Geldes war in diesem Fall überraschend einfach. Ich glaube, die meisten meiner Sponsoren hatten Mitleid mit mir. Meine Freunde wussten, dass ich lieber durch die Gänge der Buchhandlung am Strand schlenderte und einen Roman von Colson Whitehead las, als wie ein Möchtegern-Superheld in Strumpfhosen über die Fifth Avenue oder durch den Central Park zu laufen. Wer würde 13,1 Kilometer zum Spaß laufen? Ich wohl schon.

Dass es Mitte März so kalt sein würde, hatte ich nicht erwartet. Als ich auf die Wetter-App auf meinem iPhone schaute, obwohl ich aus Michigan komme und nicht an Kälte gewöhnt bin, sah ich eine riesige 33. Aber vor meinem ersten Rennen war ich aufgeregt. Ich wachte früh auf, wischte den Staub von meinen Turnschuhen und zog das Outfit an, das ich mir am Abend zuvor zusammengestellt hatte: schwarze ASICS, eine dazu passende schwarze Laufhose, ein dunkles T-Shirt mit dazu passenden Handschuhen und einer dazu passenden Mütze sowie eine onyxfarbene Jacke. Ich sah aus, als wäre ich bereit, in der Nebensaison durch Newport, Rhode Island, zu tanzen. Ich war noch müde von den Austern und altmodischen Cocktails, die ich am Abend zuvor im Clarke Cooke House genossen hatte.

Der United Airlines NYC Halbmarathon 2016 startete im Central Park und führte in einer Schleife bergauf durch Midtown Manhattan, dann auf die Hudson-Seite der Stadt und entlang der Westseite Manhattans hinunter, bevor er in einer emotionalen Spirale auf der Wall Street endete. Ich war dabei, meinen ersten Halbmarathon zu beenden. Es war großartig. Die Strecke führte an einigen der schönsten Sehenswürdigkeiten vorbei, die New York City einem Marathonläufer zu bieten hat.

Mit einer Freude, von der ich nicht wusste, dass sie möglich ist, überquerte ich die Ziellinie. Und ich hatte einen Weg gefunden, für einen Marathon zu trainieren, ohne mich der Monotonie des Laufbandes zu unterwerfen: Ich lief kürzere Läufe im Freien. Als ich wieder zu Hause war, klappte ich mein MacBook auf und begann auf der Website der New York Road Runners (NYRR) nach weiteren Läufen zu suchen. Ich meldete mich für den UAE Healthy Kidney 10K an und nahm auch an diesem Lauf teil - es war ein sehr emotionales Rennen. Im Herbst 2010, als ich die Welt bereiste und in Rom, Italien, lebte, bekam mein Vater seine Engelsflügel. Mein Vater hatte eine chronische Nierenerkrankung, eine Krankheit, die bei Afroamerikanern besonders häufig ist.

Die neuesten Statistiken zeigen, dass Afroamerikaner etwa 13 Prozent der Bevölkerung der Vereinigten Staaten ausmachen, dass sie aber etwa 35 Prozent der Menschen mit Nierenversagen in diesem Land stellen. Die Raten von Diabetes und Bluthochdruck sind in der afroamerikanischen Gemeinschaft nach wie vor hoch, und dies ist eine natürliche Folge von Nierenversagen. Auch wenn es möglich ist, eine chronische Nierenerkrankung zu behandeln, so bringt sie doch eine ganze Reihe von Erkrankungen und Komplikationen mit sich.

Gewichtsverlust, Kurzatmigkeit und Müdigkeit gehören zu den häufigsten Symptomen einer chronischen Nierenerkrankung und beeinträchtigen die Lebensqualität erheblich. Bei Afroamerikanern ist die Wahrscheinlichkeit eines Nierenversagens fast dreimal so hoch wie in der Gesamtbevölkerung, und wir müssen die Auswirkungen von Nierenversagen auf afroamerikanische Familien im Alltag besser erforschen und verstehen.

Nierenerkrankungen und ihre Ursachen sind behandelbar. Sie können aber auch schnell unbehandelbar werden. Die Kosten einer solchen Erkrankung sind die höchsten, die eine Familie aufbringen kann. So sterben jedes Jahr etwa 52.000 Menschen an Nephritis oder verwandten Krankheiten, die mit einem langsamen und schmerzhaften Fleischabbau einhergehen - ein Schicksal, das wir durch Aufklärungskampagnen, Dialysezugänge und Nierenforschung verhindern müssen. Weitere Initiativen könnten sich mit Gentests befassen, um Risikofaktoren früher und genauer zu erkennen. Außerdem könnten vorbeugende Maßnahmen zur Senkung des Blutdrucks gefördert werden.

Mein Vater war ein harter Arbeiter und ein kulinarischer Gott. Vor allem aber war er ein Mann der Liebe und des Schutzes seiner Familie mit seinem eigenen Leben. Seine frühen Jahre waren geprägt von seiner Liebe zum Basketball, sowohl als Spieler als auch als Zuschauer. Seine Liebe zum Basketball, sowohl als Spieler als auch als Zuschauer, durchzog seine frühen Jahre. So unerschütterlich wie seine Arbeitsmoral auf dem Spielfeld des Oakland Community College, wo wir oft Basketball spielten, und so kämpferisch wie er in den Steakhäusern und italienischen Restaurants war, so kämpferisch war er auch vor einem Teller mit fleischlichen Köstlichkeiten. Am liebsten mochte ich seine Taco-Salate mit selbst gemachten Salatschüsseln. Aber am meisten vermisse ich seine Fähigkeit, mich immer zu ermutigen und meine verrückten Träume von Größe nie aufzugeben. Er war schon immer der größte Fan von mir ... nach meiner Mutter natürlich. Wir wurden enge Freunde in seinen letzten Jahren, bevor er wirklich krank wurde. Wir haben über alles geredet. Dass er seine Bewunderung für meine großen Träume und mein

Engagement dafür zum Ausdruck brachte, ist meine schönste Erinnerung. Diese Ermutigung direkt von ihm zu hören, bedeutete mir sehr viel.

Jedenfalls lief ich mit der Startnummer 4745 - also deiner - durch den Central Park. Mit 10:47 Minuten pro Meile überquerte ich die Ziellinie und schickte einen Segen in die Luft. Mein Training an der frischen Luft macht Spaß, solange es eine Start- und eine Ziellinie gibt.

^^^

Ich liebte das Laufen nicht. Der Morgen war langweilig, und das frühe Aufstehen auf dem Laufband statt in einem Café mit einem äthiopischen "Pour Over" und einem Marlon James Roman war nicht gerade meine Vorstellung von einem schönen Tag. Schwitzen war mir ein Gräuel, also vermied ich die meisten Aktivitäten, die meine Körpertemperatur zu sehr in die Höhe trieben. Ich erinnere mich, dass ich eines Morgens, kurz nach dem Abschluss des United Airlines NYC Halbmarathons, alles in meiner Macht Stehende tat, um wieder ins Training zu kommen, und mir in Gedanken Ausreden ausdachte. Was passiert, wenn ich angefahren werde? Bin ich nicht gerade beschäftigt? Ich habe keine Zeit, ins Fitnessstudio zu gehen. Ich glaube, ich höre Mama rufen. Nichts davon änderte die Tatsache, dass ich weiter trainieren und laufen musste, wenn ich im November am New York City Marathon teilnehmen wollte; früh aufzustehen war ein Nebenprodukt dessen, was ich tun musste. "Wenigstens siehst du in deinen Lululemon-Klamotten süß aus", sagte Andrea. "Ja, okay, das stimmt", stimmte ich zu.

Mir ist klar, dass Andrea eine meiner größten Inspirationen war, die mich zum Laufen gebracht hat (die andere war mein

Onkel Jr.), und sie ist fast ihr ganzes Leben lang gelaufen. Kurz vor meiner Abreise nach Italien lernten wir uns 2008 kennen. Bis zu meiner Rückkehr nach New York im Jahr 2012 blieben wir in Kontakt. Kurz danach begannen wir offiziell mit unseren Dates und im Herbst 2013 war es dann soweit.

Andrea lief zum Spaß und um in Form zu bleiben. Sie hatte bereits einige Läufe absolviert, 5 km und 10 km, und war 2010 Teilnehmerin des New York City Marathons. Ich wusste nichts von all dem, denn ich war zu sehr damit beschäftigt, mich in der italienischen Hauptstadt mit Pasta und Pizza vollzustopfen. Leider war bei der 16-Kilometer-Marke vorsichtshalber Schluss. Die kohlenhydratreiche Mahlzeit vom Vorabend lag überall verstreut auf der Kreuzung First Avenue und East Sixtieth Street. Sie erzählte mir einmal, dass sie damals am Boden zerstört war, und ich konnte mir vorstellen, wie wütend ich wäre, wenn ich in dieser Situation wäre. Aber sie war nicht für den Ruhm gelaufen. Sie lief aus Liebe zur Laufgemeinschaft.

Ich bekam Ratschläge von allen - von einem Anfänger bis hin zu einem sehr erfahrenen Läufer und sogar von einem sehr ehrgeizigen Läufer, der noch nie zuvor einen Marathon gelaufen war - aber das machte keinen Unterschied. Ich fing an, mich für jeden Lauf anzumelden, der auf dem Kalender der NYRR stand, aber selbst das war nicht genug. Dann kam der Tough Mudder, und das war ein radikaler Schritt für mich. Ich mochte es nie, mich schmutzig zu machen, schmutzig zu sein oder überhaupt das Wort "schmutzig" in den Mund zu nehmen (ich habe immer noch nicht das Musikvideo zu Christina Aguileras Hit "Dirrty" von 2002 gesehen, ich bin einfach unglaublich konsequent).

Als einer der beliebtesten Hindernisläufe der Welt ist der Tough Mudder ein Event mit einer einzigartigen Botschaft:

Teste dich selbst und finde heraus, wie viel Kraft in dir steckt und wie weit du gehen musst, um an deine wahren Grenzen zu gelangen. Jeder Tough Mudder ist ein einzigartiges Abenteuer, ob mit dreizehn oder dreißig Hindernissen.

Ich wusste, dass ich schmutzig werden würde. Wie würde ich damit umgehen? Ich musste körperliche und mentale Hindernisse überwinden. Am Anfang war ich der Meinung, dass diese Läufe, einschließlich des Marathons, nur eine körperliche Herausforderung seien. Dass Laufen aber auch eine mentale Herausforderung ist, merkte ich schnell. Wäre ich dem gewachsen?

Beim ersten Hindernislauf ging es darum, in den Schlamm zu gehen und zu beweisen, dass ich es aushalte. Die Expositionstherapie besteht darin, Menschen in einer sicheren Umgebung einem Raum oder einer Situation auszusetzen, die ihre Angst, ihre Befürchtungen oder ihre einschränkenden Gedanken auslösen. Entscheidend für den Prozess ist die Identifizierung eines Kernbedürfnisses. Dieses hat oft nichts mit der Abneigung oder dem Zwang zu tun. Präsent zu sein ist der erste Schritt, um sich der Herausforderung zu stellen - sich zu zeigen. Der einzige Weg zur Bewältigung des Problems - was immer es auch sein mag - ist die Konfrontation mit dem Problem. Dass ich in der Angst lebte, mich schmutzig zu machen, wurde mir klar. Erinnerst du dich an Bill Murray in der Rolle des Bob Wiley in What About Bob? oder an Jack Nicholson in der Rolle des Melvin Udall in As Good As It Gets? Ganz so schlimm war es nicht. Aber ich war kurz davor, meinen Analysten von der Upper West Side zu konsultieren. Natürlich bildete ich mir das alles nur ein, ich lebte ja in New York City. Erst als ich einen Weg fand, es direkt anzugehen, um größere Lebensziele zu erreichen, wurde mir dieser einschränkende Gedanke bewusst. Mich anzuziehen und aufzutreten war mein erster Schritt.

Kein Scherz. Ich dachte an Selbstsabotage. Wenn ich nicht erscheinen würde, wer würde es wissen oder sich darum kümmern? Was, wenn ich mich unterwegs verletzen würde oder mein Transportmittel ausfiele? Das Rennen fand auf Long Island statt, und die Long Island Railroad (LIRR) ist oft ausgefallen - so habe ich mir das jedenfalls eingeredet. Ich bin also so etwas wie ein Experte auf diesem Gebiet, denn ich bin in meinem ganzen Leben erst sechs Mal mit der LIRR gefahren. Kann schon sein. Liegt es an mir, oder riecht das nach Übertreibung?

Vor dem ersten Mudder war ich mir sicher, dass es Läufer geben wird, die sich am Abend vorher noch ein paar Drinks genehmigen und dann mit einem Kater aufwachen, weil sie so viel Hefeweizen und Monkey 47 Martinis zu sich genommen haben, dass sie den Wettkampf absagen müssen. Zwar kam es nie zur Selbstsabotage, aber vielleicht habe ich das eine oder andere Mal darüber nachgedacht, was passieren würde, wenn ich einen Anfall von vorübergehender Lähmung bekäme, um eine Ausrede zu haben. Oder wenn ich mit Freunden ein paar Flaschen Champagner trinken würde - das wäre die perfekte Überzeugung für den Ausstieg.

Aber ich war immer noch nicht ganz überzeugt vom Mudder. Was war der Sinn? Wann sollte ich beim New York City Marathon durch Schlamm schwimmen, an einem Seil aus einem Graben klettern oder über einen Heuballen springen? (Vielleicht am Südende des Central Parks, neben dem Stall, in dem die Kutschpferde stehen?) Die Frage, die ich mir wirklich stelle, ist: Wie würde dies die Umgebung simulieren, in der ich mich am Tag des Rennens befinden würde? Unebenes Gelände,

Apropos Laufen

Verkehr, Schlaglöcher und Gras gab es auf dem Laufband nicht. Aber um mir die nasse Erde aus dem Gesicht zu wischen, musste ich meine Hände als Scheibenwischer benutzen.

Es stellte sich heraus, dass der Tough Mudder für mich relativ einfach war. Es soll ja auch Spaß machen, wenn es einem nichts ausmacht, sich dabei auch schmutzig zu machen. Es gibt sogar eine ganze Reihe von Firmenteams und Gruppenläufen. Mit der Popularität von CrossFit-Workouts ist auch die Popularität von Tough Mudder gestiegen. Trotzdem war ich da und pumpte meine Faust wie Apollo Creed gegen Swamp Thing, als ich aus dem Schlamm auftauchte.

Diese kürzeren Läufe zu Beginn meiner Laufkarriere haben mir gezeigt, wie leicht ich süchtig nach sofortigen Belohnungen werden kann - ganz ähnlich wie es mir in meiner College-Karriere ergangen ist. Mit jeder Vorlesung und mit jeder Prüfung kam ich meinem Ziel, das Studium abzuschließen, einen Schritt näher. Die unmittelbare Belohnung im Ausdauersport besteht darin, dein bestes Selbst zu aktivieren, um zu trainieren und Disziplin zu üben. Alle kleineren Wettkämpfe waren wie Kurse und Prüfungen, die mich meinem Abschluss näher brachten. Der Abschluss war der volle Marathon. Der Abschluss würde erst nach der Ziellinie kommen. Das Training reizt mich nicht. Was mich aber reizt, ist das Überqueren der Startlinie, die Strapazen des Rennens, das Überqueren der Ziellinie und die Belohnung in Form eines geschnitzten Schmuckstücks aus einer synthetischen Metalllegierung, das an einer Schnur befestigt ist.

Meine Amtszeit als Tough Mudder war kürzer als die eines Kobolds. Ich habe nur einen Lauf überlebt. Den Sinn darin habe ich einfach nicht gesehen. Mir hat es zu viel Spaß gemacht und ich hatte nicht das Gefühl, mich ausreichend auf die Herausforderungen eines Marathons vorbereitet zu haben. Dann habe ich von Spartan Races gehört. Das ist so etwas wie Tough Mudders für die harten Jungs. Kraft, Wendigkeit und Vielseitigkeit sind gefragt. Die Hindernisse sind sehr anspruchsvoll. Es gibt zum Beispiel ein Hindernis, bei dem man einen fünfzig Pfund schweren Felsbrocken hundert Meter weit tragen, sich für fünf Burpees fallen lassen und dann den Felsbrocken wieder zurücktragen muss. Ich habe mir ein paar Clips auf YouTube angesehen und war sofort Feuer und Flamme. Bevor ich den New York City Marathon in Angriff nahm, beschloss ich, einen Spartan Race Trifecta zu absolvieren.

Kapitel 05
Gib dich deiner eisernen Reise hin.

Es gibt nichts Typischeres, um niedergeschlagen zu sein, den Kopf zu verlieren und doch zu gewinnen, als das fünfte Spiel der NBA-Finals 1997. Ich spreche natürlich vom Grippespiel. Und der Mann, der in diesem Grippespiel die Oberhand behielt, ein großer, herausragender Sportler namens Michael Jordan, trat sechs Jahre später im Alter von 40 Jahren zurück. Im gleichen Alter war ich bereit für meinen ersten Marathonlauf über die volle Distanz. Es war Sommer 2016, ich würde im August vierzig werden und im November den New York City Marathon gelaufen sein. Allein daran zu denken, hätte mich erschrecken müssen - aber ich wusste nicht, was ich noch nicht wusste.

Wie MJ in diesem legendären Spiel musste ich mich anstrengen. Wenn der Tough Mudder ein Spaßlauf ist, ist das

Spartan Race ein Training im Chaos. Es kam mir fast wie ein Hirngespinst vor, als ich die Strecke zum ersten Mal sah. Ich hatte gerade erst den Hindernisparcours des Tough Mudder hinter mir. Viel entmutigender kann es doch nicht sein, oder? Beim Anblick dieser Hindernisse, die einem das Gehirn und den Rücken zermürben, konnte ich nicht anders, als mir vorzustellen, wie jemand nach dem Lauf auf diese Hindernisse zuläuft und über sie klettert, so wie eine Katze auf einen neuen Spielturm klettert. Aber es handelt sich hier nicht um Spielzeug, und der Parcours ist auch nicht im herkömmlichen Sinn des Wortes phantasievoll. Wer zum ersten Mal an einem Spartan Race teilnimmt, merkt das sehr schnell.

Das Spartan Race ist einfach anders - man muss es selbst erlebt haben, um es in vollem Umfang zu verstehen. Der Spartan Sprint ist die erste Etappe. Die Länge dieser Etappe ist unterschiedlich, aber als Minimum kannst du mit einem Lauf von drei Kilometer rechnen. Wenn die Strecke im Freien ist, musst du bei den meisten Spartan Races durchschnittlich fünf Kilometer laufen. Der Haken an der Sache ist, dass es sich nicht um fünf Kilometer auf ebenem Untergrund handelt. Es sind auch keine fünf Kilometer mit Hügeln. Stattdessen muss man zwischen drei und fünf Kilometer laufen, die mit Hindernissen gespickt sind. Beim Spartan Sprint gibt es durchschnittlich zwanzig Hindernisse, das heißt, du solltest in der Lage sein, einen normalen 5- oder 10-Kilometer-Lauf zu bewältigen, bevor du diesen ersten Teil des Triathlons antrittst. Hätte ich das nur vorher gewusst, dachte ich. Aber ob ich auf sie gehört oder etwas anders gemacht hätte, weiß ich ehrlich gesagt nicht. Um mit den Spartanern zu laufen, fuhr ich also nach Pennsylvania.

Der Morgen des 16. Juli 2016 war ein Hitzetag, das erste Lied dieser Läufe war wie ein Intro oder ein Vorspiel. In den Bergen von Palmerton, Pennsylvania, herrschten 95 Grad. Als ich auf dem Gipfel des Blue Mountain stand, hatte ich das Gefühl, nur wenige Zentimeter von der Sonne entfernt zu sein. Die Hitze liegt mir nicht. Wenn es sehr heiß ist, bleibe ich drinnen. Mein Körper reagiert nicht gut darauf. Wenn ich zu lange in der Sonne bin, ist Erschöpfung vorprogrammiert. Es gibt ein paar tausend Menschen, die so verrückt oder so ahnungslos sind wie ich, dieses Kunststück zu wagen.

Es war eine große Herausforderung, diese Erfahrung zwei Stunden lang auszuhalten. Eine Hürde war es, unter Stacheldraht zwanzig Meter den Berg hinaufzukriechen. Man konnte sich den Rücken brechen, wenn man zu hoch kletterte. Außerdem dient der steile Schotterboden als Heizung für die umliegenden Öfen.

Nach etwa der Hälfte des Rennens, als ich den Gipfel des Berges erreicht hatte, traf ich einen etwa 20 Jahre alten Mann, der etwa 1,80 m groß war und etwa 80 kg wog. Ich nutzte die Gelegenheit, um mich auszuruhen; ich war erschöpft, mein Puls war so hoch wie der Berg und brannte wie der Thunfisch in einem Salat à la Nizza. Mein "Am Renntag wird alles klappen"-Training machte sich bemerkbar: Amateurstunde. Auf der anderen Seite sah er dem ehemaligen NFL-Star und Wide Receiver Terrell Owens zum Verwechseln ähnlich. Ich freue mich nie über den Schmerz anderer, aber es war eine Erleichterung für mich, als ich sah, dass auch er einen harten Tag hinter sich hatte. Wir unterhielten uns über die verschiedenen Etappen der Spartan Races, während wir ein paar Minuten nebeneinander her schoben.

Mit einem schelmischen Grinsen fragte er: "Warum hast du diese - die schwierigste - als deine erste gemacht?"

"Das Timing hat gepasst. Ich will das Triple", sagte ich mit einer Zuversicht, die keinen Hehl aus meiner unglaublichen

Erschöpfung machte. "Ich bin beim Boston-Super und beim Killington-Biest dabei."

Er sah mich an, blickte einen Moment nachdenklich zu Boden und antwortete dann: "Die Bestie von Killington? - Ja, die Bestie von Killington. Nimm viel Proviant mit! Letztes Jahr habe ich mitgemacht und bin durchgefallen. Ich werde auch dort sein."

Ich stellte mich selbst in Frage, als ich hörte, dass dieser Mann - ein fast perfektes Exemplar von Mitte bis Ende zwanzig - das Rennen nicht beendet hatte. Ich hatte keine Ahnung, was mich erwartete. Es war das erste Mal, dass ich ein Rennen in meinem Kalender hatte, bei dem ich nicht sicher war, ob ich es auch beenden würde.

Der Boston Super, der ebenfalls Mitte August stattfand, wurde nicht von der Jungfrau Maria mit göttlicher Liebe gesegnet. Noch heißer als Palmerton war der zweite Teil des Spartan Race. Mein E-Mail-Postfach wurde mit Warnungen der Rennleitung überschwemmt:

Das Rennen naht. Es wird extrem heiß an diesem Wochenende für unser Boston Super Weekend. Zur Sicherheit aller... Fangt an zu trinken. JETZT. Allen Teilnehmern wird DRINGEND empfohlen, eine Trinkflasche mit einem Fassungsvermögen von mindestens 32 oz UND eine Elektrolytflasche mitzunehmen. Es ist ratsam, wasserfeste Sonnencreme zu tragen. Wenn du dir nicht sicher bist, ob du an der Veranstaltung teilnehmen kannst, wird empfohlen, deinen Arzt zu konsultieren. Aber auf geht's! Aroo!

Schwindel, Verwirrtheit, Übelkeit, Erbrechen und Veränderungen des Geisteszustands sind mögliche Nebenwirkungen. Was war das? War das die Blackbox-Warnung für Lexapro?

Der Boston Super ist - wie du dir vorstellen kannst - eine Steigerung im Vergleich zur ersten Etappe, die dir noch viel mehr abverlangt. Für den Spartan Super musst du eine Strecke von mindestens 7,7 Kilometer laufen, aber auch Strecken von bis zu elf Kilometer sind üblich. Knapp neun Kilometer lang ist der Spartan Super normalerweise. Aber denk daran, dass es nicht nur darum geht, dass du diese Strecke läufst. Da es ein Spartan Race ist, musst du viele Hindernisse überwinden. Glücklicherweise ist die Anzahl der Hindernisse nicht so groß wie die Streckenlänge. Ein Spartan Super hat durchschnittlich 24,5 Hindernisse.

Mir schwirrte der Kopf, als ich an diesem Morgen zum Rennen kam. Ich hatte gerade einen verrückten Hindernislauf auf einem Berg hinter mir, bei dem es unerträglich heiß gewesen war. Ein Nebeneffekt war, ich gebe es zu, ein bisschen Angst. Diese Läufer sahen aus, als hätten sie CrossFit gemacht. Sie waren darauf vorbereitet zu heben, zu werfen, zu tragen und zu klettern. Ich hatte mich nur auf das Laufen vorbereitet.

Wenn ich das zweite Hindernis erreichen würde, würde Mr. Spartan "Schachmatt" rufen.

Die Hitze machte mir sofort zu schaffen. Manchmal, wenn ich zu lange in der Sonne bin, bin ich so müde, dass ich nach Hause gehen und einen Mittagsschlaf halten muss. Ich dachte mir, wenn das hier passiert, muss ich das Rennen aufgeben. Ich hatte einen Rennhut auf, um meinen Kopf zu bedecken, und ich habe mich mit wasserfester Sonnencreme eingecremt. Mit den Auswirkungen der Hitze hatte ich trotzdem sofort zu kämpfen. Ich hatte keine Trinkflasche dabei. Als ich an den Verpflegungsstationen ankam, trank ich wie ein Kamel in der Wüste Gobi, das eine neue Wasserquelle entdeckt. Es war hart. Es war anstrengend. Man könnte meinen, ich hätte gerade einen

Marathon beendet, so wie ich mir nach dem Zieleinlauf auf die Brust geschlagen habe. Ich war gerade bei einem Spartan Race Super ins Ziel gekommen.

Ich hab's überlebt. Einige Monate später kam ich in Killington, Vermont, an, um dem Biest entgegenzutreten. Ich war völlig erschöpft, als ich in der ersten Nacht in Ben & Jerry's Home State ankam. Es gab kein Eis. Die Luft war stickig. Der Abend war lang. Ich hatte mir ausgemalt, dass ich mir am Samstag vor dem Wettkampf mit Kräckern und Wasser eine Vergiftung zuziehen würde. Ich habe also im wahrsten Sinne des Wortes beschlossen, in der Nacht vor dem Beast Race nichts zu essen? Geübte Musiker haben wahrscheinlich einen Schlafrhythmus, der die Angst in der Nacht vor dem Konzert reduziert. Politiker und Keynote-Speaker, die auf ihre große Rede vorbereitet sind, schlafen vor ihrem Auftritt wahrscheinlich wie die Babys. Ich dagegen habe Alpträume von Terrell Owens, der an der Startlinie wie eine Bestie über mir schwebt und ruft: "Lasciate ogni speranza, voi ch'entrate!" (Gebt alle Hoffnung auf, ihr, die ihr eintretet!) Vor Leere knurrte mein Magen, und jedes Geräusch, das ich hörte, musste ein Wolf an meiner Tür sein, so dass mich das leiseste Geräusch an meine Ungewissheit über das, was sein würde, erinnerte. Schon bald erwachte ich aus diesem Zustand der Angst und fand mich mit einem anderen konfrontiert – es war an der Zeit, mich mit einer Bestie von einer ganz anderen Art auseinander zu setzen. (Und ja, ich träume manchmal auf Italienisch).

Die Bestie, die den Dreikampf abrundete, hatte ein berüchtigtes Hindernis in der Mitte der Strecke, das unter dem ominösen Namen "Marsch des Todes" bekannt war und selbst den härtesten Athleten Angst einjagte. Der Startschuss fällt um

Apropos Laufen

6.30 Uhr und alle 15 Minuten werden Wellen von 250 Läufern auf die Strecke geschickt. Wer zu einer bestimmten Zeit die elfte Meile nicht erreicht hat, gilt als Sicherheitsrisiko und wird aus dem Rennen genommen. Für die meisten Menschen sind diese Läufe nicht geeignet. Beim Beast war die Quote derer, die nicht ins Ziel kamen, ziemlich hoch. Dabei sahen die Teilnehmer aus, als hätten sie ihr ganzes Leben dafür trainiert. Die Frauen hatten Bizeps wie die berühmte CrossFit-Athletin Samantha Briggs. Sie waren so beweglich wie die preisgekrönte Triathletin Gwen Jorgensen. Die Männer waren so zäh wie der 1,80 Meter große NFL-Verteidiger J.J. Watt und so stark wie der massige neuseeländische Rugbyspieler Kieran Read.

Und dann war da noch ich. Ständig trainierte ich zu wenig und war mehr mit der Lektüre des französischen Literaturriesen Marcel Proust beschäftigt als mit den Trainingstechniken des Autors und Marathonläufers Hal Higdon. Das Spartan Beast ist eine so große Herausforderung, dass es selbst für übermenschliche Athleten zu viel sein kann, so hart sie auch trainieren. Diese Etappe des Triathlons ist durchschnittlich 13,5 Kilometer lang. Oft sind es mehr als 16 Kilometer. Die Zahl der Hindernisse steigt auf durchschnittlich 28,5, mindestens aber 25. Aber nichts ist so furchterregend wie der Todesmarsch: Man stelle sich die Stelle in einem Horrorfilm vor, die mit einer Musik beginnt, die an einen Albtraum erinnert.

Die Mutigsten und Ausdauerndsten treffen sich jedes Jahr zum Death March in Vermont. Das ist eine Herausforderung, die selbst die UFC-Kämpferin Holly Holm dazu bringt, ihr Training noch einmal zu überdenken. Die Teilnehmer laufen eine Meile auf einem Feldweg geradeaus bergauf. Mit jedem Schritt steigt die Höhe um einen Meter oder mehr. Auch wenn eine Meile nicht viel ist, sind die Höhenunterschiede eine Herausforderung für Beine und Lungen: Selbst für die erfahrensten Läufer ist das eine Herausforderung. Dreizehn erwachsene Frauen und Männer, die auf dem Weg Tränen vergossen haben, habe ich gezählt. Erschwert wurde der Marsch durch das Wetter, das abwechselnd glühende Hitze und heftigen Wind brachte.

Was den Killington Beast Death March zu dem macht, was er ist, sind natürlich die Hindernisse. Es gibt zwischen dreißig und fünfunddreißig. (Sie reichen vom Kriechen unter Stacheldraht einen Hügel hinauf, einen riesigen Felsblock eine bestimmte Anzahl von Metern zu tragen oder eine drei Meter hohe Mauer zu erklimmen. Und dann der Todesmarsch. Nichts kann einen auf den Schmerz und die Zweifel vorbereiten, die sich gegen Ende des ersten Kilometers einstellen, habe ich von denen gehört, die ihn beendet haben. Aber danach gibt es noch eine ganze Reihe von Hindernissen, die es zu überwinden gilt und die dringlicher und komplizierter sind als alle anderen.

Die elfte Kilometermarke taucht auf, kurz bevor wir mit diesem verrückten Hindernis belohnt werden. Auf der rechten Seite des Todesmarsches kann man den Skilift sehen, der auf und ab fährt, und die Zuschauer, die in ihren Sesseln sitzen und uns dabei zusehen, wie wir dafür bestraft werden, dass wir den Cutoff geschafft haben. In den Gesichtern meiner Mitläufer war die Erschöpfung abzulesen. Keiner ist gelaufen. Wir sind alle zu Fuß gegangen und haben immer wieder Pausen zum Ablassen des Drucks gemacht. Auf halber Höhe versuchte ich meine Gedanken von den Schmerzen des Aufstiegs abzulenken und konzentrierte mich auf die Zuschauer. Über die Spartan Race App verfolgte Andrea jeden meiner Schritte während des Rennens. Plötzlich hörte ich den Ruf meines Namens. "Charles, ich habe dich gesucht", rief Andrea.

"Er ist gerade etwas beschäftigt", riefen fast unisono einige Kletterer zurück.

Als wäre der Aufstieg nicht schon schlimm genug gewesen, war der Abstieg brutal für die Knie. Bei jedem Schritt braucht man andere Muskeln, um sich abzustützen. Sonst würde man den Berg hinunterrutschen. Wenn es doch nur einen Golfwagen gäbe, der mich den Berg hinunterzieht, war mein Gedanke. Wie bei der Besteigung des Mount Everest gibt es am Fuße des Hügels ein Basislager.

Am Wetter lag es nicht. Das Gelände war viel weniger verzeihlich. Ich war schon über sechs Stunden unterwegs, als es dunkel wurde. Es war jetzt gegen 17 Uhr, und ich lief im wahrsten Sinne des Wortes im Wald, in der Dunkelheit, mit einer kleinen Taschenlampe auf dem Kopf, durch den für mich unwirtlichsten Ort der Welt, und es war keine Verpflegungsstation in Sicht. Entweder hat man sich gut eingepackt oder man verhungert und isst giftige Pflanzen. Die schweren Schritte und Schreie um dich herum sind keine gefräßigen Tiere, sondern unglückliche Athleten, die auf Felsen ausrutschten oder sich verausgabten, obwohl sie wussten, dass sie dem Ziel nahe waren.

Als ich gegen die Wand fuhr, war ich etwa sieben Stunden unterwegs. Ich war körperlich erschöpft. Meine Beine haben nicht mehr funktioniert. Jeder Schritt fühlte sich an, als wäre ich gerade einen Marathon gelaufen. Für einen Moment dachte ich ans Aufgeben. Ich überlegte, wo das nächste Sanitätszelt oder die nächste Verpflegungsstelle sei oder ob mich jemand mit dem Geländefahrzeug ins Hotel bringen würde. Ich hatte alles gegeben, was ich hatte und hatte nichts mehr im Tank. Ich hielt an. Zu diesem Zeitpunkt war es stockdunkel, meine Stirnlampe leuchtete im Wald wie eine Hand im Nebel. Ich wusste, warum meine Spartaner-Kollegen weinten, als sie die gemeißelten Körper der römischen Soldaten vor sich sahen. Ich gewann den Sprint. Ich hatte den Super besiegt. Die fünfhundert Kilometer hin und zurück hatte ich mir ein Auto gemietet. Ich hatte das Airbnb gemietet. Ich hatte die Anmeldegebühr in Höhe von 150 Dollar bezahlt. In Killington, Vermont, gab es kein Museum, kein Theater, keinen Freund, kein Denkmal. Es gab kein Michelin-Stern-Restaurant. Insgesamt war es eine Reise für 1.500 Dollar. Mit Sprint und Super habe ich etwa 2.500 Dollar ausgegeben. Ohne auf meine Kosten gekommen zu sein, wollte ich diesen Berg nicht verlassen. Meine Investition würde sich lohnen, wenn ich den Kopf dieser Bestie wie ein echter Spartaner in meinen Händen halten könnte.

^^^

Man muss den Geist des Kriegers kennen, und das ist der Sinn des Spartan Race, um es zu beenden. In den Worten der Organisatoren: "Begib dich auf eine unzerbrechliche Reise." Überwinde den Punkt, an dem Verstand und Vernunft Herz und Seele weichen, spüre das Brennen und glaube daran, dass die Ziellinie vor dir liegt.

Zähne zusammenbeißen. Hemd ausziehen. Lächle und ertrage es. Es gibt so viele Möglichkeiten zu sagen, dass jemand zäh ist. Aber was noch wichtiger ist: Wenn du sagst, dass jemand zäh ist, gibt es mehrere Definitionen des Wortes. Du könntest sagen, dass jemand in der Lage ist, einer gewaltigen Kraft zu widerstehen. Er oder sie ist zäh, weil die Muskeln stark sind und das Herz und die Lungen in der Lage sind, weiter zu schlagen, wenn andere schon am Ende sind. Oder du sagst, jemand ist zäh, weil er nicht aufgibt, auch wenn alle Organe schreien und alle Instinkte ihm sagen, er soll aufhören.

Beides zu kultivieren: Das ist das Geheimnis. Den Körper und den Geist zu trainieren. Fördere beide auf ihre eigene Art und Weise. Was den Körper betrifft, so betrachte die Länge des Weges, der vor dir liegt. Du wirst nicht das Beste aus dir herausholen, wenn du dich nicht darauf vorbereitest und dein Körper nicht in der Lage ist, die Strecke ohne große Anstrengung zu bewältigen. Vergiss alle Zweifel in deinem Kopf und lass von jetzt an die kleinen Spielchen sein. Denn du weißt, ob es stimmt oder nicht, du wirst an deine eigene Unbesiegbarkeit glauben. Du musst es tun. Du hast keine andere Wahl.

Nur in diesem Moment gehört dir die Zähigkeit - ganz gleich, was man darunter verstehen mag und wie man sie zu beschreiben versucht. Physische und psychische Strenge können zusammen existieren, und wenn sie das tun, ergänzen sie sich gegenseitig und sind noch effektiver. Ich bin ein Spartan Trifecta Finisher. Aroo!

Kapitel 06
Meine Art von Volk

Diana Ross nahm den Titelsong für den Film Mahogany fast genau ein Jahr vor meiner Geburt auf, "Do you know where you're going?"
Weißt du, wohin du gehst? Nur deine Bewegung, aber nicht die Richtung ist für Außenstehende sichtbar. Aber du weißt sie. Du weißt, ob du auf etwas zuläufst oder vielleicht auch von etwas wegläufst. Das einzige, was zählt, ist dieses Wissen, dieses innere Gefühl. Ob du fliehst oder folgst, ob du aussteigst oder einsteigst, ob du einen Weg nach Norden oder Süden, Osten oder Westen einschlägst, geht niemanden etwas an. Du schuldest niemandem eine Erklärung.

Ich frage dich noch einmal: Weißt du, wohin du gehst? Du solltest es wissen. Stelle dir diese Frage jedes Mal, wenn du zu Fuß gehst. Reflektiere deine Wahrheit über diese oder jene Richtung, um dich selbst zu verstehen und um sicherzustellen, dass du weißt, wie die Ziellinie aussieht und wie du dich fühlst, wenn du ankommst. Ross fragt den Zuhörer: "Was erhoffst du dir?", nach weniger als einer Minute des Liedes. Als ich 1994 die Cass Technical High School (Ross' Alma Mater) abschloss, hatte ich keine Ahnung, was ich mir erhoffte oder wohin ich wollte. Es musste etwas geben, das mich zu Neuanfängen und Abenteuern anspornte. Denn genau das war es, was ich vor meinem ersten von neunzehn Marathonläufen empfand.

Ich war überwältigt, als ich mich an einem Tag im November 2016 der New York City Marathon Expo näherte. Das Jacob Javits Center mit einer Fläche von 814.000 m^2 zu betreten und Tausende von Menschen zu sehen, die sich auf die letzten Neuheiten stürzen - Schuhe, Hemden, Shorts, Socken... Und das alles, um sich ihre Startunterlagen abzuholen. Und um ihre Startunterlagen abzuholen. In den Startunterlagen findest du deine Startnummer, Sicherheitsnadeln und alle Informationen, die du brauchst, um an den Start gehen zu können. Auf der Expo gibt es noch viele andere Informationen. Es gibt Experten, die dich über die richtige Form des Laufens, über den richtigen Stil, über die richtige Etikette oder über den richtigen Plan beraten. Da ist ein Verkäufer, der dir eine Plakette mit deiner Medaille, deinem Foto und deinem Namen verkauft (die du natürlich später zugeschickt bekommst). Kau- und Nahrungsergänzungsmittel, die du für den Lauf mitnehmen kannst, gibt es unzählige. Und dann gibt es da noch all die Händler, die für die Zeit nach dem Lauf schweres Gerät wie Massagepistolen und Kompressionsschuhe verkaufen. Wer da nicht schon überwältigt ist, wird garantiert den Verstand verlieren und versuchen, sich nach draußen durchzuschlagen.

Und wenn die Expo noch nicht genug ist, dann muss man auch noch die 26,2 Kilometer lange Strecke des Marathons in Angriff nehmen. Was die Zahl der Läufer angeht, ist der New York City Marathon der größte der Welt: rund fünfzigtausend. Etwa 30 bis 40 Prozent sind Frauen. 60 bis 70 Prozent sind Männer. Der nationale Durchschnitt für afro-amerikanische Marathonläufer liegt bei etwa einem Prozent, und in Anbetracht der Tatsache, dass es sich um einen sehr internationalen Lauf handelt, kann ich mir vorstellen, dass diese Zahlen nicht allzu weit von der Realität entfernt sind.

Ich hatte das Gefühl, bereit zu sein, aber ich wusste nicht genau, was mich an diesem Morgen erwartete. Später merkte ich, dass das Wetter fast perfekt war, zwischen 45 und 55 Grad, aber ich war froh, dass es nicht 90 Grad war. Nervös war ich nicht, vor allem weil ich keine Ahnung hatte, weswegen ich nervös sein sollte.

Wie ein junger Mike Tyson, der seinen Gegner vor dem Kampf anstarrt, näherte ich mich der Startlinie. Ich war bereit, mich in diesen Marathon zu stürzen. Ich hatte bereits vier Halbmarathons absolviert - 5Ks, 10Ks und Tough Mudders. Ich war ein Spartan Race Trifecta Finisher. Ich hatte das Biest von Killington überlebt und den Death March bezwungen. Ich war durch Schlamm und Blut gelaufen und hatte mich mehr angestrengt, als ich dachte. Welches Hindernis würde sich nach all dem in diesem Rennen noch als unüberwindbar erweisen?

Um die Mittagszeit ging mein Rennen los. Ich trug ein maßgeschneidertes schwarzes Lululemon-Shirt mit meinem Vornamen in weißen Buchstaben auf der Vorderseite und kam aus Welle 4, Korral E mit der Startnummer 65610. Meine Laufhose war schwarz. Auf der Seite war ein graues X mit der Aufschrift CW-X. Die Marke CW-X wirbt damit, dass sie die Gelenke exoskelettal unterstützt. Dadurch wird die natürliche

Bewegung des Körpers beim Laufen verbessert. Lululemon ist einfach bequem. Und natürlich hatte ich meine ASICS GEL-NIMBUS 18 schon zum Einlaufen.

Ich war heiß, als ich aus dem Tor kam. Ich war bereit, meinen Körper über die Startlinie zu schieben und schnell ins Ziel zu kommen. Als ich mich in die Menge der ambitionierten Hobbysportler einreihte, wurde mir klar, dass ich für diesen Lauf nur meine Musikplaylist vorbereitet hatte. Die empfohlenen 20 Kilometer war ich während meines Trainings nicht gelaufen. Die weiteste Strecke, die ich gelaufen war, war während des Beast, und das war etwas mehr als ein Halbmarathon. Dass Kanye West meine ersten Kilometer einläuten würde, war die einzige Garantie. Ein brillanter Verrückter, der in Superlativen spricht und handelt", beschrieb ihn der Schriftsteller Dorian Lynskey Anfang des Jahres. Wests Album "The Life of Pablo" war gerade erschienen. Die Kritiker waren begeistert von der Ehrlichkeit, mit der er in "Saint Pablo" über seine Schulden und seine Unsicherheit spricht. Ich sah darin die Vorahnung seines Aufstiegs zum Milliardär. Jay-Zs Magna Carta... Holy Grail war schon drei Jahre auf dem Markt. Aber für mich war es die jüngste Version von Jay-Zs Entwicklung als Mensch, der seine größten Fantasien verwirklicht. Ich stelle mir sein Wohnzimmer vor, wenn er über den harten Beat rappt - "Jeff Koon balloons, I just wanna blow up". Als ich 2016 meine Playlist für dieses Rennen zusammenstellte, war die Hip-Hop-Legende Tupac Shakur bereits seit zwanzig Jahren tot. Ich habe einige Songs von Pacs letztem Album Makaveli, das er vor seinem tragischen Tod aufgenommen hatte, in die Liste aufgenommen. "Hold Ya Head" ist derb. Ich beendete die Liste mit 50 Cent. Es fühlte sich einfach richtig an, einen Künstler mit NYC-Wurzeln aufzunehmen.

Die Marathon-Götter warnen dich vor der ersten Meile: "Komm nicht zu schnell heraus, wenn du über die Verrazzano-Narrows-Brücke gehst", habe ich immer wieder gehört. Ich bin für die Ausdauer gemacht, nicht für den Sprint. Um warm zu werden, brauche ich normalerweise ein paar Kilometer. Ich hatte das Gefühl, dass es ein ruhiges Rennen werden würde, als ich in Brooklyn ankam und Bay Ridge passierte. In der Tat fuhr ich die Fourth Avenue hinunter und legte eine Meile nach der anderen zurück. Die Menge tobte. Auf die vielen Anfeuerungsrufe beim New York City Marathon kann dich niemand vorbereiten. Ich konnte mir nur vorstellen, dass das, was ich gerade erlebte, so ähnlich war wie das, was Kobe Bryant gefühlt haben muss, als er all die Jahre in Los Angeles gespielt und gewonnen hat. Jeder Applaus entlang der Strecke schien nur für mich bestimmt zu sein. Die Anfeuerungsrufe in meinem Kopf waren nur für mich bestimmt, da mein Name durch meine Jacke verdeckt war.

Wenn ich an diesen Tag zurückdenke, erinnere ich mich nicht mehr an den dunklen Moment, der meiner anfänglichen Aufregung im Wege stand, als ich bei Kilometer acht zum ersten Mal ein paar bekannte Gesichter sah. Den ganzen Vormittag über hatte ich mit Andrea gesimst, und in der Zwischenzeit war es früher Nachmittag geworden. Ich sah sie und ihre Mutter Arline kurz vor der Kilometermarkierung, als ich die Flatbush Avenue passierte. Als ich näher kam, streckte ich einen Finger in die Luft und machte stolz zehn Liegestütze. Ich glaube nicht, dass ich irgendwo gelesen oder gehört hatte, dass das eine gute Idee sei, aber ich glaube, dass ich mich auch weiterhin in mehr als einer Hinsicht nicht an die ungeschriebenen Regeln gehalten habe. Das war nicht mein bester Moment im Rennen. Zum Glück konnte ich aufstehen, ohne mir meinen ersten vollen Marathon durch eine frühe Verletzung zu ruinieren, und rannte zu den anderen, um sie in den Arm zu nehmen.

Andrea fragte: "Wie läuft das Rennen? Du siehst toll aus."

Arline mischte sich ein: "Du siehst aus, als würdest du durchfliegen!", bevor ich antworten konnte.

Wenn es mir nicht so gut ginge, hätte ich natürlich auch gesagt, dass ich mich toll fühle. Aber in diesem Moment fühlte ich mich fantastisch. Warum sonst sollte ich so früh im Rennen in diesem Zustand der Freude sein? Trotzdem zog ich meine Jacke aus und gab sie Andrea zum Halten. Langsam wurde es warm und es ging weiter. Ich musste auch noch meinen Namen zeigen, der auf der Vorderseite meines Trikots eingestickt war.

Mein Bruder Derrick, oder DJ, wie er zeitlebens genannt wurde, um ihn von unserem Vater zu unterscheiden, kam mir nach weniger als einer Viertelmeile entgegen. Er war gekommen, um Andrea und Arline vor mir zu erreichen, damit wir alle zusammen sein konnten, aber er hatte das erste Treffen um ein paar Minuten verpasst. Natürlich hielt ich an und drückte ihm die Daumen. Eine Minute lang unterhielten wir uns, während er sich über den Verkehr von der einen Seite Brooklyns, wo er wohnte, bis hierher nach Fort Greene beklagte.

Bald war ich bei Kilometer sechzehn angelangt und machte mir in Gedanken eine Notiz: "Hier hat Andrea ihre Grenze erreicht", dachte ich mir. Dieser kleine Erfolg war ein Sieg für das Haus. Hätte ich sie gekannt, hätte sie mir wahrscheinlich gesagt, dass es sich bei diesem kleinen Sieg um die Ziellinie handelte und nicht um die siebzehnte Meile. Aber für mich war jedes Rennen ein Rennen im Rennen. Ich habe immer auch die kleinsten Siege gezählt - sie waren mir eine Hilfe auf dem Weg zum großen Ziel. Der Zieleinlauf ist nicht die große Geste der

Vollendung. Der Zieleinlauf ist die Krönung all der kleinen Siege.

Wenn der New York City Marathon der Ort ist, an dem die Welt zum Laufen kommt (die Teilnehmer kommen aus über 140 Ländern), dann ist die First Avenue der Ort, an dem man sieht, wie sehr Manhattan ein Schmelztiegel ist. An der Sixtieth Street standen die Zuschauer sechs bis zehn Reihen tief. Mein ganzer Körper vibrierte wie von einem elektrischen Energieschub. Als ich dort ankam, hatte ich so viel Herzklopfen, dass ich meine Schritte verlangsamen musste, um die Schwingungen in meine Seele zu lassen. Ich schaute zu, wie Hunderte von Läufern an mir vorbeizogen, und doch war ich der Einzige, dem die Menge zujubelte. "Charles, los! Du schaffst es, Charles!" Ich fühlte mich wie ein Athlet, der in allen fünf Stadtteilen bekannt war. Mein Name war auf mein T-Shirt tätowiert. Während die Leute versuchten, die Aufmerksamkeit ihrer Ponys auf sich zu ziehen, schwebten die Schilder über der Menge.

Bei Kilometer 17 bemerkte ich ein bekanntes Gesicht. Es war Anthony, ein anderer St. John's Absolvent, der auch mitlief, aber aus einem anderen Grund. Wir fingen an, uns zu unterhalten, und ich merkte schnell, dass es ihm nicht so gut ging. Er fragte stoisch und überrascht: "Was machst du hier, Charles?" Er sah ganz schön niedergeschlagen aus. Erschöpft. Von den sechzehn Kilometer, die er zurückgelegt hatte, erschöpft und zerschunden.

Ich antwortete selbstbewusst: "Ich nehme einen Bissen von einem Rennen über 26 Kilometer."

Anthony murmelte mit angehaltenem Atem: "Wenn ich bei Kilometer achtzehn meine Familie erreiche, bekomme ich neue Energie."

In diesem Moment kam mir nicht in den Sinn, wie wichtig es war, dass ich mit ihm die nächste Meile lief, bis wir bei seinem

Stamm ankamen – ich tat es einfach. Wie wichtig die Gemeinschaft für den Erfolg von etwas ist, das so individuell erscheint, wurde mir erst einige Marathons später bewusst. Wir unterhielten uns über das Training und den Lauf. Vor allem aber spürte ich, dass mir nicht nur ein bekanntes Gesicht Trost spendete, sondern auch jemand, der wie ich am Rande des Scheiterns stand. Ich lauschte den Rufen und Anfeuerungen, der Boden bebte unter dem Jubel der Zuschauer, und das Zittern von Anthonys Stimme spiegelte sich im Boden wider. Als seine Familie ihn umarmte, konnte ich die Energie spüren, die durch seinen Körper strömte. Er war mindestens zehn Jahre jünger als ich und fit wie Turnschuhe. Aber seine Seele begann wieder zu schwanken, nur eine halbe Meile nach unserem Neuanfang. Er war gezwungen zu laufen. Ich spürte, wie sich meine Waden verkrampften und sich bis zu meinen Oberschenkeln ausdehnten, während ich neben ihm herlief. In diesem Moment wusste ich, dass es für mich an der Zeit war, mich wieder auf den Weg zu machen. Die frische Luft hatte mir nicht viel geholfen, ich musste meinen Körper wieder in Schwung bringen, und dafür gab es nur einen Weg: zu laufen.

Eine kurze Stille ermutigte mich, meine Musik wieder aufzunehmen, als ich in die Bronx einfuhr. "I don't know what you've heard about me", sang 50 Cent in "P.I.M.P.". Diese Zeile tanzte noch in meinem Kopf, als der Song zu Ende war. Für wen hielten mich die Marathon-Götter? Was hatten sie von mir gehört? Wenn diese Götter auch nur einen Moment lang der Meinung waren, ich sei nicht wegen der Medaille hier, dann hatten sie leider Unrecht.

Zur Unterstützung der Läufer kommen die Menschen als Gemeinschaft von überall her. Der Marathon zieht mehr als eine Million Zuschauer an und führt durch alle fünf Stadtbezirke mit Tausenden von Teilnehmern. Aber es gibt einen Punkt in diesem nördlichsten Bezirk New Yorks, an dem man sich daran erinnern muss, dass die 20-Kilometer-Marke die emotionale Halbzeit ist. Man muss hoffen, dass man noch genug Benzin im Tank hat, um das Ziel zu erreichen. Wie ein vierzig Jahre altes Auto, das seit Jahren nicht mehr gestartet wurde, aber noch etwas Saft im Tank hat, wurden meine Muskeln warm. Es waren nur noch 10 km, sagte ich mir immer wieder. Aber bei meinem Tempo bedeutete das eine weitere Stunde.

Mit meiner Mutter und meinem Onkel Jr. habe ich auch die meiste Zeit des Rennens geschrieben. Mit Onkel Jr., der mich nie auf die leichte Schulter nahm, habe ich Baseballkarten getauscht. Meine Mutter unterstützte immer das Team ihrer Heimatstadt, schrie wie jeder andere Fan vor dem Fernseher und war gerne bei den Spielen dabei. Ich wünschte, sie wäre heute hier, aber sie verfolgte das Rennen vor dem Fernseher in der Hoffnung, einen Blick auf mich zu erhaschen. Mir war nicht bewusst, dass ich nicht nur gegen 49.999 andere Läufer antrat, sondern auch gegen die Zeit meines Onkels, die er vor 16 Jahren beim New York City Marathon gelaufen war. Während meines Laufs verfolgte er mein Tempo, um zu sehen, ob ich in der Lage war, seine Zeit aus dem Jahr 2000 zu unterbieten. Und er machte keinen Hehl daraus, was er von meinen Chancen hielt. Die beiden lieferten sich einen verbalen Schlagabtausch mit rechten und linken Haken, bevor sie mit ein paar gezielten Uppercuts abschlossen: alles per SMS. Meine Mutter war sich sicher, dass ihr Sohn seinen Onkel Jr. besiegen würde und konnte zumindest den Rest des Abends genießen.

Bei Kilometer 22 sah ich Andrea ein letztes Mal. Wir hatten ein kurzes Gespräch und mein Motor wurde von einem Oldtimer zu einem modernen Ferrari. Sie schaute stolz und ich wollte sie beeindrucken. Ich gab Gas und bog bei Kilometer dreiundzwanzig um die Ecke: Jordanesque. Ich hörte Rufe wie "Charles!", als ich um eine weitere Kurve fuhr. Ich nahm an, dass es sich dabei um eine weitere Gruppe von Zuschauern handelte, die mein Trikot gelesen hatten. Ich lief direkt an meinen Freunden Mike und Cynthia vorbei. Ich drehte mich schnell um und gab Mike ein "High Five". Dann umarmte ich Cynthia und machte mich wieder auf den Weg.

Die letzten 5 km verliefen ohne Probleme. Ich hatte mir vorgestellt, dass ich auf den letzten drei Kilometern noch einmal richtig Gas geben könnte, aber in Wirklichkeit war es der Anblick meiner Freunde und Familie, der mir einen letzten Schub Energie gab. In meinem Kopf dachte ich an die Strecke, die noch vor mir lag, und nicht an die Gesamtkilometer, die ich gelaufen war. Meine Gedanken überschlugen sich, als ich nach der 25. Meile rechts in den Central Park South einbog. Vor genau einem Jahr hatte ich auf der anderen Seite des Zuschauerzauns gestanden, den Läufern auf ihren letzten Runden zugesehen und in die Augen der Finisher geblickt. Ich lebte seit zehn Jahren hier und war noch nie auf dieser Strecke gewesen. Ich weiß nicht genau, was mich zwölf Monate zuvor zu diesem Schritt getrieben hat, vielleicht war es Gott, der mir sagte: "Du musst dich auf eine andere Art und Weise der Herausforderung stellen. Jetzt ist die Zeit dafür.

Du weißt, dass du es geschafft hast, wenn du bei Kilometer sechsundzwanzig die letzte Rechtskurve in Richtung Norden nimmst. Eine Reihe von Flaggen auf beiden Seiten erinnert auf den letzten zweihundert Metern an die weltweite Präsenz der Teilnehmer. Die Flaggen wehten im lebhaften Wind. Die

Zuschauer auf den Tribünen jubelten mir zu, als ich die Ziellinie überquerte. Ich lief die letzten zwei Zehntel einer Meile, weil ich nicht wusste, was danach kommen würde, und genoss diese letzten Momente in vollen Zügen. Dieses Gefühl sollte möglichst lange anhalten: Glückseligkeit. Einige Läufer krochen die letzte Meile, während die Namen und Länder aufgerufen wurden, um die blaue Zeitmessungslinie auf dem Boden zu überqueren. Diese Linie habe ich auch überquert. Meine erste Marathonmedaille bekam ich kurz darauf.

Das kann man nicht wissen, wenn man im November läuft und mehr als fünf Stunden geschwitzt hat (ich habe die Zeit meines Onkels Junior nicht unterboten): Bevor man aus dem abgesperrten Bereich herauskommt, muss man noch eine weitere Meile laufen. Bei vierzig Grad Außentemperatur bin ich gelaufen und friere. Meine Beine, mein Rücken und meine Arme begannen zu krampfen. Etwas geholfen hat mir der gefütterte Poncho, den ich mir im Vorfeld für die Finisher gekauft hatte. In meinen Knochen und Oberschenkeln hallte jeder Schritt wider, den ich machte. In diesem Moment merkte ich, dass meine Arme ständig an meinem Oberkörper und meine Beine an meinem Oberkörper vorbeigingen. Ich spürte, wie Teile meines Körpers brannten. Aber wenn ich aufhörte, mich zu bewegen, würde ich nur die Gelegenheit verpassen, zu duschen, frische Kleidung anzuziehen und ins Bett zu kriechen. Endlich stieg ich aus dem Auto und durch ein Meer von Läufern hindurch sah ich Andrea, die eine Flasche Champagner in der Hand hielt. Sie jubelte und öffnete die Flasche. Wie die falsche Musik für einen sentimentalen Anlass klang der knallende Korken. Mir war mehr nach Tee im Bett als nach Champagner auf der Straße.

Zum Formel-1-Rennen in Monaco waren wir Anfang des

Jahres in Monte Carlo. Ich war ein paar Jahre zuvor schon einmal dort gewesen, als ich in Italien lebte. Ich wusste, dass ich wiederkommen musste. Das Rennen verfolgten wir von einer Yachtparty aus, auf die wir uns geschlichen hatten, und waren nur wenige hundert Meter von Lewis Hamilton entfernt, als er den Siegerpokal entgegennahm. Als wir uns fertig machten, um nach draußen zu gehen, fiel mir ein, dass ich an diesem Morgen keine Vitamine genommen hatte, und ich fragte mich, warum ich sie nicht mit Champagner herunterspülte.

Andrea schaute mich verdutzt an. "Was machst du da?"

"Du weißt schon", antwortete ich lässig. "Champagner und Vitamine." Gleich am nächsten Tag sicherte ich mir das Instagram-Handle und den Domainnamen als Ode an Party und Lifestyle.

An Champagner konnte ich in diesem Moment nicht einmal denken. Ich hatte nur den Gedanken im Kopf, wie ich von der Seventieth Street und Central Park West nach Hause kommen würde. Der Verkehr staute sich. Auf den Straßen drängten sich die Läufer und Zuschauer wie die Sardinen.

Die Mitfahrgelegenheiten und Ubers waren ausgebucht. Und alle hielten die Hände in die Luft und beteten, dass sie ein gelbes Taxi finden würden. Wir hielten kurz bei Starbucks. Ich schlürfte einen Kaffee in der Hoffnung, dass das Koffein die Schmerzen in meinem Körper lindern würde. Aber das tat es nicht.

Ich ging nach Hause, duschte und zog mir frische Kleidung an. Wir gingen zu Keens Steakhouse, einem meiner Lieblingsrestaurants, um feiern zu gehen. Keens hat mehr als fünfzigtausend Tonpfeifen, für jeden Läufer eine. Das sollte für mich zur Tradition beim New York City Marathon werden. Ich fügte meinem Repertoire einen neuen Titel hinzu: Marathonläufer.

Kapitel 07
Schwarze Männer laufen keine Marathons?

Dass ich dieses Rennen nicht laufen würde, kam mir in den Wochen vor Philadelphia gar nicht in den Sinn. Die Entscheidung hatte mein Unterbewusstsein bereits für mich getroffen. Als mein Bewusstsein die Ereignisse, die mich zu meinem ersten Marathon geführt hatten, in einen Zusammenhang brachte, nahm mein Unterbewusstsein die Auflösung auf und entschied, dass ich nach Philadelphia gehen würde.

Damals wusste ich nicht, was der Marathonblues ist, aber jetzt weiß ich, dass ich ihn hatte. Die Leere, der Rausch, die Freude - es gibt kein vergleichbares Gefühl. Man hat das Gefühl zu fliegen, auf den letzten Kilometern und dann auf den letzten

Kilometern. Dank dieses einzigartigen Rausches kann man alle Unannehmlichkeiten und Schmerzen, die in den Gelenken und Muskeln pochen, einfach ignorieren. Dann kommt natürlich der Abstieg - der Marathon-Blues. Eine ganz andere, weniger befreiende und viel zermürbendere Art von Leere. Was kann man dagegen tun?

Ausgeschiedene Profisportler müssen das Schlimmste erleben - die Enttäuschung, wenn der Jubel aufhört. Ich habe ein Interview mit Sugar Ray Leonard gesehen, der nach seinem Rücktritt mit Hilfe von Drogen wieder den Nervenkitzel des Wettkampfs erleben wollte. Ich fühlte mich ein wenig betroffen, aber die Tatsache, dass das Rennen in Philadelphia in nur zwei Wochen stattfand, gab mir Auftrieb. Als hunderttausend Menschen meinen Namen riefen, lief ich gerade die First Avenue hinauf. Beim Überqueren der Ziellinie war es vorbei mit der Bewunderung. Hunderttausend Zuschauer, die meinen Namen riefen, würde ich bis zum nächsten Rennen nicht mehr erleben.

Die Straßen waren mit Lava bedeckt. Zumindest fühlte es sich bei der Hitze so an. Die Treppen schossen Pfeile in meine Oberschenkel und verursachten eine Claudicatio intermittens, ein medizinischer Begriff für krampfartige Beinschmerzen bei Bewegung. Claudicatio kommt vom lateinischen Wort claudus, das lahm bedeutet. Das passt, denn der Schmerz, den ich verspürte, war lähmend. Das kalkhaltige Licht, das vom Himmel fiel, blendete mich bis zur Erschöpfung. Ich fühlte mich wie einer von Tysons frühen Gegnern. Er schlug sie in Sekunden k.o.. Schon am Dienstag war die Quelle der Marathonfreude, der Liebe und der Romantik verschwunden. Nicht nur einen Tag, ich brauchte eine Woche Urlaub. Und ich war kurz davor, so weiter zu machen, als ob in den letzten zwei Wochen nichts passiert wäre, nur um mich dann umzudrehen und alles noch einmal von vorn zu beginnen.

Der Philadelphia-Marathon war ursprünglich ein Erfolgserlebnis. Ein gelungener Ersatz für den Misserfolg, den viele Läufer in New York erlebten. Viele New Yorker meldeten sich für Philadelphia an, weil sie wussten, dass sie, wenn sie im Big Apple scheitern würden und immer noch lauffähig wären, ihren Fehler wieder gutmachen könnten, indem sie 90 Kilometer südlich in die Stadt der Bruderliebe fahren würden. Die 130 Dollar Startgeld hatte ich als Trostpreis für den Fall ausgesetzt, dass ich den New York City Marathon nicht beenden würde.

Ich habe Philadelphia immer geliebt. Nach einer turbulenten Zeit in East Lansing, Michigan, bin ich 2005 nach Manhattan gezogen. Selbst wenn man von Familie und Freunden umgeben ist, sind die Winter in Michigan kalt, dunkel und einsam. Die Sommer sind schwül und entmutigend. Ich wusste immer, dass ich früher oder später gehen würde. Wenn ich an den Wochenenden in New York nichts zu tun hatte, fuhr ich mit dem Bolt oder dem Megabus für einen Tag nach Philadelphia. Auf der Broad Street fühlte ich mich sehr wohl. Ich habe ein Steak mit Käse gegessen, bin ins Philadelphia Museum of Art gegangen, habe ein paar Stunden in der Stadt verbracht und bin dann mit dem letzten Bus nach Hause gefahren. Bis zu meinem Umzug nach Rom 2009 habe ich das immer wieder gemacht.

In Philadelphia zu starten, schien ganz normal zu sein. Ich war mir sicher, dass es ein Kinderspiel werden würde, nachdem ich New York City nur zwei Wochen zuvor geschafft hatte. Hinzu kam, dass ich zu diesem Zeitpunkt mit dem Geld des Hauses spielte und nichts zu verlieren hatte. Niemand konnte mir meine erste Medaille nehmen. Wie ein erfahrener

Quarterback, der in einem einseitigen Spiel, das ich gewinnen werde, zum letzten Snap bereit ist, schlenderte ich zur Startlinie. Ich hatte das Rennen nicht in den sozialen Medien angekündigt, weil ich heute sowieso nicht laufen wollte. An der Startlinie wartete keine Freundesgruppe und die einzigen, mit denen ich gerechnet hatte, waren Andrea und Arline. Die Anfeuerungsrufe blieben aus, weil mein Trikot nicht mit meinem eigenen Namen bedruckt war, sondern mit einem "Los geht's". Niemand rief: "Los, Charles!" Ohne dass jemand wusste, dass ich überhaupt gestartet war, konnte ich mich von diesem Rennen verabschieden.

Nach sechs oder sieben Kilometer bemerkte ich etwas Ungewöhnliches. In New York führt die Strecke durch alle fünf Stadtbezirke. Wenn man sich nicht umdreht, hat man immer den Rücken zu den anderen Läufern vor sich. In Philadelphia kann man die Gesichter der Läufer sehen. In Manhattan war das nicht möglich. Sie bemerkten mich und sprachen mich zuerst an, wenn ich andere schwarze Läufer sah. Mit einem Kopfnicken haben sie mich immer bestätigt.

Ich wusste, was das bedeutete. In einem Raum, in dem wir als rassische Gruppe zu den wenigen gehörten, war ich schon oft gewesen. Es konnte sich um eine elitäre Bildungseinrichtung handeln, um einen Veranstaltungssaal, ein Restaurant oder einen anderen Ort, aber ich wusste, dass mit dem Kopf genickt wurde. Warum sie mir zuwinkten, fragte ich mich. Zuerst dachte ich, weil es die Stadt der brüderlichen Liebe ist. Aber es waren nicht alle. Das waren nur meine Brüder, meine dunklen Brüder. Diesen Gedanken behielt ich für die zweite Hälfte des Rennens im Hinterkopf.

Nach dem Marathon war ich im Recherchemodus. Zum zweiten Mal hatte ich am Montag frei. Ich blieb zu Hause am Computer

Apropos Laufen

und recherchierte über schwarze Menschen und Marathonläufe. Gleichzeitig begann ich mit dem Dokumentarfilm Marathon: The Patriots Day Bombing. Ich fand einen Artikel mit dem kurzen Satz: "Schwarze Menschen laufen keine Marathons". Der Artikel enthielt einige Statistiken, Perspektiven und Gründe, warum die Medienfigur Marcus Ryder der Meinung war, dass Marathonlaufen ein elitärer Sport für Weiße sei. Das hat mich in eine Sackgasse geführt. Ein Artikel in Runner's World fragte: "Warum ist Laufen so weiß?" Dass es so etwas gibt, wusste ich nicht.

Ich recherchierte über Marathonläufe, um zu verstehen, warum sie als elitär galten. Ich war der Meinung, man bräuchte nur ein Paar Turnschuhe, eine Sporthose und ein T-Shirt, aber mir wurde klar, dass die Geschichte des Marathonlaufs mehr als das war. Der Laufsport wurde schon immer an weiße Menschen der Mittel- und Oberschicht vermarktet. Nike bewarb seine Joggingschuhe als Freizeitsport zur Förderung der allgemeinen Gesundheit. Mit den Schuhen als Mittelpunkt wurde das Laufen und später der Marathon verkauft. Weiße hatten die Nase vorn. Es gab keine Werbung für diese Möglichkeiten für Schwarze. Beim Laufen in ihren weißen Wohnvierteln fühlten sich Schwarze aus der Mittel- und Oberschicht nicht sicher. Das war auch der Grund, warum die Laufvereine alle weiß waren. Dann dachte ich an die Anmeldegebühren für die Läufe und all die Ausrüstung, die auf den Messen angeboten wurde. Ganz zu schweigen von den Reisekosten, den Flugtickets, den Hotel- und Restaurantrechnungen. Mir schwirrte der Kopf. Also schaute ich mir die Dokumentation über das Bombenattentat beim Boston-Marathon an. Ja, denn das ist doch viel ermutigender ... nicht.

Kapitel 08
Kampfmodus!

Ich hatte jetzt noch etwa sechs Wochen Zeit, um mich auf einen Marathon in Orlando, Florida, vorzubereiten, was bedeutete, dass ich zwei bis drei Mal pro Woche drei bis fünf Kilometer pro Tag lief. Mein Untertraining setzte sich fort, aber auch mein Drang, den Marathon zu Ende zu laufen. Ich passte meine Ernährung etwas an. Ich hatte immer gesund gegessen, aber jetzt waren Kohlenhydrate angesagt. In einem Regierungsgebäude in West Virginia verbrannte die ständige Bewegung sie wie fossile Brennstoffe. Bei meinem gezielten Kohlenhydratkonsum würden Probleme wie Diabetes, die bei Afroamerikanern in Rekordhöhe auftreten, nicht auftauchen. Genau das hatte ich mir erhofft. Eine Selbstverständlichkeit war das Carb-Loading in der Woche vor dem Rennen.

Hydration war auch ein neues Wort in meinem Wortschatz. Es ist wahr, dass wir alle unterschiedlich sind, aber ich komme unter Druck ins Schwitzen und bei Temperaturen über 65 Grad bringt mich schon der Gedanke ans Schwitzen ins Schwitzen. Mit anderen Worten: Ich war ständig in Gedanken bei Krämpfen durch Flüssigkeitsmangel, auch Hyponatriämie genannt. Ich habe mir auch einen Plan zurechtgelegt, wie ich meinen Natriumhaushalt während des Rennens im Gleichgewicht halten kann, damit ich am Tag des Rennens nicht von Müdigkeit, Übelkeit und Kopfschmerzen geplagt werde. Alles eine Frage des Gleichgewichts.

Ein emotionaler Tiefpunkt war für mich der Jahreswechsel und mein dritter Marathon. Das, was eigentlich ein freudiges Ereignis hätte sein sollen, entpuppte sich eher als ein trauriges. Ich fühlte mich unsicher. Ich wusste nicht, was ich tat und warum ich noch einen Marathon laufen wollte. Ich hörte auf, über das Bombenattentat zu weinen, aber die Intensität, mit der ich die Tragödien von Marathon miterlebt hatte, war verschwunden: The Patriots Day Bombing wurde durch die Tatsache verstärkt, dass ich tatsächlich Marathons lief. Ich wollte immer noch herausfinden, warum diese Brüder so viel Übles in sich getragen hatten und warum ein System geschaffen worden war, das den Marathon zu einer Leistung machte, die nur von einem ausgewählten Personenkreis erbracht werden konnte. Hinzu kam, dass meine Freunde aus gesundheitlichen Gründen anfingen, an mir zu zweifeln. Immer häufiger kamen in meinen Gesprächen Fragen über meine Knie, meine Gelenke und mein Herz auf. Und ich begann mich zu fragen, ob ich auch dann noch gefragt worden wäre, wenn ich nicht 41, sondern erst 21 geworden wäre.

Die Versuchung, einfach mit dem Strom zu schwimmen, nach Gehör zu spielen, zu improvisieren, kann in einem einzigen Moment unwiderstehlich werden. Das haben wir alle schon gemacht. Und um die Sache noch komplizierter zu machen: Einige haben es auch schon geschafft. Wenn so etwas passiert, verstärkt es unsere schlechtesten Einstellungen und Gewohnheiten und gibt uns die Überzeugung, dass alles in Ordnung sein wird, wenn wir nur auftauchen, auch wenn wir keinen Plan haben.

Ich hatte mir den Glauben angewöhnt, dass ich keine Planung brauche, dass nichts schief gehen kann. Man könnte es Selbstvertrauen nennen, oder vielleicht auch ein wenig Arroganz. Natürlich kann etwas schief gehen. Aus einem kleinen Fehler kann ein größerer werden. Aus einem kurzfristigen Problem kann ein langfristiges Problem werden. Dass mangelnde Planung oft ein kostspieliges Risiko ist, lernt man zu spät.

Ein altes Sprichwort beschreibt dies: Wer nicht plant, plant zu scheitern. Aus einer Entscheidung wird die nächste abgeleitet. Wenn du nicht weißt, was du tust, und dir nicht die Zeit nimmst, dich auf alles vorzubereiten, was schief gehen kann, dann läufst du Gefahr, in Schwierigkeiten zu geraten. Genauso gut kannst du planen, in eine Krise zu schlittern, wenn du nicht planst. Früher oder später wird die Tragödie zuschlagen, und ohne Strategie kommt man aus ihr nicht mehr heraus.

Das gilt für jedes Fitnessziel. Wer es aus dem Stand schafft, hat oft einfach Glück. Alle anderen verdanken ihren Erfolg der Planung, denn so unglamourös Planung auch sein mag, sie ist das Einzige, was dich vor dem schlimmsten Szenario bewahrt, das dir dein Bauchgefühl sagt.

Ich wollte nicht nur mir selbst etwas beweisen, als ich diesen Lauf gemacht habe. Ich bin mir immer noch nicht ganz sicher, warum ich mich auf so etwas Verrücktes eingelassen habe, aber ich habe einen Verdacht. Nach dem Marathon in Philadelphia war ich in einem sehr emotionalen Zustand. Das Bombenattentat war ein wichtiger Grund, aber die einseitigen Statistiken über die Integration von Schwarzen waren für mich wirklich ein Weckruf. Ich wollte ein Zeichen setzen für schwarze Männer und Frauen. Ich wusste nicht, ob es irgendjemanden bewegen würde, aber zeigen statt erzählen war die einzige Möglichkeit, die ich kannte. Und ich war davon überzeugt, dass ich mich auf eine Reise begeben musste, um zu zeigen, dass Schwarze Menschen auf der ganzen Welt Marathons laufen, von Stadt zu Stadt. Ich wollte zwölf Marathons laufen, zwischen November 2016 und November 2017. Die Städte legte ich fest:

November 2016: New York City, New York und Philadelphia, Pennsylvania
Januar 2017: Orlando, Florida
Februar 2017: Birmingham, Alabama
März 2017: Washington, DC
April 2017: Rom, Italien und Boston, Massachusetts
Mai 2017: Pittsburgh, Pennsylvania
Sommer: aus
September 2017: Berlin, Deutschland
Oktober 2017: Chicago, Illinois, und Washington, DC
November 2017: New York City, New York und Philadelphia, Pennsylvania

Die Begeisterung in Orlando kann ich nicht wirklich erklären. Es war nicht gerade eine große Marathon-Stadt ... dachte ich zumindest. Vielleicht war es das Kind in mir, das erstmals seit meinem siebten Lebensjahr nach Disney World zurückkehrte. Meine Schwester Hazel und ich waren die einzigen Kinder, die zu der Zeit auf der Welt waren, und da wir nur zwei Jahre auseinander waren, waren wir wie Bonnie und Clyde (so der Spitzname meiner Tante Debbie) durch den Park gerast. Wir sind im EPCOT mit einer Rakete zum Mars geflogen. Wir sind im Magic Kingdom durch das Cinderella Castle gesprungen und haben in jedem Souvenirladen, den wir erreichen konnten, ein Jahresgehalt ausgegeben: Mickey und Minnie haben wir einfach geliebt.

Die Luft in New York City war frisch, es war Anfang Januar. Das Uber kam pünktlich, so dass ich meinen 9-Uhr-Flug vom LaGuardia-Flughafen nehmen konnte, ohne den Geruch von altem Motoröl und getrockneter Kotze betrunkener Passagiere vom Vorabend. Du weißt schon, das Übliche. Es gab keine Schlangen am Flughafen. Und das war gut so, denn Andrea hasst Schlangen am Flughafen. Alles klappte. Wie ein Weißkopfseeadler bin ich in den Süden geflogen, um zu überwintern, und der Flug verlief so ruhig wie ein quantenstabilisierter Atomspiegel. Ja, so ruhig. Aber ich merkte, dass ich mit meiner Kleidung einen Fehler gemacht hatte, als wir aus der Kabine stiegen. Seit wann ist Disney eine riesige industrielle Tiefkühltruhe? Ich trug Shorts und es waren zwei Grad unter Null. "Das wird mein erster Lauf in der Antarktis", murmelte ich.

Ein echtes Wochenend-Event ist der Walt Disney World Marathon. Erwachsene Männer und Frauen, die Mickey, Minnie, Goofy und Donald am besten nachahmen, kommen aus dem ganzen Land. Normalerweise ist Halloween im Oktober - aber nicht für die Läufer von Disney. Zum einen ist dies einer der wenigen Marathons, die nicht auf der Liste der Abbott World Marathon Majors stehen. Diese besteht aus sechs Veranstaltungen, bei denen man den Türsteher bezahlen muss, um hineinzukommen. Wenn man die gesamte vierteilige Serie während des Walt Disney World Marathon Weekends im richtigen Tempo absolviert, erhält man vier Medaillen für die einzelnen Veranstaltungen, eine Goofy's Race-Medaille, eine halbe Challenge-Medaille und eine Dopey Challenge-Medaille. Alles in allem sind es etwas mehr als 48 Kilometer. Allein die Startgebühr kostet fast 700 Dollar. Ich rief meine Bank an. Mein Kredit wurde abgelehnt, und Bob Iger, der Mann von Walt, lehnte meinen Erstgeborenen ab, also gab ich mich mit dem Marathon am Sonntag zufrieden.

Es war Disney, aber ich war im Kriegsmodus. Wichtig war das Upgrade der Ausrüstung. Es war nicht mehr nur ein Marathonlauf. Ich wollte in den Krieg und Simbas Kampf um den Felsen des Stolzes wieder zum Leben erwecken. Das Wichtigste zuerst: Der Austausch meiner ASICS GEL-NIMBUS 18 gegen HOKA Bondis. Das bedeutete etwas mehr Gewicht, aber deutlich mehr Dämpfung. Ich dachte daran, meine Gelenke zu schützen und wollte nicht meine Zukunft damit verbringen, über Wörter wie Acetabulum und Hemiarthroplasty nachzudenken oder sie falsch auszusprechen. (Versuch mal, diese beiden Wörter nach drei Gläsern Wein laut auszusprechen.) Außerdem begann ich ein neues Ritual: Ich bandagierte meine Knöchel, Knie und Hüften. KT Tape - oder Kinesiologisches Therapeutisches Tape, für Normalsterbliche, die sich nie verletzen - ist ein elastisches Sporttape zur Schmerzlinderung und Muskelunterstützung ohne Medikamente. Ich habe meine Knöchel, meine Waden, meine Schienbeine, meine Knie und meine Hüften getaped. Natürlich musste ich mir ein YouTube-Video sechzehn Mal anschauen, bis ich es richtig gemacht hatte. Es war das erste Mal, dass ich es benutzt habe. Bis zu diesem Zeitpunkt hatte ich keine Schmerzen und die Forschung hatte mir gesagt, dass ich durch schwerere Schuhe und das Tape langsamer laufen würde. Aber ich wollte nicht meine Zeit verbessern, sondern meinen Körper schonen.

Auf der Messe habe ich mir wie ein Professor, der sich auf eine große Vorlesung vorbereitet, mein Ziel in den Kopf gesetzt: Ich werde zwölf Marathons laufen, sagte ich mir immer wieder im Kopf, von November 2016 bis November 2017. Ich machte mir nichts vor. Jordan ist mit vierzig zurückgetreten. Mit vierzig habe ich meine sportliche Karriere begonnen. Es war keine Bucket-List mehr für ein Rennen oder die Erfüllung eines Plans für den Notfall. Es war jetzt eine Mission. Bis dahin hatte ich nicht über mich als Marathonläufer gesprochen. So sahen mich meine Freunde schon vor mir. Die Veränderung fand nicht in mir statt, sondern indem ich begann, eine Marathonpersönlichkeit in meinen täglichen Lebensstil zu integrieren. Aus dem eingefleischten Undertrainer wurde ein Vorbild in Sachen Fitness und Ernährung. Aber ich trainierte nach wie vor nur auf dem Laufband und lief nur dann unter freiem Himmel, wenn es einen anerkannten Lauf gab. Ich habe mich nicht nur gegen die Leute gewehrt, die der Meinung waren, dass ich nicht in der Lage sei, mit den anderen Schritt zu halten, sondern auch gegen die Mission. Nur um mich zu rühmen, sagte ich das nicht laut. Ich hatte das Gefühl, dass ich für alle Zuschauer die Verkörperung des schwarzen Mannes war, der Marathon läuft. Jeder, der mich sieht, weiß, dass ich schwarz bin. Was ich tat, war, den ultimativen Schleier zu lüften, um nicht zu elitieren.

"Und ich bin nicht einmal ein Läufer", sagte ich mir immer wieder.

In einem Moment bin ich arrogant, und im nächsten Moment versuche ich, die Aufmerksamkeit auf mich zu lenken, indem ich dir sage, was ich nicht bin oder was ich nicht tun kann. Dass ich kein Läufer bin, sage ich zum Beispiel immer wieder - auch jetzt noch. Andrea liebt es, mich bei jeder Gelegenheit zu korrigieren. Sie antwortet schnell: "Du bist gerade einige Halbmarathons, einen Spartan Triathlon und zwei Marathons gelaufen. Du kannst nicht sagen, dass du kein Läufer mehr bist."

Morgens um fünf Uhr dreißig begann der Lauf. Ich kann mir vorstellen, dass die guten Leute von Disney World uns schnellstmöglich aus dem Park bringen wollten, um ihre familienfreundlichen Aktivitäten möglichst wenig zu stören. Nicht einmal eine von Scar aufgestellte Falle konnte mich vom Aufwachen und vom Laufen abhalten. Aber aufgepasst: Es war, als würde man sich in einem Labyrinth verirren, das von einem verrückten weißen Kaninchen (der falschen Karte) entworfen wurde, und auch der morgendliche Zaubertrank (ein Sportgetränk) würde einem nicht bis zur Startlinie helfen. Ich verließ das Hotel und war schon spät dran für den Shuttlebus. Man sagte mir, es gäbe einen anderen Shuttlebus, der etwa eine halbe Meile entfernt von einem anderen Gelände abfahren würde. Auch den habe ich verpasst. Die Uber-App war nicht zu gebrauchen. Zum Glück fand ich einen schnarchenden Taxifahrer. 40 Dollar für Notfälle habe ich bei jedem Rennen dabei. Nicht nur Löwen sind Könige ... Geld auch.

"Entschuldigen Sie, Sir. Ich bin auf der Suche nach der Startlinie für den Disney Marathon. Ich brauche Hilfe!"

Er antwortete schnell: "Klar, das kostet..."

Ich bekam Panik. "Reichen zwei Zwanziger?"

Der Schlafmangel verklebte noch immer meine Augen. Wenn er mich nach Miami brachte, würde ich es wahrscheinlich erst merken, wenn wir die Three Lakes Wildlife Management Area erreichten, wo mich vielleicht die flehenden Rufe einiger brauner Pelikane weckten. Mit der gleichen Wildheit wie diese Vögel nahm er die kurvenreichen Straßen zum Ausgangspunkt.

Wir kamen pünktlich an. Und mir fehlten zwei Jacksons.

In Disneyland hatte ich meine erste Begegnung mit den Fans des Rennsports. Sie fielen mir sofort auf. Bestimmte Marathonläufe haben ihre Fans. Warum, verstand ich damals noch nicht. Die Leute haben eine Liste von Leistungen, die sie auf jeden Fall erreichen wollen. Das können die Majors sein, Endzeiten oder was auch immer. Mein ursprüngliches Ziel war es, den erschöpften Blick der Läufer des New York City Marathons einzufangen, wenn sie die Ziellinie überqueren.

Eine Disney-Figur stand an jeder Kilometermarkierung. So verstand ich, warum Disney eine der längsten Cutoff-Zeiten hat, wo offiziell die Zeit des Schlussläufers zählt. (Schlangen von Erwachsenen in Kostümen warteten geduldig darauf, ein Selfie oder Porträt mit dem sorglosen Mickey, dem eleganten Aschenputtel, dem übermütigen Peter Pan oder neben dem lustigen Stromboli zu machen. Egal wie lang die Schlange war, am Ende gab es 26 Fotos. Disney-Marathon-Läufer sind verrückt.

Der Lauf beginnt im Epcot Center. Epcot wurde im Jahr 1982 eröffnet, und meine Eltern nahmen Hazel und mich nur zwei Jahre später zum ersten Mal mit in den Park. Unser erster Weg führte uns durch den ursprünglichen Vergnügungspark, das Magic Kingdom, und zum Aschenputtel-Schloss auf der Main Street. Es ist beeindruckend, wie sauber der Disney Park ist, als ob die sieben Zwerge jeden Zentimeter des Pflasters geschrubbt hätten, nachdem jeder Besucher durch den Park war. Dann kam Animal Kingdom, inspiriert von der afrikanischen Savanne. Das sah so echt aus, dass ich immer auf der Hut war, ob ich nicht einer lachenden Hyäne aus dem Weg gehen müsste. Aber die kam nie. Eine Enttäuschung waren die Hollywood Studios und der ESPN Wide World of Sports Complex. Zum Schluss fuhren wir noch einmal nach Epcot, was mich daran erinnerte, wie aufgeregt Hazel und ich gewesen waren, als wir als Kinder zurück nach Detroit gefahren waren, um unsere Souvenirs zu zeigen, wobei wir uns weniger wie Peter Pan als vielmehr wie Captain Hook gefühlt hatten.

Ich schaffte es. In ebenso vielen Monaten war dies mein dritter Marathon. Mit einem Seufzer der Erleichterung überquerte ich die Ziellinie. An jeder Kilometermarkierung schien die Freude in der Luft, die Läufer zu beobachten, die für Selfies mit Disneyfiguren anhielten, eine gute Ablenkung zu sein. Durch das KT Tape wurden meine Beine steif, aber ich hatte keine Angst vor Verletzungen. Ich hatte das Gefühl, dass dieses Rennen ein Testlauf war. Ich testete die Sicherheitsvorkehrungen und wollte mich vergewissern, dass ich auch in dieser Blase, die eine Rennstrecke ist, in Sicherheit sein würde. Ich ging in einen Laden und kaufte mir ein Paar Mickey-Mouse-Ohren. Dann machte ich ein Foto vor dem Hulk. Auch wenn der Disney Run ein Riesenspaß war, hatte ich das Gefühl von Macht.

Der Rückflug war ereignisreicher, als ich es mir vorgestellt hatte. Beim Warten auf das Einsteigen in den Flieger kam mir etwas seltsam vor. Andrea wandte sich an den Schalter am Gate und erfuhr, dass wegen Überbuchung sechs Passagiere auf einen späteren Flug verlegt werden mussten. Der Grund war eine Familie aus London, die in Atlanta einen Anschlussflug brauchte. Delta Airlines muss man einfach lieben. Sie boten jedem, der wollte, einen Gutschein über 500 Dollar an. Damit konnte man in einem Zwei-Sterne-Hotel um die Ecke übernachten und wurde am nächsten Morgen zu einem anderen Flug gebracht. Dass wir zwei dieser willigen Seelen sein würden, war Andrea und mir klar. Für unseren Siegeszug zum Shuttle brauchten wir nur noch

Apropos Laufen

vier weitere. Sonst war der Deal geplatzt.

Wir warteten. Und warteten. Sie erhöhten den Goldtopf. Und schließlich tauchten zwei weitere Leute auf: Cathy und ihr Freund. Cathy war seit Jahren Marathonläuferin und eine erwachsene Frau, die Disney liebte. Als gebürtige New Yorkerin und erfahrene Reisende war sie Feuer und Flamme für die Reiseziele, die sie mit den zusätzlichen 800 Dollar ansteuern würde. Mir fiel Cathys Medaille auf.

"Wie war dein Rennen?", fragte ich neugierig.

Cathy war so aufgeregt, weil sie so eine verrückte Leistung vollbracht hatte. "Ich habe die Dopey Challenge geschafft. Ich bin erschöpft", keuchte sie.

Etwa eine Stunde lang unterhielten wir uns über ihre Rennkarrieren und tauschten Notizen aus. Der Pott war auf 1.200 Dollar pro Person angewachsen. Ich drückte die Daumen, dass einer der armen Passagiere in einer Höhe von 30.000 Metern auf seine Liebe zum Reiten verzichten würde, um den Köder zu schlucken. Ihre goldenen Stimmen sagten uns, wo wir unser Auto fanden, überreichten uns unsere Gewinne und innerhalb einer Stunde aßen wir Pizza aus Pappkartons vor dem Schlafengehen.

Cathy war meine erste Freundin in der Marathongemeinschaft. Sie war Tierärztin. Sie war Tierärztin, hatte schon mehr als fünf Marathons hinter sich, hatte Training in der Halle und im Freien und war eine Frau mit einem Plan. Wir trafen uns in den nächsten Jahren bei kürzeren Läufen, liefen Seite an Seite über 5 km und 10 km und trafen uns nach anderen Läufen auf einen Kaffee. Bis heute sind wir befreundet. Wir schreiben uns oft SMS und tauschen uns über Training, Wettkämpfe und Motivation aus. Wie wichtig die Gemeinschaft ist, habe ich gelernt. Man sucht sich einen Stamm, wo immer man hingeht. Ich war kein

Läufer in einem Verein, also hatte ich auch keine Gemeinschaft von Anfang an. Ich bin nur an dem Tag, an dem ich den Lauf gemacht habe, draußen gelaufen, also war ich nicht mit anderen zusammen. Meine Läufe waren individuell. Es waren meine Läufe. Es waren zwar Leute um mich herum, aber die liefen auch ihre eigenen Rennen. Später habe ich meine Marathongemeinschaft erweitert. Die Bedeutung dieser Gemeinschaft war spürbar. Es war mehr als der Austausch von Material, Erfahrungen, Erfolgen und Herausforderungen, die sich um das gemeinschaftliche Marathonlaufen drehten.

Wie wichtig Geduld ist, habe ich auch gelernt. Ich befand mich in einem Prozess, in dem ich ständig dazulernen musste. Nach Orlando sah ich mich endlich als Marathonläufer. Ich hatte nicht mehr das Imposter-Syndrom. Der typische Läufer, der in der Highschool oder im College angefangen hatte, war ich nicht. Ich hatte mit vierzig angefangen. Jedes Mal, wenn ich jemandem vom Marathonlauf erzählte, erinnerten sie mich an mein Alter: "Hast du in der Schule Leichtathletik oder Crosslauf gemacht?" "Warst du schon immer ein Läufer?" Diese Fragen hörte ich immer wieder und es fühlte sich an wie ein Verhör. Das Gefühl verflüchtigte sich langsam. Mit zunehmender Erfahrung wuchs mein Selbstvertrauen. Mit siebenunddreißig Jahren erreichen Marathonläufer ihren Höhepunkt. Ich war schon vierzig und hatte noch so viel vor. Neun weitere Marathons standen für den Rest des Jahres auf dem Programm, und ich hatte keinen Grund zu glauben, dass ich nicht weitere neun Medaillen nach Hause bringen würde. Um ihnen das Gegenteil zu beweisen, war ich hier. Für einen weiteren Kampf war dieser Krieger bereit.

Kapitel 09
Zeit für Stille.

Die Umgebung, in der wir groß geworden sind, ist ein Teil unserer größten Hoffnungen und Träume. Ich würde gerne sagen, dass es die tief verwurzelte afroamerikanische Geschichte von Birmingham, Alabama, war, die mich in den tiefen Süden gebracht hat, aber eigentlich war es der Titelsponsor: Mercedes-Benz. In Detroit, der Stadt, die amerikanische Luxusautos wie Cadillac und Lincoln hervorbrachte, bewunderten wir noch die Handwerkskunst von Benz und Beamer. Ein Mercedes war ein Statussymbol, das Auto bedeutete mehr als nur Stil. Ob zu Recht oder zu Unrecht, es ist eine Eigenschaft, die vielen von uns vertraut ist; es ist eine Art Spielzeug, das die Menschen in deiner Umgebung zu der Annahme verleiten kann, dass du eine bestimmte Art von Mensch bist oder dass du es zu etwas gebracht hast. Die Finisher-Medaille, die man beim Mercedes-Benz Marathon erhält, hat genau das gleiche Aussehen wie das Emblem auf der Front ihrer Kultautos.

Bis zu diesem Zeitpunkt waren die Städte, die ich in der engeren Auswahl hatte, cool. Leider hat Birmingham, Alabama, den Kürzeren gezogen. Andrea ist der Meinung. Die Medaille war ihr völlig egal und sie hatte auch kein Interesse am Abhängen in der Stadt. "Wir sehen uns, wenn du zurückkommst", sagt sie in einem Ton, der ein bisschen schräg ist, aber ohne jede Aufregung. Ich war oft allein unterwegs, aber es hatte etwas Beruhigendes, an einem Marathon-Wochenende einen Partner zu haben, für den Fall, dass ich mich verletzen oder krank werden sollte oder dass ich ein großes Rennen verpassen würde.

Bin ich etwa unwichtig? fragte ich mich, gefolgt von der Frage: "Warum gehe ich eigentlich da hin? Ihr Ton ließ mich meine Entscheidung überdenken. Ich dachte mir, ich steige ein, nehme mein Benz-Emblem und fahre wieder los.

Eines Abends, ein paar Tage vor dem Rennen, sah ich mir auf HBO den Bereich für Dokumentarfilme an. Ich sah den Film 4 Little Girls von Spike Lee (1997), der den Mord an vier afroamerikanischen Mädchen während des Bombenattentats auf die Sixteenth Street Baptist Church in Birmingham 1963 thematisiert. Ich habe auf Play gedrückt.

Der Bombenanschlag auf die Baptistenkirche ist in den Geschichtsbüchern vor allem wegen seines Beitrags zur Aufrechterhaltung der Rassentrennung bekannt. Die Kirche in der 16th Street, nur wenige Straßen von meiner Unterkunft entfernt, wurde am Sonntag, dem 15. September 1963, in die Luft gesprengt, wobei vier Mädchen getötet und Dutzende verletzt wurden. In Birmingham herrschte eine angespannte und gewalttätige Stimmung gegen Schwarze im Jahr vor dem Bombenanschlag. Die Situation war so explosiv, dass jede Form von Rassenintegration auf gewalttätigen Widerstand stieß. Wieder einmal war ich zu Tränen gerührt, als ich einen

Dokumentarfilm sah, der sich mit einem Terroranschlag in meinem eigenen Land befasste - und das, während ein Rennen lief.

Dieser Moment in der Zeit war wie das Lesen der aktuellen Schlagzeilen in der New York Times oder einer anderen amerikanischen Zeitung: eine deutliche Erinnerung daran, dass sich in Bezug auf Vielfalt, Gleichberechtigung, Integration und Menschlichkeit im Allgemeinen nicht viel geändert hat. Ich saß auf meinem Sofa und dachte darüber nach, warum ich nach Birmingham gefahren war. Und ob ich überhaupt an diesem Rennen teilnehmen wollte. Ich sagte mir, ich muss dabei sein. Es war nicht mehr nur der Marathon - es waren die Menschen der Stadt.

Endlich am Samstagmorgen in Birmingham angekommen, nahm ich mir mit dem Selbstvertrauen eines Einheimischen ein Taxi vom Flughafen.

Als der Taxifahrer das Fenster herunterkurbelte, fragte er mich: "Wo willst du hin?" und runzelte die Stirn, um mir zu signalisieren, dass er höflich mit dem nächsten Kunden weiterfahren würde, wenn ich ihm den falschen Ort nennen würde.

"Ich will die Kirche sehen, in der die vier Mädchen ermordet wurden, und das Bürgerrechtsmuseum", antwortete ich mit der Härte eines Maschendrahtzauns.

Er schloss die Türen auf. Ich warf meine Tasche auf den Rücksitz und wir fuhren los.

Den Marathon erwähnte ich nicht, denn das war jetzt egal, solange ich vor 17 Uhr zur Expo kam. Meine Mission war kultureller Natur, und der Marathon spielte keine Rolle. An der Ecke Sixth Avenue North und Sixteenth Street North, direkt östlich der Kirche, hielten wir an. In seinen Augen hatte ich das Gefühl, er sähe den Schmerz in meinen Augen.

"Lass dir so viel Zeit, wie du willst. Ich werde die Uhr stoppen", murmelte der Fahrer mit einem Südstaaten-Lächeln wie aus dem Film Driving Miss Daisy.

Ich verstand, warum Birmingham kulturell wichtig für mich war. Ich musste die Skulptur der vier Geister sehen. Die Namen der vier kleinen Mädchen - Addie Mae Collins, Cynthia Wesley, Carole Robertson und Carol Denise McNair - waren in Stein gemeißelt. Beim Umrunden des Bronzedenkmals fühlte ich den Verlust ihres Lebens in meinem Geist, denn die Präsenz ihres Vermächtnisses lag in der Luft. Ich verlor mich selbst. Bevor ich zum Auto zurückkehrte, starrte ich sie über eine Stunde lang an. Auf dem Weg zum Museum schwiegen wir.

Das Birmingham Civil Rights Institute ist ein modernes, 1992 gegründetes Museum zur Dokumentation der Aktivitäten und Kilometersteine der lokalen Bürgerrechtsbewegungen, die alle entscheidend für den Kampf um die Menschenrechte in den Vereinigten Staaten gewesen sind. Das Museum zeigt, wie die Menschen in Alabama während der Bürgerrechtsbewegungen der 1950er und 1960er Jahre kämpften und Opfer brachten. Historisch gesehen waren diese Bewegungen in den Vereinigten Staaten, insbesondere vor den 1970er Jahren, Opfer von Gewalt durch die dominierenden weißen Gruppen und rassistisch eingestellte Polizisten. An diese Kämpfe, die die amerikanische Gesellschaft zum Besseren verändern sollten, erinnert das Museum.

Mir war, als würden die Gefühle, die ich in der Kirche erlebt hatte, noch verstärkt. Der Besuch der Gedenkstätte und des Museums nacheinander war für mich ein sehr realer Eindruck.

Die Intimität dieser Erfahrungen ging mir unter die Haut. Beim Gang durch die Galerien las ich Geschichten, sah Bilder, beobachtete die Emotionen anderer Besucher und erinnerte mich daran, wie schwarze Amerikaner von ihrer Gemeinschaft behandelt wurden. Am liebsten wäre ich, ohne Gefangene zu machen und ohne Zeit zu verlieren, durch das Museum gerast, als würde ich morgen einen Marathon laufen. Aber ich konnte es mir nicht verkneifen, alles langsam auf mich wirken zu lassen, und dann wartete auch schon mein großzügiger Fahrer auf mich, um mich zu meinem Hotel zu bringen.

Ziemlich ereignislos war der Marathon selbst. Ich war nicht berührt von dieser Stadt und ihrer Geschichte. Ich konnte an nichts anderes denken, da ich noch die Gefühle und Erlebnisse des Vortages verarbeitete. Auf der Strecke wurden zwei Runden um einen großen Kreis gelaufen. Ich fühlte mich wie Phil Connors, der in Groundhog Day hinter dem pummeligen Nager herläuft.

Ich dachte an die Menschen, die in diesen tragischen Jahren in Staaten wie Alabama ihr Leben verloren hatten, als ich am Sonntagabend nach dem Marathon nach Hause fuhr. Das Einzige, was ich in Birmingham verloren hatte, war mein Zehennagel. Hämatome (Schwellungen durch geronnenes Blut) treten bei Ausdauersportlern und Marathonläufern so häufig auf, dass sie fast schon als Auszeichnung gelten. Es war das Ekelhafteste, was ich je gesehen habe. Wenn man das Glück hat, eine gesunde Blutgerinnung an den Narben zu haben, kann es sein, dass sich unter einer ständig belasteten Stelle wie der Nagelplatte der gleiche Strom aus Wasser, Salz, Eiweiß und Zellen ansammelt. Wenn man läuft, stoßen die Zehen gegen den Schuh und verursachen eine Art Mikrotrauma, und je mehr man läuft, desto mehr setzt man seine Füße dieser traumatischen Erfahrung aus.

Als ich darüber nachdachte, fragte ich mich: Zählt das auch, wenn du nur draußen läufst, um zu laufen? Wenn du läufst, riskierst du, einen Zehennagel zu verlieren, egal, wo du deine Füße hinsetzt.

Nach dem Rennen hatte ich eine sehr düstere Routine. An jenem Montag lag ich zu Hause herum und suchte nach Antworten. Ich dachte an Cathy, meine neue Freundin, die ich in Orlando getroffen hatte. Bei einem Rennen der NYRR traf ich einen Mann namens Matt. Matt war in den Dreißigern, Jude und gebürtiger New Yorker, der seinen Lebensunterhalt mit dem Design einiger der Werbungen verdiente, die die Aufmerksamkeit der coolen Millennials auf sich zogen. Er arbeitete für adidas und andere große Marken. Er sprach schnell und lief noch schneller. Nach und nach baute ich mir eine eigene Community von Freunden auf, die auch liefen. Cathy hatte tagelang Geschichten über abgebrochene Zehennägel zu erzählen. Sie lachte darüber. "Das wächst schon wieder nach", murmelte sie.

"Bruder, warte nur, bis du mit einer echten Verletzung an der Seitenlinie stehst", wurde ich von Matt zurückgepfiffen.

Aber ich habe auch über ein paar Zahlen in Birmingham nachgedacht. Die Stadt ist zu 70 Prozent von Schwarzen und Afroamerikanern bewohnt. Aber nicht einmal annähernd dieser Zahl entspricht die Demographie der Marathonläufer in der Stadt. Warum laufen nicht mehr Schwarze Marathon? Ich habe mir Gedanken und Theorien über die Gründe für dieses Ungleichgewicht gemacht. Liegt es daran, dass wir fürchten, unsere Zehennägel verlieren zu können? Oder werden die Marathonläufe heimlich auf den Sonntag gelegt, als Teil eines Masterplans, um sich vor den ahnungslosen

Gruppen der Gesellschaft zu verstecken? Das würde kreativen Systemrassismus bedeuten. Marathonlaufen ist mit Schmerzen verbunden. Vielleicht leiden wir Schwarzen unter Algophobie, der Angst vor Schmerzen.

Als ich in Birmingham lief, war der einzige schwarze Marathonläufer, den ich persönlich kannte, mein Onkel Jr. Ein paar meiner schwarzen Freunde waren sportlich, einige ein paar Jahre jünger, und sie waren irgendwann in ihrem Leben sogar im organisierten Sport aktiv. Sie waren Läufer, aber sie waren keine Läufer. Ihre Ziele waren andere. Viele von ihnen wussten zwar, was ein Marathon ist, aber sie beklagten sich oft darüber, dass "das nur die Weißen machen". Ich hatte keine Ahnung, dass es so etwas gibt. Ich kannte diese Denkweise genauso wenig wie Alicia Silverstone die gesundheitsfördernde Wirkung von Rizinusöl oder Swag-Surfen. "Das ist etwas, was Schwarze tun". Ich bin einfach dem gefolgt, was mein Verstand, mein Körper und mein Geist mir gesagt haben.

Es war klar, dass ich ein Sportmasochist war. All diese Dinge gingen mir durch den Kopf, mit Ausnahme meines fehlenden Zehennagels, an den ich versuchte nicht zu denken. Er tat höllisch weh. Die Fußpflege fand ihren Weg in meine Google-Suche. Ich las über Mebrahtom "Meb" Keflezighi, einen Champion, der in Äthiopien geboren wurde, aber unter der Flagge der Vereinigten Staaten läuft. Aus Kenia und Äthiopien kommen viele Marathonsieger. In der Eliteklasse sind sie oft unter den ersten zehn zu finden und stellen neue Rekorde auf. Keflezighi spricht offen über seine Verletzungen.

Meine Gedanken kreisen um meine Knie, um mich zu schützen und in Sicherheit zu bringen. Jedes Mal, wenn ich vom Marathonlauf erzählte, fragte mich jemand besorgt: "Machst du dir keine Sorgen um deine Knie?" Nach erhöhten Cortisolwerten oder reaktiven Sauerstoffspezies hat mich niemand gefragt. Hyponatriämie? Und auch nicht nach meiner größten Sorge - der Luftverschmutzung, die ich durch das Laufen in mir aufnahm. Sie würden nach meinen Zehen fragen, wenn sie etwas über das Laufen wüssten. Oder vielleicht nach meiner Lebensgefahr, wenn ich schwarz gekleidet trainiere.

Trotzdem bin ich zu den besten (oder zumindest teuersten) Laufschuhen gekommen: HOKA. Solange ich mindestens 180 Dollar für Turnschuhe ausgab, würde alles gut gehen. Mein Zehennagel war eingedrückt und sah aus wie ein hässliches Kaleidoskop aus Schwarz und Blau. Verschwunden war er nach einer Woche. Nicht die Farbe ... der Zehennagel an sich war weg. Ich war geschockt und ein bisschen mutlos. Eine hässliche Sauerei. Ich wusste nicht, wie es weitergehen sollte. Nur eine Verletzung konnte mich davon abhalten, die nächsten acht Marathons zu laufen. Dies war meine erste. Es war meine erste Verletzung und ich war besorgt, ob sie einen Einfluss auf meinen nächsten Lauf haben würde, der nur wenige Wochen entfernt war.

Meine eigene Tragödie war bei weitem nicht so wichtig, aber es gab eine beunruhigende Parallele zu dem Gefühl des Verlustes und der Selbstdefinition, die sich daraus ergab. Die Umstände, unter welchen der Zehennagel verloren wurde, waren entscheidend, ebenso wie mein emotionaler Zustand: Zeit und Verlust rückten in den Mittelpunkt. Wie viel Zeit bleibt noch? Wie groß sind die Auswirkungen des Verlustes auf die Leistungsfähigkeit in der Zukunft? Die Zeit, die ich mir für die Verarbeitung dieser Erfahrung nahm, war entscheidend für die Art und Weise, wie ich meine Prioritäten setzte. Ich hätte nie gedacht, dass ich noch einmal nach Birmingham reisen würde, aber wenn ich es noch einmal tun könnte, würde ich noch länger dort bleiben. Ich hatte nur an der Oberfläche gekratzt, aber es gab so viel Geschichte zu sehen.

Am Ende wuchs der Zehennagel nach und ich war wieder auf dem Weg der Besserung. Verglichen damit, erholt sich niemand von einer Tragödie, sondern kann in unterschiedlichem Maße wachsen und heilen. Das Kultivieren von Resilienz ist das radikale Akzeptieren des Traumas und trotzdem weiter zu machen. In diesem Zusammenhang kommt mir das Zitat in den Sinn: "Alles geschieht für mich und nicht mit mir". Der Zehennagel war eine Metapher für die Verluste, die die Gemeinschaft von Birmingham jahrzehntelang erlitten hatte. Ihre Widerstandskraft leuchtete, während meine übertrieben schien. Es zeigte mir, dass Resilienz gegenüber Widrigkeiten, Traumata oder Verlusten in vielen kleinen Momenten und Entscheidungen gefunden werden kann.

In vielerlei Hinsicht war es eine bereichernde Erfahrung für mich. Birmingham ist ein geschichtsträchtiger Ort und ein lebendes Beispiel für Resilienz. Ich hatte weder Freunde noch Familie bei mir, aber der Gedanke daran, dort zu sein, und die Zeit, die ich mit dem Lernen über die Vergangenheit verbrachte, waren für mich eine Quelle der Kraft. Mein kleiner Bruder, ein wandelndes Lexikon der schwarzamerikanischen Geschichte, hätte es geliebt, die Museen zu sehen und zu spüren, wie die Leute ticken. Ich wurde daran erinnert, wie wichtig die Familie für die Erfahrungen ist, die wir im Leben machen.

Kapitel 10
Mit Freunden überstehst du jeden Marathon.

Wer hätte das gedacht? Dass die Obamas nicht für eine weitere Amtszeit in Washington bleiben würden? Michelle hat sich also gegen eine Kandidatur entschieden, und ich bin dort gerade beim Marathon, als der neue Mann sein Amt antritt. Bitches Brew von Miles Davis hörte ich auf der Zugfahrt von New York in Dauerschleife. Es ist wahrscheinlich das beste Jazz-Album aller Zeiten, und es übt immer noch einen großen Einfluss auf eine neue Generation aus - nicht anders als in den acht Jahren, in denen wir im Oval Office an der Macht waren. Ich war nie ein Fan der Politik, aber ich war immer ein Fan meiner Gemeinde. Meine Freunde aus Rom würde ich wiedersehen. In Italien geblieben waren Alessandro und Caron. Travis war zurück in New York. Und Michael, Max und Ryan hatten sich in der Hauptstadt niedergelassen.

^^^

Eigentlich sollte meine Zeit in Rom nur einen Sommer dauern. Sprachen und die italienische Kultur hatten mich schon während meines Studiums fasziniert. Im Sommer 1999 habe ich mich in Messina, Sizilien, um eine Stelle als Englischlehrer beworben. Ich bedauerte immer, dass ich Angst hatte, nach Sizilien zu gehen; ich hätte die Kirche Santissima Annunziata dei Catalani besuchen, eine Bootsfahrt auf dem Ganzirri-See machen oder einen Espresso in der Zona Falcata trinken können. Ich nahm mir vor, dass ich die Gelegenheit beim Schopfe packen würde, wenn sich mir wieder eine solche Gelegenheit bieten würde. Zehn Jahre später würde ich mein MBA-Studium an der St. John's University beginnen. Dann würde ich zum italienischen Konsulat laufen, um ein Visum für den Sommer zu bekommen. Dass ein Sommer nicht ausreichen würde, um mir ein kulturelles Verständnis Italiens anzueignen und gleichzeitig fließend Italienisch zu lernen, war klar.

Mein Begleiter während des Sommers war Michael. Er war klein und schlank und hatte einen südländischen Akzent, der eine Kobra in Thailand in seinen Bann ziehen könnte. "Was hat die eine tektonische Platte gesagt, als sie mit der anderen kollidierte?", scherzte Michael und beendete die Frage, bevor man antworten konnte: "Meine Schuld. Er war unser hauseigener naturwissenschaftlicher Streber. Für seinen Master in Internationaler Politikwissenschaft war er in Rom.

Alessandro war groß und stämmig. Er trug sein Haar glatt

nach hinten gegelt und war ein stolzer Norditaliener. Er war stolz darauf, Ehrenmitglied der St. John's University Crew zu sein, und auf seinen vielfältigen Freundeskreis aus aller Welt. Er war der einzige Italiener unter uns. Max, ein polyglotter Mann, der in Kamerun geboren wurde und einige Zeit in Frankreich und Deutschland verbracht hat, bevor er in Rom gelandet ist, hat schließlich seinen Weg nach Washington D.C. gefunden. Caron ist eine blonde, blauäugige Frau aus DC, Maryland und Virginia. Sie hat CMC World Travel gegründet und ist in Italien geblieben. Travis kam aus Queens, New York. Ihn verschlug es nach Rom, um wohlhabenden Internatsschülern den amerikanischen Traum zu vermitteln. (Italiens dienstältester Premierminister, Silvio Berlusconi, schickte sogar seine Tochter nach St. John's).

Schließlich war die Sommersonne verschwunden und ich verbrachte die nächsten zwei Jahre damit, in Rom zu leben und ganz Europa zu bereisen. In Bezug auf Kunst, Sprache, Architektur, Essen und vor allem Wein war Italien eine Lektion für mich. Nachdem ich gelernt hatte, fließend Italienisch zu sprechen, arbeitete ich neben meinem MBA für eine italienische Bank. In einem weltberühmten Sommelierkurs im Michelin-Drei-Sterne-Restaurant La Pergola wurde ich zur Expertin für italienische Weine. Es war ein 18-monatiges intensives Training in der italienischen Sprache. Ich trank weiterhin guten Kaffee und wurde Stammgast im Il Piccolo Diavolo in Prati und Il Cigno in Parioli. Sobald Michael nach Amerika zurückkehrte, sollte ein Junge namens Ryan seinen Platz einnehmen. Nach und nach verabschiedeten sich kleine Abschiedsgruppen vom Rest der Crew und mir wurde klar, dass auch meine Zeit bald zu Ende gehen würde. Ende 2011 würde eine Ära zu Ende gehen. Jeden einzelnen zu verabschieden, schien eine Reihe von Mini-

Wiedersehen zu bedeuten.

Wenn ich an meine Zeit in Rom zurückdenke, erinnere ich mich am lebhaftesten an die Zeit, als wir alle zusammen waren. In Washington, D.C. würde sich diese Szene wiederholen.

^^^

Es war kalt und feucht. Die Luft war so dick wie beim Schwimmen in Lambert's Cove - und das außerhalb der Hochsaison. Der Vergleich zwischen dem Wetter in Birmingham und dem in Washington war ein Spiegelbild des politischen Klimas zu jener Zeit: eiskalt und heiß. Die Wachablösung hatte gerade stattgefunden. Aber ich konnte nur daran denken, meine Kleidung zu wechseln. Ich bin aufgewacht und hatte es eilig, zu meiner eigenen Geburtstagsfeier zu kommen. Die allgemeine Regel für Marathonläufe am Sonntag lautete, dass das Rennen in wenigen Minuten beginnen würde. Ich war immer noch dabei, meine Körperteile abzukleben.

Ich erreichte die Startlinie nahe der Constitution Avenue Northwest und Fourteenth Street Southwest an der National Mall, aber niemand war da. Verwirrt sprach ich eine 25-Jährige an und fragte: "Wo genau wird der Marathon gestartet?"

Die junge Frau schien sich ein Lachen verkneifen zu wollen: "Tut mir leid, der letzte Läufer hat die Startlinie vor über zwanzig Minuten überquert. Fast so, als hätte sie den ganzen Morgen nur für mich geprobt. Sie sagte es so beiläufig, ohne auf meine Startnummer zu achten. Die zeigte eindeutig an, dass ich am Rennen teilnehmen sollte.

Normalerweise ist das Ticken einer Uhr ein Zeichen für Langeweile, für das Verstreichen der Zeit, oder ein Zeichen für Fortschritt, ein Zeichen dafür, dass man im Takt ist. Aber wenn man zu spät kommt, wird einem die andere Bedeutung, die das Ticken der Uhr haben kann, nur allzu gut und schmerzlich bewusst. Du kannst vielleicht nicht mehr mithalten!

Von den Fingerspitzen, die jetzt noch kribbeliger sind als kurz zuvor, bis zum Herzschlag, der sich auf ein unbekanntes Ziel zubewegt, schleicht sich die Angst ein. Sie nistet sich in dem Teil deines Verstandes ein, der weiß, dass die Zeit nicht zurückgedreht werden kann, und der sich dennoch wünscht, sie könnte es. Wenn man zu spät kommt, gibt es nur eine Lösung: Ankommen, die Zeit totschlagen und das Ticken der Uhr wieder zur Langeweile werden lassen. Ich spürte die drohende Gefahr des Verpassens des Rennens und hoffte, dass die Götter (d.h. die Organisatoren des Rennens) die Zeit nicht zählen würden.

Die Läufe werden gestoppt und die Ergebnisse registriert. Jeder Läufer ist mit einer Art Zeitmesschip ausgestattet, der entweder auf der Rückseite der Startnummer oder in Form eines kleinen Geräts am Schnürsenkel befestigt ist. Auf jeden Fall wird er mit der Startnummer mitgeliefert. Damit wird sichergestellt, dass deine Zeit der Person zugeordnet wird, die sich für den Lauf angemeldet hat. Der Chip wird aktiviert, wenn du zu Beginn des Laufs eine Zeitmesslinie überquerst. Am Ende des Laufs erhältst du deine endgültige Laufzeit. Um den Läufern bei größeren Läufen zu helfen, ihr Tempo zwischen den Läufen zu bestimmen, gibt es auf der gesamten Strecke Kontrollpunkte. Damit der Lauf gewertet wird, muss man die Start- und Ziellinie überqueren. Die Warnungen, dass es zu spät sei, ignorierend, suchte ich die Startlinie.

Ich blickte mich um. Mein Gesicht, das zuvor verwirrt gewesen war, trug nun einen weniger subtilen Ausdruck von Entschlossenheit. "Ihr müsst mich erst fangen und dann angreifen", brüllte ich. Als ich wie ein Vulkanausbruch vom Mount Tambora über die Startbahn schoss, verstummte meine Stimme. Nicht einmal Usain Bolt konnte mich in den nächsten dreißig Sekunden einholen.

Das Adrenalin hat meinen Körper aufgeheizt, das Blut ist schnell geflossen, der Kohlenhydratstoffwechsel hat mich in Schwung gebracht, als ich mit den Füßen auf dem Boden aufschlug. Man hätte einen Ferrari F12berlinetta betanken können, wenn man es aus meinem Körper herausgeholt hätte. Ich lief. Und ich rannte. Ich befand mich im Krieg mit dem Hinterfeld. Guerra, das italienische Wort für Krieg, kam mir in den Sinn, denn ich wusste, dass ich meine römischen Freunde nach dieser Anstrengung wiedersehen würde.

Ich war noch nie am Ende der Linie angekommen. Von vorne hörte ich Musik. Ich hoffte, näher an die Läufer heranzukommen. Aber es waren nur die Beats der ersten Band. An jeder Kilometermarke gab es eine Band, die trommelte, schrie oder zupfte. Ich erinnerte mich an Alamo. Das war der Beginn der Manifestation meines Schicksals. Ich sollte nicht der Letzte werden. Als ich die Sweeper überholte, einschließlich der Dame mit dem Ballon, der die Geschwindigkeit des letzten offiziellen Finishers anzeigte, wusste ich, dass ich Boden auf meine freundlichen Gegner gutmachte. Die Musik blendete ich mit den Trommeln meiner eigenen Playlist aus. Ich brauchte die Kontrolle über meine Umgebung. Bis ich mich auf das Rennen einstellte, dauerte es, bis ich einige hundert Läufer überholt hatte. Da ich eine Geschwindigkeit von 731 Pferdestärken auf keinen Fall halten konnte, verlangsamte ich mein Tempo.

Nachdem ich mich bei der vierten Meile bei etwa 23

Pferdestärken stabilisiert hatte, fragte ich mich: "Warum gibt es keine Hip-Hop-Marathon-Serie?

Bei der Rock 'n' Roll Running Series handelt es sich um eine Gruppe von Marathonläufen, die auf der ganzen Welt zu finden sind. Wie Disney hat auch die Rock 'n' Roll Serie ihr Publikum. Sie spricht Marathonläufer an, die zufällig Rockmusikfans sind: ein weiteres Nischenpublikum, das auffallend von Weißen dominiert wird. Ich träume davon, während ich beim Atlanta-Marathon heftig schwitze, eine Band zu hören, die "So Fresh, So Clean" covert. Oder Ice Cube, Dr. Dre und Snoop Dogg zu hören, während ich auf der 405 ein konstantes Tempo halte und eine neue persönliche Bestzeit aufstelle. Wenn es Organisationen gäbe, die auf unsere kulturellen Bedürfnisse eingehen, würden Schwarze vielleicht mehr Marathons laufen.

Bei diesem Lauf würde ich meine persönliche Bestzeit nicht unterbieten. Es war sogar meine bisher schlechteste Zeit. Ich war eine Minute langsamer als bei meinem ersten Marathon. Ich war zu heiß.

^^^

Ich hatte die Jungs nicht mehr gesehen, seit Michael im letzten Jahr geheiratet hatte. Plötzlich hatte der Marathon keine Bedeutung mehr. Ich sah Max, Michael und Ryan mit einem Lächeln im Gesicht, als ich hereinkam. Das letzte Mal hatten wir uns in Charleston, South Carolina, gesehen. Dort hatten wir alle im passenden Smoking die Hochzeit von Michael und Lauren gefeiert. Aber hier waren wir, ganz locker, im Gespräch. Nur ohne den barocken Bernini-Brunnen und die von Papst Benedikt XIII. eingeweihten Stufen der Piazza di Spagna als Kulisse. Über die 26,2 Kilometer, die ich gerade gelaufen bin, haben wir kein Wort verloren. Wir sprachen über unsere Familien, unsere Jobs, unsere letzten Reisen. Wir unterhielten uns darüber, wann wir das letzte Mal mit Alessandro, Travis oder Caron gesprochen hatten. Größer als jedes Rennen oder Ereignis war unsere Freundschaft.

In der Freude und dem Stolz, die mit einer Leistung einhergehen, wollen wir uns alle sonnen. Man klopft sich auf die Schulter, wiederholt ein paar positive Affirmationen und kauft sich sogar etwas Süßes, nur um zu wissen, dass man feiert. Aber verglichen mit der Unterstützung, die du von deinen Leuten bekommst, sind all die Arbeit, die Gedanken und die Mühe fast umsonst.

In der Mitte deines Stammes spürst du den wahren Rausch der Erfüllung. Nicht in deinem Kopf, sondern wenn sie applaudieren und von deiner Gemeinschaft bewundert werden. Sie sind es, die dir sagen, dass du Erfolg hattest. In ihrem Lächeln, nicht in deinem eigenen, findest du die Fülle dessen, was du erreicht hast. Wenn du sie außerhalb deiner selbst sehen kannst, werden Freude und Stolz realer, greifbarer.

Wahre Freunde. In den Zeiten der Herausforderung und des Wandels waren sie für dich da. Du hast dir versprochen, dass du dich an sie erinnern würdest, weil sie dir beigestanden haben. Du würdest sie in deinem Herzen bewahren. Du würdest all die Energie, die sie dir gegeben haben, in Ehren halten. Genau darum geht es: Ohne sie wäre die Aufgabe vielleicht zu groß für dich gewesen, aber mit ihnen wäre sie es nie gewesen. Freunde helfen dir, jeden Marathon des Lebens zu überstehen.

Du musst all die unglaublichen Seelen sehen, die auch versuchen, dich zu finden, um dich selbst zu finden. Ihr gehört zusammen, eine Einheit, die gemeinsam die Schmerzen des Lebens erträgt, damit ihr, wenn ihr auf der anderen Seite ankommt, gemeinsam die Belohnungen des Lebens verschlingen könnt.

Kapitel 11
Ciao Roma!

Rom ist wohl die schönste Stadt der Welt. Sie ist viel älter als die Vereinigten Staaten und sieht aus wie jede andere europäische Stadt. Diese antike Metropole ist kompakter und reicher an Schmutz, der im Laufe der Jahrtausende an den Füßen der Einwohner und Touristen klebt. Dieser Schmutz wird durch die gepflasterten oder gepflasterten Straßen getragen. Dass Rom selbst unter den berühmtesten Städten des Kontinents einzigartig ist, kann jeder bestätigen, der Rom schon einmal besucht hat. Das liegt nicht nur an der Geschichte - Geschichte gibt es in Europa genug. Wenn man sie sucht, kann man sie finden. Aber was Rom so einzigartig macht, ist etwas, das viel seltener ist: seine bezaubernde Schönheit.

Beginnen wir mit der Vatikanstadt, die im nordwestlichen Zentrum Roms liegt. Hier, im riesigen Petersdom, feiern die Päpste seit Jahrhunderten Messen. Sie segneten die Christen, die sich in die Heilige Stadt gewagt hatten, um eine Predigt zu hören und den Luxus zu sehen, mit dem die Kirche ihre Heimat geschmückt hatte. Als kleinstes Land der Welt beherbergt die Vatikanstadt einige der beeindruckendsten Kunstwerke der Renaissance, von Statuen bis zu Gemälden. Die Vatikanstadt ist ein Ort, den man durchwandern kann, ohne dass einem die Sehenswürdigkeiten ausgehen, die man online recherchiert und dann persönlich erlebt hat.

Die wichtigste Sehenswürdigkeit der Vatikanstadt ist die Sixtinische Kapelle. Es ist der Ort, an dem Michelangelo die Heilige Bibel schuf und seinen Glauben verewigte. Vier Jahre lang schuf der Meister im 16. Jahrhundert auf einer Plattform Deckengemälde, die die abendländische Kultur für immer prägen sollten. Diese Gemälde sind Teil unseres Weltkulturerbes, und man kann sie nicht wirklich verstehen, solange man nicht den Blick nach oben richtet und sie sieht. Man kann die Sixtinische Kapelle nur auf eine Weise wahrnehmen – indem man den Kopf in den Nacken legt, als hätten sich die Wolken über einem geteilt und das Göttliche wäre genau dort erschienen.

Die Schönheit des Petersdoms und der Sixtinischen Kapelle erstreckt sich außerhalb der Mauern der Vatikanstadt in alle Richtungen. Auch die Spanische Treppe, an der ich während meiner Zeit in Rom jeden Tag im Italienischunterricht vorbeigegangen bin, strahlt diese Schönheit aus. Sie erhebt sich in atemberaubender Höhe und Neigung und ist das Herzstück der Verbindung zwischen der von Frankreich finanzierten Kirche Trinità dei Monti, der spanischen Botschaft und dem Heiligen Stuhl.

Wie die Spanische Treppe ist auch die Piazza del Popolo praktisch und erhellend zugleich. Ihren Namen verdankt sie den Pappeln in ihrer Nähe. Wie in ganz Rom vermischen sich hier

Geschichte und Kunst, denn unter der italienischen Monarchie wurden hier öffentliche Hinrichtungen vollzogen. Heute wird hier nicht mehr hingerichtet, sondern ist ein beliebter Treffpunkt für Touristen, die sich vor dem ägyptischen Obelisken von Seti I. und einem der vielen Brunnen fotografieren lassen oder im berühmten Hotel de Russie brunchen.

Zu den denkwürdigsten Sehenswürdigkeiten Roms gehört der Trevi-Brunnen, der von Nicola Salvi entworfen und von Giuseppe Pannini im 18. Jahrhundert erbaut wurde. Als einer der eindrucksvollsten Brunnen und eines der bedeutendsten Beispiele barocker Architektur wurde er im Laufe der Jahrhunderte immer wieder gefeiert.

"Alle Wege führen nach Rom", hieß es zur Blütezeit des Römischen Reiches in den Dörfern des heutigen Frankreichs, Spaniens und Portugals. Und so führen auch in Rom alle Wege zu der kunstvollen Schönheit, für die die Stadt von den Menschen auf der ganzen Welt so sehr geschätzt wird. Und ich bin 26,2 Kilometer auf diesen Straßen gelaufen. Wie wunderbar.

In Rom fühlte ich mich immer zu Hause. Ich erinnere mich noch an die Landung Anfang Juni 2009, an ein Nickerchen, das Aufwachen und den Lauf durch die Straßen bis 4 Uhr morgens. Mit ihrer Geschichte von Königen, Kaisern und berüchtigten Premierministern ist diese Stadt ein urbanes Paradies. Bei meiner Rückkehr im April 2017 fühlte ich mich wie eine dieser berühmten Persönlichkeiten.

Andrea und ich verbrachten eine Woche bei Caron und Mauro. Das fing schon am Flughafen an, wo sie uns von einem ihrer Angestellten abholen ließ. Ich hatte meine Abreise vorverlegt, sodass ich etwa eine Woche vor dem Marathon Zeit hatte, mich zu akklimatisieren, meiner alten Heimat einen Besuch abzustatten, alte Freunde zu treffen und mein Italienischdiplom der Universität von Siena auf dem Niveau B2 wieder in die Tat umzusetzen.

Caron lebte bereits seit zehn Jahren dort, als ich sie 2009 kennenlernte. Um CMC World Travel zu gründen, hatte sie eine lange Karriere als Führungskraft in einem Reiseunternehmen hinter sich gelassen. Im Jahr 2017 war es nicht mehr das kleine Unternehmen, das ich kannte. Die Früchte ihres Imperiums sollte ich nach einer 45-minütigen Fahrt vom Flughafen Fiumicino sehen. Wir erreichten die Villa in Riano, ein geräumiges Haus mit einem Tor und fünf Autos und zwei Lieferwagen in der Einfahrt, nur eine Viertelstunde von der Stadtgrenze Roms entfernt.

"Das Wichtigste zuerst", sagte Caron. "Hier sind deine Autoschlüssel für diese Woche. Dass ich dich durch die Stadt fahre, hast du sicher nicht erwartet.

Caron benimmt sich immer wie die große Schwester, die ich nie gehabt habe. Dass sie meine große Schwester ist, sagt sie sogar allen. Es spielt keine Rolle, dass sie blonde Haare und blaue Augen hat - wir sind wie Bruder und Schwester. Nach zehn Jahren Abwesenheit hatte ich das Glück, dass mich jemand wie De vita Caesarum behandelte, als wäre ich Caesar und nicht Charles.

Warm und gemütlich waren die nächsten Tage. Wir aßen in meinem Lieblingscafé Il Cigno und in den besten römischen Restaurants. Ich fing an, mich zu sorgen, dass ich in einer Woche zwanzig Pfund zunehmen würde und nicht vorbereitet wäre, um den Marathon zu laufen. Da ich am Renntag nur draußen laufen würde, googelte ich nach einem Fitnessstudio. Ich hatte Glück. Es gab ein Fitnessstudio in einer anderen Kleinstadt, nur fünf Autominuten entfernt, in der entgegengesetzten Richtung von

Rom. Der Plan war, einen leichten Lauf über drei Kilometer zu machen, dann am nächsten Tag zwei Kilometer zu laufen und am Tag vor dem Marathon noch einmal eine Meile zu laufen. Ich wusste nicht, ob ich das schaffen würde, aber ich dachte, es würde helfen, mich aufzuwärmen. Andrea fragte mich, ob sie mich begleiten wolle. Ohne zu wissen, wie diese Entscheidung die Stimmung der Woche verändern würde, entschied ich mich, alleine zu fahren.

In einem Villenviertel öffnete sich ein mit Beton verstärktes Stahltor. Carons Haus lag auf einem steilen Hügel. An jedem Tag, an dem ich mit dem Auto aus dem Haus fuhr, drehte ich es um und fuhr mit dem Gesicht nach unten aus dem Haus. Aber an diesem Tag standen viele Autos in der Einfahrt. Rückwärts rauszufahren wäre viel einfacher, beschloss ich. Verstehen Sie, meine Damen und Herren Geschworenen: Ich fahre nicht täglich, geschweige denn handgeschaltet. Ich habe erst vor zehn Jahren, als ich in Italien lebte, gelernt, wie man mit einem Schaltgetriebe fährt. Ich fuhr nur, wenn ich Europa besuchte, und war daher eingerostet.

Ich geriet nicht in Panik, als ich rückwärts den Berg hinunterfuhr und mich einer Betonmauer am Ende der Straße näherte. Ich saß einfach da. Ich dachte daran, wie wunderbar die Reise bisher gewesen war. Pasta essen, an jahrhundertealten Kirchen vorbeifahren, alte Freunde treffen, die Schönheit Roms und die Großzügigkeit von Caron. Bis zu diesem Moment war alles gut gelaufen. "Wenn ich ihr Auto zu Schrott fahre, ist alles vorbei. Ich flüsterte vor mich hin: "Wie kannst du das Auto direkt vor ihrem Haus zu Schrott fahren?"

Es war eine unmögliche Situation. Kein Held war in Sicht. Ich blieb sitzen, bis ich mir über die Sache im Klaren war. Ich atmete tief durch. Ich erinnerte mich an meinen inneren Formel-1-Champion Lewis Hamilton und startete den Motor. Angezogen, gebremst, angezogen, gebremst und beschleunigt - und schon war ich auf dem Laufband bei Evolution Fitness.

^^^

Nach drei Tagen auf dem Laufband in der Palestra war ich bereit für einen Ausflug auf die Straßen Roms. Auf der Suche nach einem Platz, um meine Startnummern abzuholen, schlenderte ich durch die Messe. Doch dann fiel mir ein Verkäufer ins Auge. Zwei Männer standen hinter einer Heißprägemaschine. Auf dem Schild stand "Metti il Tuo Nome a Maglietta", was frei übersetzt "Schreibe deinen Namen auf das Trikot" bedeutet. Mein erster Gedanke war die Korrektur seiner Grammatik, aber meine Neugier hielt mich davon ab, ihn zu beleidigen. (Metti il Tuo Nome Sulla Maglietta, bro.) Mich faszinierte das Verfahren und die Möglichkeit eines Nebenjobs. Ich nahm sein Angebot an, machte ein paar Fotos von seinem Stand und steckte das Projekt in meine Tasche, damit ich es später noch einmal durchgehen konnte.

Es sollte mein erster internationaler Marathon werden. Während der zwanzigminütigen Fahrt mit dem Uber zur Startlinie habe ich darüber nachgedacht, was man alles auf sich nehmen muss, um einen internationalen Marathon zu laufen. Da sind der Flug, das Hotel, die Anmeldung, verschiedene Transportmittel und die Verpflegung: 5.000 Dollar sind vorsichtig geschätzt. Wer darf um die Welt laufen? Es ist ein Privileg der besonderen Art. Zum Verständnis dieses Privilegs muss man nur ein bisschen über Populärkultur und Sport lesen. Man geht davon aus, dass jeder ein schlabbriges T-Shirt und Turnschuhe anziehen und loslaufen kann. Beim Laufen gibt es aber einige echte Hindernisse. Wenn du dir die Zeit nimmst, darüber nachzudenken, was Privilegien sind, wirst du feststellen, dass die Zeit zum Trainieren ein großes Hindernis ist. Gute Laufschuhe können bis zu 300 Dollar kosten. Zusätzliches Zubehör kann in die Hunderte gehen. Für die Teilnahme an Wettkämpfen werden Startgelder zwischen 20 und mehreren hundert Dollar verlangt. Die Teilnahme an prestigeträchtigen Läufen kann, wie bereits erwähnt, sogar noch teurer sein.

Der strömende Regen setzte nicht sofort ein, sondern wartete erst einmal ab, um die Läufer daran zu erinnern, wer hier wirklich das Sagen hat. Als ich loslief, fühlte ich mich wie ein Krieger. Zu meiner Linken das Kolosseum, zu meiner Rechten die Stadt Rom, vor mir der Weg zum Sieg und hinter mir der Staub, den ein armer Italiener fressen würde. Als ich näher kam, dachte ich an die Schlachten und die Geschichte des Kolosseums. Mann gegen Mann, Mann gegen Tier und andere Vergnügungsformen, die heute verpönt wären. Bei ihrem ersten Marathon kämpften sich meine adidas Ultraboost durch. Die kopfsteingepflasterten, unebenen, antiken Straßen waren so zwiespältig wie Engel und Dämonen. Als Tourist ließen sie dein Herz schmelzen, als Marathonläufer versengten sie deine Seele. Meine Füße begannen zu pochen, schon nach zehn Kilometern.

Dunkel, düster und fiktiv sah der Himmel aus wie in einem Roman von Dan Brown. Der Regen fiel mir in rasender Geschwindigkeit aus konvektiven Wolken ins Gesicht. Zum Teil hatte ich kaum eine Sichtweite von ein paar Metern vor mir. Meine Regenjacke war nutzlos. Ich war völlig durchnässt.

Ich habe schon erwähnt, wie sehr ich die italienische Kultur liebe. In der Zeit, in der ich in Rom gelebt habe, habe ich alle Filme gesehen, alle Zeitungen gelesen und ich bin mit vielen verschiedenen Italienern zusammen gewesen. Dass sie ihren Marathon auf einzigartige Weise organisieren, war daher nur logisch. Zunächst einmal ist das Essen sehr wichtig. Um die Massen zu beruhigen, wagen sie es nicht, den Läufern an den Verpflegungsstationen künstliche Kohlenhydratriegel anzubieten, stattdessen gibt es kleine Teller mit Nudeln. Ich war erstaunt, wie selten man einen Italiener ins Schwitzen kommen sieht, selbst wenn es in der Hitze brütend heiß ist. Wie können sie es wagen, bei einem 42-Kilometer-Lauf zu schwitzen? An jeder Verpflegungsstation lagen Hunderte von dicken gelben Schwämmen. Das war wohl das Ende der Fahnenstange - viel Glück bei der Suche nach einem Ort, an dem man sich in der Mitte des Rennens erleichtern konnte. Es gab ungeschriebene Regeln: Für Männer und Frauen gab es getrennte Bäume. Und es waren keine Schilder mit lustigen Sprüchen angebracht, die einen zum Lachen gebracht hätten, wie zum Beispiel: Wenn ich sehe, dass du zusammenbrichst, halte ich dein Garmin an; vergiss nicht, dass du dafür bezahlt hast, oder - mein Favorit - du läufst besser als unsere Regierung.

Ungefähr bei der 18-Kilometer-Marke verwandelten sich die tiefen Trommelschläge des Regens in leichte Schläge, die eher an Pinselstriche auf einem hohen Hut erinnerten. Das Timing hätte nicht besser sein können. In Richtung Petersplatz in der Vatikanstadt liefen wir die Via della Concilliazione hinauf. Ich konnte den Obelisco di Piazza San Pietro schon von weitem sehen. Ich schalte meine Musik aus. Ich nehme die Kopfhörer ab.

"Che bello!", "Grande San Pietro!", "Che meraviglioso!", sagten die zufällig vorbeikommenden Läufer. Ich musste Kanye ausschalten und den anderen Marathonläufern zuhören, die vielleicht Chiara und Gianpaolo hießen oder einen anderen zufälligen Namen hatten, der typisch für Italien ist. Italienisch ist wunderschön, die Menschen sind warmherzig, großzügig und stolz. Sie waren genauso aufgeregt, den Vatikan zu betreten, wie ich es war, als ich sie vor acht Jahren zum ersten Mal sah. Ich hielt inne und machte ein Foto von mir mit den Läufern und dem Platz im Hintergrund. Das war der Moment, in dem die Schmerzen in meinen Füßen aufhörten und ich mich an all die Zeit erinnerte, die ich auf diesem Platz verbracht hatte.

In Kürze erreichten wir mein altes Quartier Prati. Für ein weiteres Foto hielt ich wieder an der Metrostation Lepanto. In meinem ersten Jahr in Italien hatte ich nur einen Häuserblock entfernt gewohnt. An meinen anderen Lieblingsplätzen, der Piazza del Popolo und der Piazza di Spagna, kamen wir gegen Ende der Fahrt vorbei. Wenn ich an einem Tag nichts anderes zu tun hatte, besuchte ich immer diese beiden Plätze. In einer Schule in der Nähe der Spanischen Treppe hatte ich auch Italienischunterricht. Als wir die Piazza Venezia erreichten, war das Rennen praktisch zu Ende. Wir hatten die Vierzig-Kilometer-Marke erreicht. Wieder spritzte mir der Regen ins Gesicht. Der Regen war so stark, dass ich das Gefühl hatte, ich wäre am Schwimmen. Ich bog um die Ecke in Richtung Ziel. Wo waren jetzt die Schwämme?

∿∿∿

Meine Leistung war nicht schlecht, wenn man das Wetter bedenkt. Nur eine Minute unter meiner persönlichen Bestzeit von Birmingham – und das bei strömendem Regen. Nach einer

Dusche und dem Umziehen war ich wieder in Riano. Caron, Mauro, Andrea und ich sind in die örtliche Bar gegangen, die für Caron immer den kirschroten Teppich ausrollt. Ich sehe mich vor mir, wie ich ein Steak schneide. Es ist größer als mein Oberkörper. Ich glaube, sie füttern ihre Kühe mit Pizza, Pasta und Gelato statt mit Gras.

Ich lief in Boston, zwei Wochen nach Rom. Wie Oprah, Prince oder Madonna war der Boston-Marathon ein Begriff in der Läuferszene. Nach Boston führten eben alle Wege.

Kapitel 12
Heldengedenktag, Boston.

Nachdem der Marathon bei den modernen Olympischen Spielen als Hauptwettkampf wiederbelebt wurde, stand Boston an der Spitze einer neuen Bewegung, die den Marathon auch für nicht-olympische Athleten zugänglich machte. Der Boston-Marathon wurde zu einem Anziehungspunkt für Läufer und Nicht-Läufer und zu einem Kilometerstein für jeden, der den Sport ernst nimmt. 2013 hat sich jedoch etwas verändert. Doch im Jahr 2013 geschah etwas, das die Geschichte der Veranstaltung prägen sollte.

Der 117. Boston-Marathon fand am 15. April, der Heldengedenktag, statt. Wie immer am Heldengedenktag in Boston war es ein fröhliches und ausgelassenes Ereignis. Unter dem Jubel der Menge überquerte ein Läufer nach dem anderen die Ziellinie. Doch um 14.49 Uhr schlug der Jubel in Schreie um.

Da blieb selbst dem fröhlichsten Läufer das Herz stehen. Die Zuschauer in der Boylston Street wurden von zwei Explosionen weniger als zweihundert Meter vor der Ziellinie zum Schweigen gebracht.

Es war Entsetzen und Angst pur. Menschen aus der ganzen Welt waren hier, um Zeuge und Teil des Rennens aller Rennen zu werden. Der Sieger und viele andere Spitzenläufer hatten die Ziellinie bereits überquert. Aber noch immer säumten Tausende die Strecke von der Beacon Street über den Fenway Park bis zur Ziellinie. In dem tödlichen Durcheinander tickte die Rennuhr noch sieben Minuten weiter.

Drei Tote und 265 Verletzte unter den Zuschauern, 14 von ihnen hatten Gliedmaßen verloren. Viele weitere, zu viele, um sie zu zählen, werden die seelischen Narben dieses Tages für den Rest ihres Lebens mit sich tragen. Alle werden sich an die Rauchschwaden in der Boylston Street erinnern, von den Ersthelfern über die Läufer bis hin zu den Zuschauern und denjenigen, die das Rennen aus der Ferne im Fernsehen oder im Internet verfolgten.

Die Menschen in der Menge ließen ihre Taschen zurück und rannten in Sicherheit – zumindest die, die es konnten. Unklar war, in welcher Tasche sich eine weitere Bombe befand. An einem Tag, der für viele einer der schönsten ihres Lebens werden sollte, ein Tag und ein Rennen, für das sie trainiert und von dem sie geträumt hatten, lag Angst in der Luft.

Ein Jahr später, beim Boston-Marathon 2014, überquerte der Amerikaner eritreischer Abstammung Keflezighi mit einer Zeit von 2:08:37 Stunden die Ziellinie. Es war das erste Mal seit 1983, dass ein Amerikaner den Boston-Marathon gewann. An diesem Heldengedenktag, an dem der Neunundreißigjährige seine

Goldmedaille trug, erinnerten sich die Herzen und Köpfe an die Toten, an den Schrecken, den alle empfunden hatten, als sich die frische Aprilluft in Boston in etwas Verderbliches verwandelt hatte und der Zauber verloren schien. Die Tragödie hatte die Läufer dazu gebracht, ihren Lieblingslauf zurückzuerobern, ihn den Händen des Bösen zu entreißen und für immer an die Toten zu erinnern, die an diesem Nachmittag in der Boylston Street starben.

Als ich Ende 2016 den Dokumentarfilm über die schrecklichen Ereignisse dieses Tages sah, habe ich geweint. Danach weinte ich noch mehr. Allein beim Gedanken daran konnte ich nicht aufhören zu weinen. Plötzlich durchbrach ein brennender Wunsch die Tränen und ich wusste nur eins: Ich musste Boston laufen. Wie schwierig es war, einen Startplatz für diesen Lauf zu bekommen, hatte ich keine Ahnung. Mitte November, wenige Monate vor dem Boston Marathon 2017, waren natürlich alle Startplätze vergeben.

Es waren natürlich alle Plätze vergeben. Zumindest kam es mir so vor. Man stelle sich vor, Dave Chappelle gibt sein bestes Programm. Die Pointe war meine Frage nach einer Startnummer. Gelächter, Auflegen oder ein klares Nein waren die Folge. Ich wandte mich an das Roxbury Community College, nachdem ich die meisten Wohltätigkeitssponsoren angerufen hatte. Tränen überzogen mein Gesicht, als ich ein letztes Mal flehte und meine Geschichte erzählte. "Ich bin gerade meinen zweiten Marathon gelaufen. Ich sitze zuhause und schaue mir die Dokumentation an, wie der Marathon bombardiert wurde, und der Schmerz, den ich fühle, treibt mich an, in Boston zu laufen."

Für einen Moment herrschte Stille, bis der Mann am anderen Ende antwortete: "Fahr fort...".

Ich dachte: "Genießt der Kerl den Schmerz? Wird er mich auslachen, wenn ich ihm von meiner Traurigkeit erzähle? Frustriert zu sein, konnte ich nicht ertragen... Ich fuhr fort, fast um Hilfe zu betteln.

Wir haben eine Stunde lang telefoniert. Ich redete. Er hörte zu. Er sprach. Ich hörte zu. Wie zwei Boxer, die ihre Schläge austauschen, tauschten wir die Plätze. Am Ende des Gesprächs war ich der stolze Besitzer der Möglichkeit, 10.000 Dollar zu sammeln, um die Studiengebühren am Roxbury Community College zu bezahlen und im Gegenzug eine Reise zum Boston-Marathon im Jahr 2017 zu gewinnen. Ich sage "Chance" mit einem gewissen Sarkasmus, denn natürlich wollte ich nur die Anmeldegebühr bezahlen, ohne noch einmal meine Freunde und Familie um Geld anbetteln zu müssen. Es wäre das 121. Mal in Folge, dass sie Gastgeber dieses Laufes wären. Der längste ununterbrochene Marathon der Welt. Ich würde in Boston laufen, in ein paar Monaten.

^^^

Für Marathonläufer ist Boston das begehrteste Rennen, und das aus mehreren Gründen. Es war im Jahr 1897, als sich die Läufer dort zum ersten Mal an der Startlinie versammelten. Eine Wiedergeburt erlebte der Lauf ein Jahr zuvor bei den ersten Olympischen Sommerspielen in Athen. In all dieser Zeit hat sich der Lauf parallel zum Marathon entwickelt. Oft hat er dessen Entwicklung beeinflusst.

So war der erste Boston-Marathon nur 24,5 Kilometer lang. Diese Länge blieb 27 Jahre lang bestehen, bis die Organisatoren im Jahr 1924 die Strecke auf 26,2 Kilometer verlängerten in Übereinstimmung mit der Norm, die das Internationale Olympische Komitee für die Olympischen Sommerspiele im Jahr 1908 festgelegt hatte. Der Boston-Marathon, der jedes Jahr mit dem Patriots' Day zusammenfiel, war ein Pionier in Sachen Feiertage und Feiern. Die Stadt war traditionell der Geburtsort der amerikanischen Revolution, Schauplatz des Massakers von Boston und der Boston Tea Party, und die Mythologie des ursprünglichen Marathons, der auf den Unabhängigkeitskampf der Athener gegen das persische Reich zurückgeführt wird, passte zu diesem Feiertag.

Seit 1897 hat der Boston-Marathon von Jahr zu Jahr an Popularität gewonnen. Was als Tradition in New England begann, hat sich zu einem Magneten für Läufer aus der ganzen Welt entwickelt. Jeder Marathonläufer wollte in Boston laufen. Im Laufe des ersten Jahrhunderts entwickelte sich die Veranstaltung zu einem obligatorischen Rennen für die Profis. Mit der Rolle der Läufer änderte sich auch die Struktur des Wettbewerbs. Während sich die Einheimischen und andere Amateure lange Zeit mit einem Kranz aus Olivenzweigen als einzigem Preis zufrieden gaben, begannen die professionellen Läufer, eine Art Preisgeld zu fordern, wie es auch bei den anderen großen Marathonläufen üblich geworden war.

Die Organisatoren des Boston-Marathons gaben nach. Seit 1986 erhält der Sieger ein Preisgeld. Etwa zur gleichen Zeit boten große Unternehmen den Organisatoren und Läufern Sponsorenverträge für den Lauf an. Der Boston Marathon wurde zu einem Ort, an dem sich die Läufergemeinde traf, um zu sehen, wer der Beste war. Er weckte Erwartungen für die nächsten Olympischen Spiele und war ein Ort, an dem Ideen und Technologien, die im Sport aufkamen, gebündelt wurden.

Die Kultur rund um den Boston-Marathon ist einzigartig. Kein anderer Marathon - und nur wenige andere Sportveranstaltungen - haben es geschafft, zu einem solchen Phänomen zu werden wie der Boston Marathon. Nicht nur der erste, sondern zweifellos der wichtigste Marathon. Seine Geschichte hat dazu beigetragen, eine eigene Sportart zu formen, und hat alle, die ihn gelaufen sind, geprägt. Er wird zweifellos ein beeindruckender Gegner sein.

Ich konnte mir einen Platz sichern, dank des guten Mannes vom Roxbury Community College und vieler meiner Freunde und Familienmitglieder (mit deren Hilfe ich die 10.000 Dollar für die Schule gesammelt habe). Ich machte mich auf den Weg nach Beantown zur Rennmesse. Den Heartbreak Hill zu bezwingen, hatte ich fünf Monate lang gewagt. Das Warten hatte ein Ende. Der Heartbreak Hill auf der Commonwealth Avenue in Newton wird von vielen erfahrenen Läufer als eine der schwierigsten Strecken der Welt bezeichnet, weil sie so hügelig ist.

Meine Adidas Ultraboosts kamen zum zweiten Mal bei einem Marathon zum Einsatz, und meine Füße hatten sich gerade erst von den Strapazen erholt, die sie erlitten hatten, als ich in Italien auf dem Kopfsteinpflaster gelaufen war. Mein restlicher Körper lief auf purem Adrenalin, und wenn es zu schmerzen begann, spürte ich es nicht.

Als Andrea und ich am Samstagnachmittag vor dem Marathon zur Messe gingen, erinnere ich mich an zwei wichtige Dinge. Erstens sahen wir so viele Läufer in Boston-Jacken aus früheren Jahren. Ich fragte einen Mann, der sechzehn verschiedene Jahreszahlen auf seine Jacke von 1999 gestickt hatte: "Wie oft bist du schon in Boston gelaufen?"

Groß, schlaksig, braunes, glattes Haar, blaue Augen, um die fünfzig. "Morgen ist die Nummer 17, und ich werde ins Ziel

Apropos Laufen

kommen, und wenn es mich umbringt", murmelte er mit einer gewissen Gewissheit.

Ich sah Jacken aus dem letzten Jahr, aus den Neunzigern, aus den Achtzigern und älter.

"Ich denke, die Jacke ist eine große Sache", sagte ich zu einem Läufer.

"Sie ist wichtiger als die Medaille. Es ist ein Ehrenabzeichen, das du jeden Tag für immer tragen kannst", antwortete die Frau in den Dreißigern mit dem Körper eines Kugelstoßers.

Aber erst, wenn ich die Medaille bekomme, wollte ich mir eine Jacke kaufen. Ich bin eben ein bisschen abergläubisch.

Auch der hintere Bereich mit dem Schild "Abbott World Marathon Majors" ist mir aufgefallen. Das wirkte so exklusiv und unfassbar. Ich ging auf den Stand zu und unterhielt mich mit dem Vertreter des Unternehmens. "Was sind die Marathon Majors", fragte ich sie.

Sie schien von dieser Frage so gelangweilt zu sein, dass sie nur noch mit dem Finger auf die Informationstafel neben sich zeigte. Es war wie in einer Kunstgalerie in Chelsea, und die Galeristin, die einen Stummen spielt, sagt nichts, wenn man das Glück hat, reinzukommen. Bei den Abbott World Marathon Majors handelt es sich um eine Serie der größten und bekanntesten Marathonläufe der Welt: Berlin, Boston, Chicago, London, New York City und Tokio.

"Oh toll. Schon wieder so was", sagte Andrea mit einer leichten Mischung aus Sarkasmus und Begeisterung.

Ich hatte keine Ahnung, ob ich mich für etwas anderes interessieren würde, als einen Tag lang mit meiner Einhornmedaille um den Hals durch die Gegend zu laufen. Fokus .... Boston.

Die Pracht und die Parade des Boston-Marathons sind etwas ganz Besonderes. Weit außerhalb der Stadt ist der Start. Zum Start in Hopkinton, Massachusetts, sind wir mit einem Shuttlebus gefahren. Dort angekommen, sprach mich eine Läuferin namens Belma Mendez an. Sie ist in Boston geboren und hat ecuadorianische Wurzeln. Ich weiß nicht, wie sie mich in der Menge entdeckt hat. Aber unsere Startnummern waren nur eine Nummer voneinander entfernt, und so hatte sie den Verdacht, dass ich auch ein Sponsor ihres Arbeitgebers, des Roxbury Community College, war.

"Arbeitest du für das RCC?", fragte sie und lächelte dabei so breit, dass einem warm ums Herz wurde.

"Nein, ich habe Geld für die Schule gesammelt. Dafür habe ich diese Chance bekommen", antwortete ich.

Als Zuschauerin war sie schon seit Jahren ein Fan des Rennens. "Ich habe mir den Boston-Marathon zehn Jahre in Folge angeschaut und bin aus der Bombenzone weggegangen, weil meine Tochter müde war", sagte sie. "Das war nur wenige Minuten vor der Explosion der ersten Bombe."

Was für Belma und ihre Tochter hätte passieren können, fragte ich mich. Wir schüttelten uns die Hände und waren uns einig, dass wir gemeinsam an den Start gehen würden. Belma war 1993 aus Ecuador eingewandert. In Boston zu laufen, war für sie ein Traum, der in Erfüllung ging, nachdem sie das Rennen so viele Jahre lang verfolgt hatte. Sie hatte sich von dem Trauma erholt, das sie empfunden hatte, nachdem 2013 so viele unschuldige Zuschauer und Läufer ihr Leben verloren hatten.

Nach etwa drei Kilometer kamen wir an Ashland vorbei. Belma war schnell. Ich hatte das Gefühl, dass sie ihr Tempo drosselte, damit ich Schritt halten konnte. Ich bemerkte das freundlich und sagte ihr, sie solle ihr Rennen laufen lassen, dann könnten wir unsere Nummern austauschen und uns treffen, wenn wir ankommen. Bei der 10-Kilometer-Marke in Framingham schüttelten wir uns noch einmal die Hände. Dann drückte sie den Turbo-Knopf und war weg.

Das Material ist so wichtig. Ich war schon am Ende meiner Kräfte, als ich am Lake Cochituate bei Kilometer neun ankam. Meine Füße fühlten sich an, als wäre ich um die Mittagszeit durch die Wüste Gobi gelaufen ... barfuß. Meine Beine, Hüften und Knöchel waren mit KT-Tape abgeklebt, aber ich hätte auch BAND-AIDs benutzen können. Außerdem schmeckte mein Schweiß nach Salz und ich hatte meine Salzstangen vergessen, um meinen Elektrolythaushalt auszugleichen. Es war noch viel zu früh, um einen Zusammenbruch zu erleiden, und ich war mir sicher, dass ich innerhalb von zwei Minuten eine Tablette Advil geschluckt hatte, die ich normalerweise bei Kilometer 22 einnehme. Aber ich sah millionenschwer aus. Gelb und blau mit schwarzem Rand sind die Farben von Boston. Ich trug ein pfauenblaues Top von Lululemon, schwarze Hosen von Lululemon und meine adidas Ultraboost in Saphir mit einem kanariengelben Streifen an der Seite. Oh, und ich hatte einen GoPro-Brustgurt um. Ich wollte bei meinem ersten DNF gut aussehen.

Ich fing an, die schrillen Schreie der Kvlt zu hören, das Quieken der Schweine, das Schreien der Babys, die gut vorgetragenen Texte. Aber es gab keine Heavy-Metal-Band, es gab keine Tiere auf dem Bauernhof und es gab keine Kinderkrippe. Ich betrat den Schreittunnel von Wellesley. Die Damen, die wie ein volles Stadion zu fünft gegen die Wand brüllen, sind so legendär wie die Wellesley-Absolventen. Jedes Jahr versammeln sich Hunderte von Schülern, um die Läufer anzufeuern, und ich glaube, an diesem heißen Tag im April waren wir alle voller Vorfreude. Viele auf Wunsch der Läufer, machen die Schüler die Schilder selbst. Es ist eine jahrzehntelange Tradition und wird sogar auf der Website von Wellesley als eines der Dinge aufgelistet, die man tun muss, bevor man graduiert. Es ist ein emotionaler Ansporn. Perfektes Timing für einen Läufer wie mich, die etwa fünf Kilometer zu früh gegen eine Wand prallen.

Mir ist alles eingefallen, was ich über den Heartbreak Hill gehört habe. Mein Freund Matt hatte mir etwa eine Woche vor dem Rennen gesagt: "Am Heartbreak Hill verausgaben sich die Leute." Und in einem Artikel im Internet hatte ein Lauftrainer ausgerufen: "Du musst für den Heartbreak Hill trainieren! Heartbreak Hill? Dann habe ich Neuigkeiten für dich. Ich erinnerte mich an den Todesmarsch, der vor gerade einmal sieben Monaten erwachsene Männer und Frauen zu Tränen rührte. Was ist schon ein Hügel gegen einen Berg? Der Todesmarsch war eine totale Katastrophe, wenn der Heartbreak Hill dich zu Tränen rührte.

Mir ging es damals so gut, dass ich gar nicht gemerkt habe, dass meine Musik ausgeschaltet war. Ich legte den Schalter um und schaltete in den schönen, dunklen, verdrehten Fantasiemodus.

Die Straßen von Boston fühlten sich an, als gehörten sie mir. Ich fuhr die Beacon Street hinauf, an der Commonwealth Avenue vorbei, und hielt an, als ich das letzte Stück der Straße erreicht hatte: die Boylston Street.

Ich verlangsamte mein Tempo zu einem gleitenden Gang. Ich betrachtete mich von oben bis unten. Ich bewunderte die Wahl meiner Kleidung. Wie ein Star sah ich aus. Schon als Kind hatte ich den Wunsch, an den renommiertesten akademischen

Wettbewerben teilzunehmen, sei es auf der Ebene der Stadt, des Bundeslandes oder des Staates. Italienisch zu lernen war für mich während meines Studiums in Perugia und Rom eine Herausforderung. Als Erwachsener wollte ich an der Harvard University studieren. Der Abschluss war prestigeträchtig. Durch den Marathonlauf hatte ich nun Ziele wie Boston vor Augen. Es war der Hintergrund meiner am meisten bewunderten Universität - dazwischen lag der Charles River - und ihn zu bezwingen war Charles.

Später habe ich dann erfahren, dass meine neue Freundin Belma nach mir über die Ziellinie gelaufen ist. Sie hatte achthundert Meter vor dem Ziel einen Schwächeanfall und musste über die Ziellinie getragen werden. Es gab Bilder von ihr mit ihrer Medaille, lächelnd, aber im Rollstuhl. Sie ist wieder ganz die Alte. Aber ich war schneller.

^^^

Strahlend rief ich nach dem Rennen meine Mutter an. "Wow, du bist in Boston gelaufen", sagte sie. Was das bedeutet, hätte sie vor einem Jahr nicht einmal gewusst. Aber es gab Menschen, die mich auf dieser Reise beobachtet haben. Die einen bewunderten meinen Willen, die anderen ließen sich von meinen Siegen inspirieren, und meine Mutter war stolz auf meinen Mut.

Um mit uns zu feiern, kam Andreas langjährige Freundin Carol in die MET Back Bay in der Dartmouth Street. Carol freute sich riesig für mich - sie ist eine Führungskraft im Einzelhandel, kommt aus Massachusetts und ist ein großer Fan von allem, was mit Sport und Boston zu tun hat. Bei meiner Ankunft verkündete sie fröhlich: "Das erste Glas Champagner geht auf mich!" Dann flüsterte Carol: "Okay, wie war deine Zeit?"

"Ich bin mir nicht sicher, aber ich bin mir sicher, dass ich der Erste im Raum war", antwortete ich im Scherz.

Wenn es in Boston um ihren Sport ging, war sie immer ernst und lachte nicht. Carol sah Andrea mit einem anerkennenden Lächeln an. "Du musst sehr stolz auf ihn sein. Er hat gerade Boston beendet.

Wir saßen alle noch ein paar Augenblicke in Stille da, dann tranken wir weiter Champagner.

Kapitel 13
Brücken!

Das Andy Warhol Museum war schon immer auf meiner To-Do-Liste, aber die sechs Stunden Fahrt von New York City waren mir immer ein Dorn im Auge... Das heißt, bis jetzt: Ich wollte den Marathon in Pittsburgh laufen. Das Problem war nur, dass ich schon müde war, bevor ich überhaupt dort angekommen war. Ich hatte bereits fünf Marathons gelaufen, es war der fünfte Monat des Jahres. Dies sollte mein sechster werden. Andrea lief den Halbmarathon und knüpfte damit an ihre Erfolge an. Und wir wollten in die City of Bridges in West Pennsylvania.

Die letzten Monate verbrachten wir damit, uns über Faltpressen, vorgestanzte Vinylbuchstaben und -zahlen zu informieren und herauszufinden, wie tief wir ins Laufgeschäft einsteigen wollten. Ich entschied mich für eine Marke mit dem Namen Stahls', weil sie so etwas wie der Mercedes-Benz unter den manuell zu bedienenden Transferpressen ist. Ich nannte sie "The Changemaker". Wir würden jetzt nicht so viel Geld verdienen, wenn ich am Tag des Marathons in Rom nur an diesem Stand vorbeigekommen wäre.

"Wie wäre es, wenn wir jetzt einfach unsere Jobs kündigen", sagte ich lachend.

"Wir warten, bis wir unsere erste Million verdient haben, dann hören wir auf", antwortete Andrea, die immer die Vernünftige ist. "Das sollte in wenigen Wochen erledigt sein."

Wie ernst sie klang, überraschte mich. Im Handumdrehen hatte ich 12.000 Dollar in diese Investition gesteckt und war schon früh auf dem Weg zu der Party, die im Rahmen des Pittsburgh Marathons stattfand. Mit vielen Brücken, großen Menschen und Fahrrädern kamen wir in eine Stadt, die mich an Amsterdam erinnerte. Wir entschieden uns für eine Fahrt mit dem Auto durch die Stadt und nutzten Google als unbezahlten Reiseführer.

Der Allegheny River ist eigentlich kein Fluss. Er ist offiziell ein Nebenfluss des Ohio River und hat eine Länge von 325 Kilometer. Der Allegheny hat Pittsburgh zu einer Stahlstadt gemacht. Eine der vielen Brücken, die Pittsburgh auszeichnen, ist ein Symbol für Gastfreundlichkeit und Anmut.

Die Liberty Bridge ist mit einer Höhe von 2.663 Fuß eine der größten Brücken der Stadt, auch wenn sie kürzer ist als die Homestead Grays Bridge mit einer Höhe von 3.750 Fuß. Zu einer Art Touristenattraktion hat sich die Roberto Clemente Bridge entwickelt, benannt nach dem berühmten Baseballspieler der Pittsburgh Pirates. Die Andy Warhol Bridge, benannt nach einem anderen berühmten Sohn der Stadt, ist ähnlich hoch. An die Pionierarbeit der Meeresbiologin für den Umweltschutz erinnert die Rachel Carson Bridge.

Warum der berühmte afroamerikanische Dramatiker August Wilson auf dieser Liste fehlt, habe ich mir überlegt. Ich dachte an den Gott der Anfänge, der Enden und der Übergänge - so etwas wie Brücken. Wie konnte Janus den Autor des kollektiven Werkes zu diesem Ort, Der Pittsburgh Cycle, vergessen? Ich dachte an all die Afroamerikaner, die hier vergessen wurden. Ich dachte an die hohen Raten von Herz-Kreislauf-Erkrankungen in Gegenden wie Allegheny County. Das ist der Bezirk mit der größten schwarzen Bevölkerung und der höchsten Luftverschmutzung. Worum würde es in Wilsons elftem Stück gehen? Vielleicht von der Ungleichbehandlung im Wohnungs-, Bildungs- und Wirtschaftssystem der Stadt Pittsburgh? Vielleicht wäre es die Geschichte eines Vaters, der seinem Sohn beibringt, wie wichtig das Laufen für die Gesundheit des Herz-Kreislauf-Systems ist? Wir überqueren jede Brücke, wenn wir sie erreichen. Ich überquere sowohl die Brücke, die zum Expo-Unternehmer führte, als auch die Brücken, die Teil der Marathonstrecke waren, an diesem Donnerstag vor dem Rennen.

Auf der Pittsburgh Marathon-Messe in der Innenstadt schlenderten wir zum Verkäufereingang und klopften uns auf die Schultern, als gehöre das Geld, das hier hereinkam, uns. "Die New Yorker sind da", scherzte ich mit dem Sicherheitsbeamten.

Mit einer schwer zu beschreibenden Angst starrten Andrea und ich uns nach dem Aufbau schweigend an. Es war, als hätte man uns gerade gesagt, dass wir den Mount Everest besteigen sollten - mit nichts weiter als den Kleidern, die wir auf dem Rücken trugen, und der Ausrüstung, die wir an diesem Stand gefunden hatten. "Was zum Teufel machen wir hier?", murmelte ich vor mich hin.

Die Türen öffneten sich. In die Ausstellung strömten Hunderte der erwarteten fünftausend Teilnehmer. Wir hatten die perfekte

Position. Um ihre T-Shirts und Startnummern zu bekommen, mussten alle Läufer an uns vorbei. Einer nach dem anderen kam vorbei, lächelte großzügig - und ging an uns vorbei.

Wir fingen an, uns gegenseitig unsere Ziele zu nennen. "Was, Jessica? "Willst du nicht, dass die Leute wissen, wer du bist?", sagte Andrea und lächelte.

"Billy, du schaffst das. Geh an die Platte und komm her und gib mir ein paar Tausender. Ich habe fünf drauf", flüsterte ich.

Wir mussten den Deal versüßen. Ich wollte zum Supermarkt Whole Foods und eine Flasche Honig für den Stand kaufen.

Am ersten Tag, dem Freitag, machten wir einen Umsatz von 600 Dollar - wir waren auf dem besten Weg, unsere erste Million zu erreichen. Der zweite Tag, Samstag, war viel ereignisreicher. Der Freitag war wie ein Testlauf, ein Sprint, denn das kurze Zeitfenster für den Verkauf auf der Messe war so klein, dass die lokalen Läufer erst nach der Arbeit kommen konnten. Am Samstag war es eher wie ein Marathon - wir hatten den ganzen Tag Zeit zum Einkaufen und zum Verkaufen. Durch die Tore strömten Schwärme von Läufern. Unsere Gesichter strahlten, wir hatten unseren Kuchen und waren bereit, ihn zu essen. Aber die Glocke zu läuten, passte besser zu einer Beerdigung, als zu verkünden, dass wir Ken Jennings Rekord bei Jeopardy! brechen würden.

"Wie sieht's aus?", fragte Andrea.

Ich habe gezählt. Ich zählte nach. "Wir sind ausgeraubt worden. Ungefähr 996.850 Dollar fehlen uns."

Ich bin der Gewinner des Henri de Toulouse-Lautrec-Preises für meine Zeit als "Name auf dem T-Shirt"-Verkäufer auf der Pferderennbahn. Jesus hat geweint.

Inzwischen bin ich, weil sie auch gut zum Laufen sind, wieder auf HOKA Bondis umgestiegen. Die inneren Hämatome an den

Sohlen begannen zu heilen, meine Gelenke fühlten sich gut an und meine Stimmung war gut. Nach einem Blick auf meine Checkliste ging ich zum Einkaufen in die Expo. Meine Vorräte an KT Tape, Honey Stinger Energy Chews, Salzstangen, Nuun Elektrolyt-Tabletten und Advil musste ich nach fast jedem großen Rennen auffüllen. Und dann musste ich mich auch noch selbst aufmuntern, denn in meinem Kopf hatte ich immer die Angst, dass dies vielleicht der Tag sein könnte. Der Tag, an dem ich mein erstes DNF bekomme. Nur um mich hier abzuliefern, hat mich der Herrgott nicht so weit gebracht... Habe ich mich klar ausgedrückt? Mein unerschütterliches Vertrauen überdeckte immer meine Zweifel. Andrea sagte, ich sei zu unglaublichen Leistungen geboren. Natürlich war sie gerade eingeschlafen, als sie das sagte, aber ich wiederholte: Ich bin geboren, um unglaubliche Dinge zu tun.

Am Abend vor dem Rennen suchten wir den besten Italiener der Stadt. Eine der Bewertungen lautete: "Für eine bessere Pizza und Pasta müsste man hunderte von Brücken überqueren." Wir waren begeistert. Um uns mit Kohlenhydraten zu versorgen, stiegen wir in unseren Mietwagen und fuhren dorthin. Wir waren auf der Suche nach einem Vorteil. Der Laden war voller Läufer. Das habe ich daran gemerkt, dass die Hälfte der Leute durchsichtige Plastiktüten bei sich trug, in denen sich ein T-Shirt, eine Startnummer und ein Chip für die Zeitmessung befanden. Ich kann nicht lügen: Ich habe nach bekannten Gesichtern Ausschau gehalten. Nach Gesichtern von Marathonläufern, die mit unserem Vinyl auf dem Rücken an den Start gehen würden. Ich sah keine. Ich machte es mir einfach und bestellte eine Pizza Margherita. Andrea dagegen wollte ein bisschen Eiweiß und bestellte sich eine weiße Pizza mit Miesmuscheln und Pancetta

(Bauchspeck). Manchmal findet man die Grenze nur, wenn man sie überquert.

∧∧∧

Am Sonntag sind wir um 5 Uhr aufgestanden. Wir haben uns angezogen und sind schnell aus dem Haus gegangen. Es war das erste Mal, dass wir zusammen an einem großen Rennen teilgenommen haben. Ich bin den ganzen Marathon gelaufen und Andrea die halbe Strecke. Es war wie eine andere Welt. Ich konnte eine gewisse Nervosität bei Andrea spüren. Normalerweise ist sie ziemlich cool, aber bevor sie startete, klagte sie, dass sie Schmerzen habe. "Ich habe das Gefühl, dass mein Knie nicht mehr mitmacht", sagte sie plötzlich.

Dass es ihr gut gehen würde, hatte ich geahnt. Vor allem auch deshalb, weil sie viel disziplinierter ist als ich, was sich auch auf ihre Art zu trainieren auswirkt. "Du schaffst das. Du hast dafür trainiert und es ist ja nicht dein erstes Rodeo", beruhigte ich sie.

Beeindruckend, komplex und anspruchsvoll war der Parcours. Viele Richtungswechsel, das Überqueren von Brücken und die unheimlichen Rauchschwaden, die von den Industrieanlagen aufstiegen. Über die Stadt Pittsburgh wusste ich außer einer denkwürdigen Szene im Film Goodfellas nicht viel. Über seine Verbindung zu Pittsburgh spricht Henry Hill, der Protagonist des Films. Pittsburgh ist auch für den Song "Black and Yellow" von Wiz Khalifa bekannt. Und natürlich für seine Sportteams, die Meisterschaften gewinnen.

Die ersten 10 Kilometer liefen Andrea und ich zusammen, was sehr beruhigend war, da wir uns einfach unterhalten konnten, während wir ein gleichmäßiges Tempo hielten. Ich war nie ein konstanter Läufer, obwohl ich damals schon einige Marathons gelaufen war. Das zeigte sich neben jemandem, der seinen Laufstil auf Konstanz aufbaute. Nicht mit seiner Geschwindigkeit konnte ich mithalten, sondern mit seinem konstanten, gleichmäßigen Tempo. "Du hast so einen gleichmäßigen Schritt", sagte ich. Ich hatte das Gefühl, wenn ich sie zu sehr loben würde, würde mich das von meinen Schwierigkeiten beim Gleiten über die 412 ablenken.

Die Realität wurde mir bei Kilometer acht bewusst. Es war ein echter Marathon geworden, was sich anfangs wie ein leichter Lauf im Park angefühlt hatte. Ich stoppte meinen Schritt und begann zu gehen. "Geh vor mir. Mach dir keine Sorgen, ich werde dich schon einholen", sagte ich, während ich nach Luft schnappte.

Der New York Marathon war der einzige Wettkampf, bei dem ich durchgehend glücklich war. Das soll nicht heißen, dass er nicht schwierig oder herausfordernd war. Aber ich war so aufgeregt, zum ersten Mal die Ziellinie zu überqueren, dass ich mitten im Rennen hüpfte, tanzte und sogar Liegestütze machte. Aber nach jedem Marathon kam der Punkt, an dem ich mich fragte: "Warum bist du wieder hier?" Und "Das mache ich nie wieder", habe ich mir jedes Mal geantwortet. Das wollte ich Andrea laut sagen. Erst später sollte ich erfahren, wie sehr sie darunter litt. Und sie hatte sicher keine Ahnung, wie sehr ich kämpfte. Wir waren wie zwei Bienen, die nicht genug Wachs absondern konnten, um eine Wabe zu bauen: Wir waren am Rande der Nutzlosigkeit. Wir begannen zu laufen. In der Hoffnung, dass es die seelischen Schmerzen lindern würde, weil wir mit unserem Geschäftsvorhaben gescheitert waren und dann auch noch das Rennen verpatzt hatten, schluckten wir beide eine Advil.

Wir liefen zehn Minuten, aber es kam uns wie eine Ewigkeit vor. Zum Glück schien das Advil zu wirken. "Wie geht's dir?" rief Andrea, nicht bemerkend, dass ich meine Musik abstellte.

Ich streckte die Schultern und dachte an die Finisher-Medaille. Ich stieß meine Beine in die Luft und machte hohe Knie, als würde ich mich aufwärmen. Ich hob beide Arme in die Luft und dachte an die ikonische Pose von Sylvester Stallone, als er im ersten Film Rocky die Stufen des Philadelphia Museum of Art hinaufstieg. Dann kam mir ein wahrer amerikanischer Held in den Sinn, Todd Beamer, und ich wandte mich an Andrea mit den Worten: "Auf geht's."

Alle Schmerzen waren wie weggeblasen. Alle Zweifel wurden zur Gewissheit. Wir klatschten uns ab und nahmen das Rennen wieder auf. Bevor wir uns trennten, lagen noch zwei Kilometer vor uns. Die Halbmarathonis waren für die letzten drei Kilometer nach links abgebogen und die Marathonis liefen noch sechzehn Kilometer geradeaus. Wir lagen uns in den Armen und machten uns auf den Weg, um unsere jeweiligen Strecken zu Ende zu laufen.

^^^

Für den Rest des Rennens legte ich Musik auf und es fühlte sich an, als würde ich vor der Küste von Porto Cervo auf der Insel Sardinien in Italien segeln - es war so leicht. Ich überquerte die Ziellinie in der Erwartung, Andrea zu sehen. Aber ich sah ihn nicht. Wie immer rief ich auf dem Rückweg zum Hotel zuerst meine Mutter an und erzählte ihr vom Rennen. Gleichzeitig schickte ich Andrea eine SMS, auf die sie nicht antwortete. In diesem Moment schoss mir das Blut in den Kopf und ich hatte das Gefühl, dass etwas nicht in Ordnung war. Ich ging ins Hotelzimmer und fand sie schlafend vor. Um sie aufzuwecken, gluckste ich und machte Geräusche.

"Mach das Licht nicht an", stöhnte sie. Ich stellte fest, dass sie die Vorhänge geschlossen hatte, das Licht aus war und ihr gesamter Körper unter einem Meer von Decken begraben lag. Beim Betreten des Badezimmers roch ich den Duft der Pizza von gestern Abend, sie hatte sich wohl entschieden, dass ein Halbmarathon nicht genug war.

Mein nächster Gedanke war, im Raum nach einer Halbmarathonmedaille zu suchen. Die bekommt man, wenn man das Rennen beendet. Das Herzklopfen in meiner Brust, das mir sagte, dass ich mir Sorgen um die Seele meiner Frau machen würde, wenn sie nicht ins Ziel käme, verstummte, als ich eine große runde Medaille sah. Sie hing an ihrem Lanyard und war mit der Aufschrift DICK's Sporting Goods Pittsburgh Half Marathon 2017 Finisher" versehen. Mein nächster Gedanke war: "Ich fahre uns nach Hause. Wir übersprangen das Andy Warhol Museum und fuhren einfach nach Hause.

Für mich beginnt die Sommerpause früh. Und ich hasse es, in der Hitze zu laufen. Die meisten Marathons finden Anfang und Ende des Jahres statt. Bis zum nächsten Marathon hatte ich vier Monate Zeit. Nichts weniger als die Besteigungssaison des Mount Everest war der Herbst. Ich hatte mir vorgenommen, zwischen dem 24. September und dem 19. November fünf Marathons zu laufen - alle zwei Wochen.

Kapitel 14
Berlin & Rosa...

Berlin war eine Reise - im doppelten Sinne. Es würde mein zweiter internationaler Marathon und mein dritter bei den Abbott World Marathon Majors sein. Dass es möglich sein würde, alle sechs Majors zu laufen, begann ich zu glauben. Es war auch das vierte große Rennen, für das ich Geld gesammelt hatte, um einen Startplatz zu bekommen. Ich suchte in den sozialen Medien, schrieb und rief Freunde an. Ich organisierte sogar eine Spendenparty.

Es waren nur 800 Dollar, weit entfernt von den 10.000 Dollar, die ich für Boston gebraucht hatte, und den vier Riesen, die ich für New York gebraucht hatte. Aber ich wollte trotzdem ein bisschen Spaß haben. Ich habe ein paar Freunde eingeladen, in der Hoffnung, sie könnten etwas für die Spendensammlung beisteuern, und bald habe ich Schnitzel und Sauerkraut verschlungen und alles mit einem Hefeweizen hinuntergespült.

Zum Glück habe ich Freunde, die gerne reisen. Eine Reise

nach Berlin hatte Shircara, eine Senior Project Managerin bei Pfizer, Mitte dreißig, schon gebucht. Sie saß mit Andrea im New York Cares Junior Board, und nachdem sie eine meiner Kundinnen geworden war, begannen wir uns anzufreunden. Als wir telefonierten, um über ihr Konto zu sprechen, wurde uns klar, dass wir uns begegnen würden, da sie nur wenige Tage nach mir ankommen würde. Ich würde wahrscheinlich unter den ersten drei sein, wenn ich so schnell laufen würde, wie sie ihre Pläne änderte. Dass wir den gleichen Flug nehmen würden, wussten wir erst am Tag vor dem Abflug.

Alessandro, der in Rom lebt, hat Deutschland schon immer gern besucht. Er und ich hatten darüber gesprochen, dass er mit mir einen Marathon laufen würde, seit ich vor ein paar Monaten in Italien war. Von Rom aus konnte man nur einen Stein werfen und schon war man in Berlin - es fühlte sich so nah an. Es gab viele Flüge ohne Zwischenlandung und man war in zwei Stunden am Ziel. Alessandro überlegte nicht lange, ob er mich treffen sollte, und beschloss, sich mit Shircara ein Zimmer zu teilen, obwohl sie sich noch nie gesehen hatten.

Ein Freund, den ich 2008 an der Universität kennengelernt hatte, war Jayson, ein Banker bei JP Morgan. Am ersten Tag der Vorlesung kam er auf mich zu mit den Worten: "Du bist der einzige Schwarze, den ich gesehen habe, also sollte ich mich wohl besser vorstellen". Ich schlug vor, dass Alessandro ein Semester in Rom verbringen sollte, und danach hörte er nicht mehr auf, über Europa nachzudenken. Er kannte Alessandro gut. Jayson und ich waren zumindest im ersten Jahr nach meiner Rückkehr nach New York unzertrennlich. Eines Tages waren wir auf einer Networking-Veranstaltung und er ging für einen Moment nach draußen, um eine Zigarette zu rauchen,

Apropos Laufen

wo er eine Immobilienmaklerin namens Marie traf, die in New York geboren und aufgewachsen war. Die beiden wurden die besten Freunde, und Marie hat auch angefangen, mit Jayson zusammenzuarbeiten. Jayson und Marie waren auf einer Hochzeit in Mailand und haben sich gleich danach auf den Weg nach Berlin gemacht.

Im Delta-Flug von New York nach Berlin saßen wir hinten in der Touristenklasse und sabberten über die Vorspeisen, die Shircara in der First Class bekam. "Ich fliege nur Business", erinnerte sie uns bei der Landung.

In Amsterdam hatten wir einen kurzen Zwischenstopp. Ich habe keine Ahnung, warum ich mit der Videoaufnahme angefangen habe. "Wie heißt du?", habe ich gefragt und die Kamera auf Shircara gerichtet.

"Ich heiße Shircara und bin ein schwarzes Mädchen, das in Amsterdam rockt. Und ugh, es ist sechs Uhr morgens!"

"Mein Name ist Andrea, sind wir schon da?", sagt Andrea. Sie reist gerne, aber sie hasst das Reisen.

Am Berliner Flughafen würden wir diesen Tanz nicht lange wiederholen. Wir näherten uns der Gepäckausgabe. Ich wurde von einem Passagier aufgehalten, der nicht aus unserem Flugzeug stammte. Er sah aus wie ein Physikprofessor der Ivy League, war etwa dreißig Jahre alt, schlank, schwarz und trug eine dicke Brille. "E-Entschuldigung m-m-mir. Ich habe deine Boston-J-Jacke bemerkt und wollte fragen, ob du weißt, wo wir unsere Rennausrüstung herbekommen?", fragte er nervös stotternd.

Ist das möglich? Schon wieder ein schwarzer Mann, der an einem internationalen Marathon teilnimmt - dachte ich. Ich zückte mein Handy und half ihm, den Weg zu finden. "Woher kommst du?", fragte ich.

"London", antwortete er mit einem dicken britischen Akzent. Zuerst dachte ich, er käme aus der Karibik und lebte in Amerika. Aber er war näher dran.

Um den Ort zu erkunden, war DJ, mein jüngerer Bruder, zwei Tage vor uns angekommen. Wir wurden von ihm mit einem Mercedes SUV am Flughafen abgeholt. Shircara, Andrea, DJ und ich machten uns auf den Weg zum Hotel Moxy Berlin Ostbahnhof. Dort warteten wir auf die Ankunft von Alessandro, Marie und Jayson. Nach stundenlangem Warten wurde klar, dass Jayson und Marie nicht rechtzeitig zum Messebesuch eintreffen würden. Wir stiegen in DJs Benz und machten uns auf den Weg in die Innenstadt. Wir waren alle hungrig von der Reise. Wir beschlossen, unsere Startnummern abzuholen und auf der Messe etwas zu essen. Wir gingen durch die Ausstellung, um Fotos zu machen. Ich stolperte über den schwarzen Mann vom Flughafen. "Du hast den Weg hierher gefunden!"

"Warum läuft ein Schwarzer aus London den Berlin-Marathon?", fragte ich.

Andrew hat seit 2012 etwa hundert Pfund abgenommen. Er ist elf Marathons gelaufen und hat zahlreiche Medaillen bei anderen Wettkämpfen gewonnen. In den nächsten Wochen sollte ich mehr über Andrews Hintergrund erfahren. Er erzählte mir seine faszinierende Geschichte in einer E-Mail:

Schon als Grundschüler maß ich mich gerne mit meinen Klassenkameraden bei Laufwettbewerben. Ich liebte die längere und schlammigere Strecke über 5 km, aber meine Lehrer erinnerten mich regelmäßig daran, dass ich, weil ich aus Jamaika stamme, angeblich besser für den 100-m-Sprint geeignet sei. Als ich noch zur Grundschule ging, erinnere ich mich an eine Robin Hood Wohltätigkeitsveranstaltung in meiner Heimatstadt Nottingham. Ich glaube, es waren etwa 10 km oder mehr, aber lang genug, um mich zu übergeben, als ich die Ziellinie überquerte, und das reichte, um mich davon zu überzeugen, dass Langstreckenläufer alle verrückt sind. Das war so lange, bis meine verstorbene Mutter die Diagnose Krebs hatte.

Die Marie-Curie-Schwestern, die unserer Familie bei der Pflege meiner Mutter halfen, waren großartig, aber sie hatte keine Chance, und ihr Verlust war für mich ein Schock, der mich in eine Depression stürzte. An diesem Punkt in meinem Leben, im März 2013, wandte ich mich wieder dem Laufen zu. Ich war übergewichtig, 37 Jahre alt, verheiratet und hatte drei Kinder. Um Geld für die Marie-Curie-Krankenschwestern zu sammeln, eine Organisation, für die meine verstorbene Mutter ehrenamtlich tätig war, bevor sie krank wurde, trainierte ich und lief Halbmarathons.

Einige dieser Läufe fanden in sehr ländlichen Gegenden Englands statt. Dort wurde ich nicht nur misstrauisch beäugt, weil ich der einzige Schwarze war, sondern die Zuschauer hörten oft auf zu applaudieren, wenn ich an ihnen vorbeilief, und applaudierten dann wieder den weißen Läufern hinter mir. Anfangs dachte ich, ich hätte mir das eingebildet, bis ich andere dunkelhäutige Läufer traf, die von der gleichen Erfahrung berichteten. Diese erbärmliche Diskriminierung schreckte mich jedoch nicht ab, sondern spornte mich im Gegenteil an, und so hatte ich von nun an den Ehrgeiz, einen ganzen Marathon zu laufen, da ich nun auch die positiven Auswirkungen des Laufens auf meine körperliche und geistige Gesundheit erkennen konnte. Im Alter von 40 Jahren lief ich meinen ersten

Marathon. Im selben Jahr nahm ich am Athen Marathon 2016 teil (OG!). Zu diesem Zeitpunkt war ich vom Lauffieber gepackt und wollte nicht nur weitere Marathonläufe absolvieren, um Geld für wohltätige Zwecke zu sammeln, sondern auch die begehrte Abbott's World Marathon Majors Six Star Medal gewinnen.

Ein Marathonläufer muss insgesamt 157,2 Kilometer durch 6 Städte, 4 Länder und 3 Kontinente laufen, um die Six Star Medaille zu erhalten! Die Medaille ist so exklusiv, dass es mehr Menschen gibt, die es auf den Gipfel des Mount Everest geschafft haben.

Ich war auf der Suche nach schwarzen Vorbildern in Großbritannien, die es geschafft hatten, und konnte keine finden, aber ich war schon einmal hier: Ich war der erste Schwarze oder das erste Mitglied meiner Familie, von dem ich wusste, dass er dies oder jenes getan hatte, und es hat mich damals nicht gestört, und es wird mich auch jetzt nicht stören.

Der erste der sechs großen Marathons - Berlin - war zufällig auch der zweite, der mir am nächsten lag, und so habe ich hart trainiert und mich auf den Weg zum Berlin-Marathon 2017 gemacht. Berlin ist der Ort, wo... es mir ein Bedürfnis war, mit [Charles] und seinem Team in Kontakt zu treten und mehr über das "Warum" herauszufinden. Berlin war auch der Ort, an dem ich zum ersten Mal eine echte Version der Abbott's 6 Star Medal gesehen habe.

Wenn potentielle Schwarze Läufer das Teilnehmerfeld betrachten und mich als "eine von wenigen" oder "die einzige" oder "die erste" Schwarze Person bei einer Veranstaltung sehen, sehen sie das hoffentlich nicht als Hindernis, sondern als Chance.

^^^

Einige Premieren erlebte ich beim BMW Berlin Marathon. Meinen ersten Rollstuhlfahrer traf ich auf dem Parkplatz meines Hotels. Hans, ein Münchner, der auch im Moxy wohnte, stand kurz vor seinem zehnten Marathon. Er nahm an dem Langstreckenlauf teil, um nach der Diagnose Multiple Sklerose einen Sinn hinter seiner Prognose zu finden. "Ich versuche, positiv zu bleiben, und der Lauf gibt mir einen Kick, den ich nicht wiederholen kann", sagte er zu mir und Alessandro. Seine Worte begeisterten mich.

Am Tag des Rennens traf ich Jenine. Ihr Cousin hatte uns ein paar Monate zuvor einander vorgestellt, weil er wusste, dass wir beide zwei Schwarze sein würden, die unermüdlich durch Berlin galoppieren, und dass wir uns wahrscheinlich treffen würden, und sei es nur zum Winken auf dem Weg zur Startlinie. Jenine kam in Berlin an und hatte nach der dreihundertfünfzig Kilometer langen Reise eine einzigartige Geschichte zu erzählen:

Ich lief meinen ersten Marathon im Jahr 2007. Mein jüngster Sohn war gerade zwei Jahre alt geworden, und ich hatte das Babygewicht", das ich während der Schwangerschaft mit ihm zugenommen hatte, immer noch nicht verloren. Um die überflüssigen Pfunde loszuwerden, war ich motiviert zu laufen.

Ich kannte Leute, die an Wettbewerben teilgenommen hatten (ich arbeitete in der Wirtschaft), und Marathons und andere Ausdauersportarten waren ein gutes Gesprächsthema am Arbeitsplatz. Die Geschichten der Leute waren eine Inspiration für mich, aber ich hätte nie gedacht, dass ich selbst ein Finisher sein könnte oder würde.

Meine ältere Cousine Andrea, die mich Charles vorgestellt hatte, war den New York Marathon gelaufen, und ihre Erfahrungen, ihre Geschichten und ihre gute Verfassung hatten mich zu meiner ersten Teilnahme an einem Marathon motiviert.

Beim Houston-Marathon als Erster die Ziellinie zu überqueren, war ein stolzer Moment. Aber um ehrlich zu sein, war es auch eine Katastrophe? Ich habe all die harten Lektionen gelernt, wie man besser trainiert und sich besser ernährt, wie man die Kleidung für den Wettkampf frühzeitig einläuft, wie man sich vor Blasen schützt und all das! Auf die vier Marathons und die vielen Halbmarathons, 10- und 5-Kilometer-Läufe, die ich seitdem gelaufen bin, war ich viel besser vorbereitet.

Bei der Recherche nach diesem ersten Rennen bin ich auf die World Majors gestoßen und das wurde ein Punkt auf meiner Bucket List, den ich im Laufe meines Lebens erledigen wollte!

Neben der Tatsache, mich fit zu halten und ein regelmäßiges Training zu absolvieren, hat mir das Laufen und die Wettkampferfolge das Selbstvertrauen und die mentale Stärke gegeben, die ich brauche, um in allen Bereichen meines Lebens etwas zu erreichen. Persönlich und beruflich. Viele der Eigenschaften, die beim Laufen zum Erfolg führen, sind auch auf das Leben übertragbar.

Und die Zuschauer zaubern selbst bei der gefürchteten Meile 22 eines Rennens mit ihren Anfeuerungsrufen und Plakaten immer ein Lächeln auf mein Gesicht. Es gibt eine unmittelbare und dauerhafte Verbindung zwischen den Läufern... Auch wenn der Sport heute viel größer und vielfältiger ist als noch vor 16 Jahren, kann noch mehr getan werden, um afroamerikanische Männer und Frauen für den Ausdauersport zu begeistern. Ich bin oft die einzige Minderheit an den Startlinien der meisten Rennen...

Vielleicht ist es ein Schritt in die richtige Richtung, Erfolgsgeschichten zu teilen und ein lebendiges Beispiel zu geben, wie Laufen die Lebensqualität verbessert.

Neben Jenine und mir stand Jessica, eine blonde Amerikanerin Anfang 30 mit blauen Augen, grünem Poncho und einem Lächeln breiter als der Berliner Fernsehturm. Ich bemerkte, dass sich ihr Bauch vorwölbte, und konnte nicht umhin, zu fragen.

"Was ist das für ein Ding unter deinem Poncho?", fragte Jenine und kam mir damit zuvor.

"Das ist mein Baby", antwortete sie, als könne sie es kaum erwarten, es zu zeigen. Sie hob ihren Poncho, und auf ihrem schwarzen T-Shirt stand "Babys erster Marathon": Berlin 2017, darunter ein Herz mit einer halben amerikanischen und einer halben deutschen Flagge.

Ich konnte es nicht glauben. Ich war so inspiriert. Ich war meiner ersten Läuferin begegnet, die an den Rollstuhl gefesselt war, und jetzt traf ich eine Frau, die im siebten Monat schwanger war. Jessica und ich machten noch ein Selfie und dann ging es los.

Für diesen Lauf hatte ich wieder einmal meine Schuhe gewechselt. Von den schweren HOKA Bondis bin ich auf die dünneren und leichteren Cliftons umgestiegen. Ich würde gerne sagen, dass ich mich nach reiflicher Überlegung dafür entschieden habe. Aber in Wirklichkeit fühlte ich mich in den klobigen Absätzen einfach alt. Und die Cliftons schienen für einen Mann gemacht zu sein, der noch nach 17 Uhr zu Abend essen konnte, kein Festnetztelefon benutzte und dem man noch nicht den Führerschein wegen Übersehens von Stoppschildern abgenommen hatte. Mein Laufplan war einfach. Ich hatte trainiert. Ich hatte acht Marathons absolviert, darunter zwei Abbott World Marathon Majors, und alles, was ich tun musste, war, die Ziellinie zu überqueren. Ich hatte immer gewusst, dass bis zu einer Million Zuschauer bei jedem Rennen dabei sein konnten, aber jetzt hatte ich das Gefühl, als wäre ich unter einem Mikroskop, zusammen mit einem Team, das Tausende von Kilometern zurückgelegt hatte, um mir beim Laufen zuzusehen. Und um hinterher zu feiern.

Zu Beginn des Rennens war ich langsam und gleichmäßig. Für die 5 km war ich 34 Minuten unterwegs, ein paar Minuten langsamer als sonst, aber ich hatte keine Lust auf einen heißen Lauf. Läufer, die gleich zu Beginn des Rennens sprinten, laufen Gefahr, früh gegen die sprichwörtliche Wand zu rennen. Wie das alte Sprichwort sagt: Es ist ein Marathon, kein Sprint. Für alles, was im Leben Zeit braucht, sind Einteilung und Geduld das A und O. Als ich die Halbmarathonmarke erreicht hatte, befand ich mich auf dem Weg zu einem Marathon mit einer Laufzeit von fünf Stunden. Die Berliner Crew, von denen die meisten bis 6 Uhr morgens unterwegs waren, um die kulturellen Artefakte der Stadt zu genießen (d.h. Unmengen von Bier zu trinken), entschied sich bei Kilometer 14 endlich dazu, zu Andrea und Marie aufzuschließen. DJ, der immer den richtigen Blickwinkel sucht, wusste genau, wie er sich durch die verwinkelten Straßen manövrieren musste, um mich zu finden.

Insgesamt haben sie mich während des Rennens viermal gesehen und ich muss sagen, das hat mich stolz gemacht. Da stand ich nun, der kleine Junge aus Detroit, umgeben von einer ganzen Entourage, die mich anfeuerte, während ich die 42 Kilometer lief. Als ich die Ziellinie überquerte, hatte ich Ronald Reagans Rede aus dem Jahr 1987 vor Augen, in der er den Fall der Berliner Mauer forderte. Nun lief ich genau an diesem Ort vorbei: am Brandenburger Tor. Der DJ mischte deutschen Punk mit amerikanischem Hip Hop und wir feierten wie Rockstars.

Apropos Laufen

∧∧∧

Kulturell hatte Berlin viel zu bieten. Über Ryan Mendoza, einen amerikanischen Künstler, der sein Atelier dorthin verlegt hatte, hatte ich einige Monate zuvor einen Artikel gelesen. Er war ein Visionär, der oft große Projekte in Angriff nahm, die niemand finanzieren wollte. Die Restaurierung und Erhaltung des Hauses von Rosa Parks war eines dieser Projekte.

Parks war eine Vorkämpferin für die Bürgerrechte und machte von sich reden, als sie sich weigerte, ihren Sitzplatz im Bus zu räumen, um einen weißen Fahrgast nicht zu stören. Sie stammte aus einer schwarzen Familie im ländlichen Alabama, wuchs in der Nähe des Territoriums des Ku Klux Klan auf und musste ständig mit Gewalt und Unterdrückung leben. Im Jahr 1955 erlangte Park - zu dieser Zeit lebte sie in Montgomery - große Bekanntheit, als sie sich der Aufforderung des Busfahrers widersetzte, sich in den hinteren Teil des Busses zu setzen und schließlich verhaftet wurde. Parks wurde schließlich verhaftet, aber ihr besonnener Widerstand machte sie fast zu einer Ikone, als sie den Busboykott von Montgomery anführte und sich weigerte, den Bus zu verlassen. Dieser Vorfall war nur einer von vielen Akten des Widerstands; Parks setzte sich über viele Jahre hinweg immer wieder über die Regeln der Rassentrennung im Bus hinweg und brachte ihre Überzeugungen in Form von gewaltfreiem Protest zum Ausdruck.

1957 zog Parks mit ihrer Familie nach Detroit. Die meiste Zeit ihres Lebens blieb sie in der NAACP aktiv. Im Jahr 1999 wurde sie mit der Congressional Gold Medal of Honor ausgezeichnet - der höchsten Auszeichnung, die einem Zivilisten in den Vereinigten Staaten verliehen werden kann - und war damit sowohl für ihre

Zeitgenossen als auch für zukünftige Generationen ein Vorbild. Nach ihrem Tod im Jahr 2005 waren meine Mutter und mein Bruder bei ihrem Begräbnis dabei. Später sagte DJ zu mir: "Bis heute ist das Bild von Mama und mir nach Parks Beerdigung mein Lieblingsbild von uns." Der Künstler erzählte uns, dass er und ich die ersten Besucher aus Detroit sein würden, die ihr von Mendoza rekonstruiertes Haus in der deutschen Hauptstadt sehen würden. Das Haus stand kurz vor dem Abriss, als Ryan Mendoza es kaufte und mit der Erlaubnis von Parks' Familie wieder aufbaute und auf sein eigenes Grundstück stellte. Das hat mich berührt.

Wie eine Skulptur von Roy Lichtenstein wirkte das Haus selbst. Das schwarz-weiße Farbschema wirkte zeitlos, als wäre es vor der Farbfotografie der späten 1890er Jahre entstanden. Die halb bemalten Holzschindeln warfen die Frage auf, ob es sich um den Originalanstrich handelte - eine typische Frage für DJ, der die Nostalgie klassischer Automobile liebt, und für mich, der die Patina alter Uhren mag. Mein Lieblingsfoto von diesem Ausflug zeigt uns vor dem Haus Nr. 267.

Überall auf der Welt spürt man Parks' Trotz und Mut. Ihr Vermächtnis liegt nicht nur in dem, was sie nicht getan hat, sondern auch in der Tatsache, dass ihre Taten dazu beigetragen haben, ein neues Verständnis für die Vielfalt und die Verschiedenartigkeit des Schwarzseins zu schaffen. Ich würde noch viel mehr Männer und Frauen inspirieren, wenn ich nur halb so stark und hartnäckig wäre wie sie. Als ich nach Chicago kam, war ich emotional geladen.

Kapitel 15
Die brüllende Löwin.

Ich hatte immer eine Verbindung zu Chicago, als ich in Detroit aufwuchs. Die Stadt war für uns mit dem Auto leicht zu erreichen und weniger als 300 Kilometer entfernt. Als Kind liebte es meine Mutter, in den Restaurants am Navy Pier zu essen, auf der Magnificent Mile einzukaufen und die architektonische Schönheit der Stadt zu bewundern. Ich war ein eingefleischter Jordan-Fan, und obwohl die Detroit Pistons Mitte bis Ende der 80er Jahre das Team der Stunde in der NBA waren, unterstützte ich die Rot-Schwarzen. Und ehrlich gesagt, es war meine Stadt.

Chicago ist eine der Wiegen der schwarzen Kultur und des schwarzen Erbes in Amerika seit der großen Migration. Neue Kunstformen wie Improvisation und Stand-up-Comedy sind hier in den letzten Jahrzehnten entstanden. Aber die Stadt hat auch eine andere, weniger positive Bedeutung. Sie ist das Zentrum einiger der entmutigendsten und schrecklichsten

Lebensrealitäten schwarzer Amerikaner.

Wir müssen einen Blick auf die lokale Geschichte werfen, bevor wir uns diesen Themen zuwenden. Lynchmorde wurden in den 1910er Jahren immer häufiger, als schwarze Familien aus dem Süden in den Mittleren Westen zogen. Der Aufstand von Chicago brach 1919 aus, nachdem eine Gruppe weißer Schwimmer ein schwarzes Kind mit Steinen angegriffen hatte, weil es (unbeabsichtigt oder nicht) die Grenzlinie überquert hatte. Schwarze Demonstranten füllten die Strände des Lake Michigan. Der weiße Mob, der die Demonstranten angriff, verübte weitere Gewalttaten. Dreiundzwanzig Schwarze hatten ihr Leben verloren, als die Unruhen nach zwei Wochen endeten. Die schwarze Bevölkerung Chicagos wurde in großem Umfang obdachlos: Mehr als tausend schwarze Familien lebten in den folgenden Wochen auf der Straße.

Die unausweichlichen Folgen solcher Gräueltaten und des kaputten Systems, das diese Gräueltaten darstellten, erleben wir heute hautnah. Laut einer Studie, die von NPR veröffentlicht wurde, haben Schwarze, die in einer überwiegend von Schwarzen bewohnten Nachbarschaft leben, eine um dreißig Jahre geringere Lebenserwartung als ihre weißen Altersgenossen, die in einer überwiegend von Weißen bewohnten Nachbarschaft leben. Dies ist um so erschreckender, als die beiden betroffenen Stadtteile Chicagos - Streeterville und Englewood - kaum zehn Kilometer voneinander entfernt liegen.

Rasse ist hier der entscheidende Faktor: Vor 103 Jahren war es in Chicago wahrscheinlicher, dass man als Schwarzer starb oder wegen der Unruhen obdachlos wurde, genauso wie man heute davon ausgehen kann, dass man als Schwarzer nicht so lange lebt. Nicht einmal lange genug, um Sozialhilfe zu bekommen, lebt man im Durchschnitt in diesem Viertel.

Diejenigen, die aus der Stadt weggezogen sind, haben versucht, sich einen Reim auf die Geschehnisse in der Stadt zu machen. Für die schwarzen ehemaligen Farmpächter und Sklaven, die den Fesseln von Mississippi, Alabama, Louisiana und Georgia entkommen waren, schien Chicago einst das gelobte Land zu sein. Linda Villarosa, eine Journalistin, deren Familie aus Chicago in einen Vorort von Colorado zog, als sie zehn Jahre alt war, über das Problem: "Diese Viertel haben einen Mangel an Ressourcen. Es gibt keine Lebensmittelläden. Es fehlt an gesunden Freiflächen. Saubere Luft, sauberes Wasser und sauberes Land fehlen oft. Deine Gesundheit leidet, wenn du an einem solchen Ort mit wenigen Ressourcen und schlechten Bedingungen lebst".

Angesichts der Tatsache, dass diese Gesundheitsprobleme immer offensichtlicher werden und immer mehr Menschen das Leben kosten, ist die Frage wichtig, was eine angemessene und wirksame Antwort darauf sein könnte. In einer solchen Diskussion wird es unweigerlich um Wiedergutmachung gehen. So wie die Tabakkonzerne für den Schaden, den sie ihren Kunden durch den wissentlichen und vorsätzlichen Verkauf schädlicher Produkte zugefügt haben, Entschädigungen gezahlt haben, so gibt es eine Reihe von Organisationen, angefangen bei den Bundes- und Landesregierungen, die sich dafür einsetzen sollten, diese Ungerechtigkeit zu beseitigen.

Chicago mag nie wieder den Glanz erlangen, den es einst für unterdrückte Menschen hatte, die Zuflucht suchten an einem Ort, weit weg von dem Schmerz, den sie zurückgelassen hatten. Aber es kann immer noch ein Ort der Hoffnung sein. Sie kann eine neue Bedeutung als Heilerin und Anführerin erlangen, als eine Kraft, die dafür sorgt, dass das Richtige getan wird und die Vergangenheit niemals übermalt wird. Ich hoffe, dass die Organisatoren des Chicago Marathons zuhören.

Nach jedem Marathon, den ich gelaufen bin, habe ich meine Mutter angerufen, auch wenn ich sechs Stunden später ins Ziel gekommen bin. Diesmal rief ich sie an. Ich wollte, dass sie mich zum ersten Mal laufen sieht. "Dieser Lauf ist am 8. Oktober", sagte ich. Ich ließ ihr keine Zeit, um zu widersprechen, und versicherte ihr, dass ich ihr Punkte geben würde, um ihren Aufenthalt im W Hotel zu bezahlen.

"Vielleicht", sagte sie, und ich konnte ihr Lächeln durch das Telefon spüren. Ich schlug ihr auch vor, meinen Neffen Jaron mitzubringen. Er war Hazels jüngster Sohn. Er kam gerade in das Alter, in dem ich das Gefühl hatte, ich könnte die nächste Moore-Generation inspirieren, das Band zu durchbrechen und eine Marathonmedaille zu gewinnen.

Meine Mutter und ich hatten immer eine besondere Beziehung. Ich bin das älteste ihrer vier Kinder und sie war sehr jung, als ich geboren wurde. Bei allem, was ich gemacht habe, egal wie exzentrisch und seltsam, war sie immer mein größter Fan und Unterstützer. Sie sagte immer: "Das ist einfach Charles". Ich habe sie immer als eine ehrgeizige schwarze Frau gesehen, die sich durchsetzen kann und loyal ist - ein typischer Skorpion. Als Kind strahlten ihre Augen, wenn sie von den Grundstücken sprach, die sie besaß, und von all den weiteren, die sie noch kaufen würde. Zum Kunstsammler der zweiten Generation wurde ich durch meine Mutter. Sammlerin wollte sie nie werden. Ihr ging es nur darum, ihr Haus mit Werken schwarzer Künstler zu schmücken, die die Erfahrungen der Schwarzen zum Ausdruck brachten. Ich erinnere mich noch gut an ihren Stolz und ihre

Zufriedenheit über das, was sie erreicht hatte.

Nach einem zweistündigen Flug kamen Andrea und ich am Freitag vor dem Marathon in Chicago an. Kaum war ich im Hotelzimmer angekommen, schaltete ich mein Fotohandy in den Video-Selfie-Modus und fing an zu singen: "My kind of town, Chicago is...". Meine Mutter und Jaron kamen am späten Nachmittag mit dem Auto an.

Nach dem Mittagessen eilten Andrea und ich - natürlich etwas zu spät - zur Messe und schnappten uns meine Unterlagen für den Start. Ich wusste, dass Cathy, meine Freundin aus New York City, die ich in Orlando kennen gelernt hatte, dort sein würde. Wo bist du? tippte ich in mein Handy. Sie rief mich sofort zurück, und ich konnte sehen, wie sie mir von der anderen Seite der Kongresshalle zuwinkte. Es ist immer schön, ein bekanntes Gesicht zu sehen, wenn man in einer anderen Stadt inmitten eines Meeres von Läufern ist. Auch wenn deine Freunde und deine Familie dich unterstützen, können sie nicht diejenigen ersetzen, die mit dir im Schützengraben stehen. Cathy ist eine 50-jährige New Yorkerin, die als Buchhalterin für einen Immobilienentwickler arbeitet. Wir sind einige Male zusammen 5 km gelaufen, hatten das gleiche Tempo und sind viel spazieren gegangen. Mir hat immer ihre energiegeladene, positive Einstellung zum Leben und zum Marathon gefallen.

Für Oktober war es unglaublich heiß in Chicago. Mittags waren es bis zu einundachtzig Grad. Für mich ist das ideale Marathonwetter um die fünfzig Grad. Ein Artikel in Runner's World von 2014 mit dem Titel "What's the Optimal Temperature for Marathons?" diskutierte dieses Thema. Die magische Zahl lag bei 43,2 Grad, so eine französische Forschergruppe, die 1,8 Millionen Zieleinläufe über einen Zeitraum von zehn Jahren analysiert hatte. Eine weitere Analyse ergab, dass die besten Zeiten erzielt wurden, wenn es nicht wärmer als 40 Grad war. Logisch also, dass ich bei Temperaturen unter vierzig Grad eine meiner besten Zeiten in Disney lief.

Ich schaute Cathy an und sah, dass sie nicht glücklich aussah. "Wie kann es in der Windy City zu dieser Jahreszeit so heiß sein?"

Bei meinem ersten Rennen in New York City hatte die Temperatur einen Höchstwert von 15 Grad erreicht. Danach war sie für die meiste Zeit des Rennens auf unter 10 Grad gefallen. Ich ärgerte mich: "Warum kann Chicago nicht wie New York sein?"

Wenn es um den Marathon geht, versucht Chicago immer, wie New York zu sein. In den siebziger Jahren war der Sport bei den Amateuren nicht sehr populär und Manhattan veranstaltete den gesamten Lauf im Central Park. In den Achtzigerjahren stritten Fred Lebow, Mitbegründer des New York City Marathon, und Bob Bright, Renndirektor des Chicago Marathon, öffentlich darüber, welcher Lauf der bessere sei. Bright sagte einem Reporter, um nicht mit Chicago um die Elitefahrer konkurrieren zu müssen, würde er Lebow überzeugen, auf einen Frühjahrslauf umzusteigen. Für den Titel des längsten ununterbrochenen Rennens war es zu spät - Boston war weit voraus. Die Städte begannen, um den Status des größten Rennens der Welt zu wetteifern.

New York City ist immer noch die Stadt mit den meisten Teilnehmern, aber Chicago gehört zu den Abbott World Marathon Majors. Als wir uns auf den Start vorbereiteten, wussten Cathy und ich, wer für uns vorne lag. "Ich nehme sechzig, vielleicht siebzig Grad", sagte ich.

Ich war weit genug von der Spitze entfernt, um den

Startschuss nur gedämpft zu hören. Wir liefen los. "Komm nicht zu heiß raus", warnte mich Cathy.

Ich wusste genau, was sie meinte, denn sie lief schon seit Jahren und hatte viel mehr Erfahrung als ich. Um mich ihr anzupassen, verlangsamte ich mein Tempo. Doch schon bei Kilometer zwei brach sie ein. Die Hitze meinte es nicht gut mit ihr. Ich ignorierte die brutale Sonne, die mich schamlos mit ihren Strahlen traktierte. Zusätzliche Kraft gab mir der Gedanke, meine Mutter zu sehen. Sie hatte immer nur von den Zielen gehört, die ich mir für den Marathon gesetzt hatte, aber jetzt würde sie es mit eigenen Augen sehen.

Andrea nahm meine Mutter und Jaron mit auf eine Achterbahnfahrt. Meiner Meinung nach hatten sie keine Vorstellung von einem Erlebnis für die Zuschauer. Jemand, der Schilder aufstellt, die Streckenkarte studiert, um den besten Blickwinkel zu haben, und Sprechchöre für die Läufer vorbereitet. Meine Mutter, die schon immer ein Fan von Sportveranstaltungen war, hatte sich daran gewöhnt, ihren Platz zu finden, sich darauf zu setzen und sich nur zum Applaudieren, zum Tadeln der Läufer oder zum Nachfüllen der Snacks zu bewegen. Aber um ein Pony bei diesem Rennen zu verfolgen, musste man sich in der Geographie auskennen. Man musste Zeit und Distanz verstehen und in der Lage sein, selbst einen 5-Kilometer-Lauf zu absolvieren. Sie war so aufgeregt, als sie mich zum ersten Mal sah. Wie eine Löwin, die einen ihrer geliebten Jungen anfeuert, rief sie: "Lauf, mein Sohn!" Und dann sind sie zum Mittagessen gegangen - hey, wenn man in der prallen Sonne anfeuert, verbrennt man ganz schön viele Kalorien. Mama muss wohl gedacht haben, dass sie bis zur Ziellinie durch sind. Denn als sie mich zum vierten Mal sahen, klang ihr Löwengebrüll eher wie das Miauen einer normalen Hauskatze. "Wann bist du fertig?", fragte sie. "Weil Andrea mich auch einen Marathon durch ganz Chicago laufen lässt!"

Jaron war noch voller Tatendrang. Er war damals erst elf Jahre alt und voller Tatendrang. Wenn die Läufer an ihm vorbeikamen, klatschte er ihnen mit den Fingern ab, als Anerkennung für ihre Anstrengung und um ihnen zu zeigen, dass er da war, um sie zu unterstützen. Ich wollte, dass er bei diesem Rennen dabei ist. Ich habe darüber nachgedacht, was er erreichen kann, wenn er vor Onkel junior und mir anfängt, Marathon zu laufen.

Als ich die Ziellinie überquerte, spürte ich, wie mir die Hitze durch die Adern kroch. Mein Wunsch, meiner Mutter eine gute Show zu bieten, sollte nicht der Grund für meine Einstellung zum Rennen sein, aber das war es. Ich konnte kaum noch laufen. Ich wartete auf die Ankunft meiner Familie und setzte mich auf den Bürgersteig. Ich schickte Cathy eine SMS, um zu sehen, wie es ihr ging.

Ich habe noch einen weiten Weg vor mir. Ich war 15 Minuten lang ohnmächtig wegen der Hitze und jetzt bin ich die letzten fünf Kilometer zu Fuß unterwegs", schrieb sie zurück.

Als wir zum Hotel zurückgingen, um uns umzuziehen, schickte ich ihr meine Gebete und hoffte, dass sie gut durchkommen würde.

Mama, Andrea, Jaron, Cathy und ich trafen uns bei Firecakes Donuts, etwa eine Stunde später. An ihre außerkörperliche Erfahrung erinnerte sich Cathy lebhaft. "Ich wurde bei Kilometer 21 ohnmächtig. Nach 30 Minuten Schlaf wurde ich von Zuschauern und Läufern geweckt, die glaubten, ich bräuchte medizinische Hilfe."

Ich konnte nicht aufhören, darüber nachzudenken, was ich getan hätte, wenn ich vor Hitze in Ohnmacht gefallen und nach fast fünf Kilometern wieder aufgewacht wäre. "Ich hätte aufgeben müssen", sagte ich entschlossen.

Die Gefahr, die von der Hitze für Marathonläufer ausgeht, ist durchaus gegeben. Läufer sind schon im Krankenhaus gewesen, manche sogar an den Folgen der Hitze gestorben. Trotzdem bin ich in New York, Boston, Berlin und Chicago Marathon gelaufen. Meine Gedanken über gesunde Ernährung und regelmäßigen Sport haben mich in meinem Wunsch bestärkt, ein Vorbild für meine Gemeinde zu sein, wenn es um Gesundheit geht, und ich war auf dem besten Weg zu den Marines. Vielleicht nicht ganz zu den Marines, aber zum Marinemarathon.

Kapitel 16
Die Wenigen, die Stolzen.

Als ich im Jahr 1993 mein letztes Schuljahr an der Cass Technical School begann, wusste ich noch nicht, wo ich studieren würde. Meine Eliteschule hatte eine Erfolgsquote von 96 Prozent, und viele meiner Mitschüler trugen bereits Sweatshirts und T-Shirts ihrer Schule, um damit anzugeben. Ich dagegen hatte mich heimlich auf die verdeckten Operationen vorbereitet, an denen ich im US-Marinekorps teilnehmen würde, und meine Zusagen in den Papierkorb geworfen. Mein Plan war es, der schwarze 007 zu werden, nachdem ich vier Jahre bei den Marines gewesen war. Ich übte meinen Auftritt den ganzen Sommer über. "Wie heißt du?", würde jemand fragen. "Moore ... Charles Moore", antwortete ich lässig und selbstsicher.

Ich war noch nicht alt genug, um meine eigene Entscheidung

zu treffen, als ich den Mut fand, es meiner Mutter zu sagen. Als ich siebzehn Jahre alt war, brauchte ich immer noch die Zustimmung von Mama und Papa für meine Mission. Wie sollte ich einen internationalen Terroristen im Smoking zur Strecke bringen, wenn ich nicht einmal legal in das Casino durfte, in dem er spielte? Ich hätte wissen müssen, dass ich verloren war. Der Rekrutierer des Marine Corps, der mich angeworben hatte, beschrieb mir Szenen aus "Leben und Sterben lassen", "Der Mann mit dem goldenen Colt", "Der Spion, der mich liebte", "Moonraker", "For Your Eyes Only", "Octopussy" und "A View to a Kill", als wäre ich der Moore-Nachfolger von Roger. Er kam zu mir nach Hause, um mit meinen Eltern zu plaudern. Er brachte nicht den braunen Manila-Umschlag mit meinem Pass, meiner Waffe, meinem Geld und meinen Anweisungen mit, sondern nur eine billige Aktentasche, in der sich die Papiere befanden, mit denen meine Mutter ihren Erstgeborenen für den Militärdienst angemeldet hatte.

"Willst du das wirklich?" fragte Mama, der schon die Tränen über die Wangen liefen.

"Ja, Mama", antwortete ich. Meine Zuversicht war unerschütterlich. Aber dass ich nicht zu den Marines gehen würde, wusste ich tief in meinem Inneren. Eine Person, die ich sehr ungern im Stich lassen würde, war Cheryl Lynn Moore.

Mein Vater sah sie an, ohne das Lächeln zu unterdrücken, das unter der Oberfläche brodelte. "Du weißt, dass er das nie tun wird. Der Junge hasst es, früh aufzustehen", sagte er mit einem Lächeln. Später sollte er mir sagen, dass er dachte, ich würde es vielleicht doch tun.

Während sie die Papiere unterschrieb, dachte ich an all die Gefangenen, die ich retten, die Bomben, die ich entschärfen und den Champagner in den Bars exotischer Städte wie Baden-Baden, Wolgograd oder Podgorica trinken würde.

Bei den Marines bin ich nie angekommen. Zwischen der Anmeldung durch meine Eltern und der Grundausbildung entschloss ich mich, meinem Vater rechtzugeben und den Dienst zu quittieren. Ich landete als Spartaner in East Lansing, weil ich meine Träume nicht aufgeben wollte. Aber ich konnte nicht anders als darüber nachzudenken, was aus mir geworden wäre, wenn ich bei der Verlosung eines Startplatzes für den Marine-Korps-Marathon gewonnen hätte. Mit dreißigtausend Läufern ist dies der viertgrößte Marathon in den Vereinigten Staaten. Es war das zweite Mal, dass ich in Washington, DC, lief.

Zu Beginn des Rennens war ich sehr gut gelaunt. Ich hatte all die Läufe vor Augen, an denen ich schon teilgenommen hatte, und so hatte ich wenig Angst vor den Herausforderungen dieses Rennens. Es war zwar immer noch ein Marathon, aber mein Mut und meine Energie waren aufgeblüht. Ich fühlte mich so selbstbewusst. Selbstvertrauen entsteht durch die Erfahrung und die Überwindung von Herausforderungen und Ängsten, denen man im Leben begegnet. Meine Karriere als Marathonläufer war bereits in den zweistelligen Bereich vorgestoßen - und ich hatte jedes Rennen ohne größere Verletzungen hinter mich gebracht. Mein Hauptziel war es immer, ohne Verletzungen ins Ziel zu kommen.

Bevor ich startete, habe ich die gleiche Routine durchlaufen wie bei jedem anderen. Ich dachte, nach diesem Rennen gibt es eine große Party. Ich hatte immer gedacht, dass ich nach einem Marathon feiern würde, aber ich war zu erschöpft, um daran zu denken.

"Wie viele von denen machst du noch?", fragte Andrea. Sie war besorgt. Immer, wenn sie zusah, wie ich mich wie eine Mumie mit Tape umwickelte, fragte sie sich, ob nicht eines Tages eines der Gliedmaßen das Tape zerreißen und sich entzünden würde.

"Dann gibt es noch zwei: New York und Philadelphia."

Wir wohnten im Ritz-Carlton in Arlington, Virginia, und so war der Ausgangspunkt, der sich gleich um die Ecke vom Pentagon befand, leicht zu erreichen. Ich dachte mir, das Pentagon wäre wahrscheinlich der Ort, an dem ich mich als Black 007 im Hauptquartier gemeldet hätte.

Der Beginn des Rennens schien sich in die Länge zu ziehen, und dann befand ich mich plötzlich in Georgetown. Dieser Stadtteil war unberührt und erinnerte mich an Ann Arbor, Michigan. Ich schaute auf die Uhr und sah, dass ich gerade mal fünf Kilometer gelaufen war. Den ganzen Vormittag hatte ich darauf gewartet, dass mir irgendein Läufer auf die Schulter klopfte und Anweisungen für meinen bevorstehenden Geheimauftrag gab. Das ist nie passiert. Als mir klar wurde, dass ich kein Ersatz für Daniel Craig in der Rolle des fiktiven Geheimagenten sein würde, wurde mir auch klar, dass ich in einer der langweiligsten Städte war, in der man laufen kann. Der Marathon der Rock 'n' Roll Running Series in DC schien alle Denkmäler ausgelassen zu haben, vielleicht um die Aufmerksamkeit der Läufer auf die Musik zu lenken, während wir bei dieser Veranstaltung alle Denkmäler direkt vor der Nase hatten. Nichts davon berührte mich bis zum Potomac Parkway, wo die baumgesäumten Straßen und steinverkleideten Brücken meinen Adenosintriphosphatspiegel ansteigen zu lassen schienen, jene Muskelzellen, die Energie und einen zweiten Schub geben.

Bis zur zehnten Meile war ich mit der gleichen Leichtigkeit, mit der ich Milch und Zucker in meinen Kaffee kippe, am Kennedy Center, an der Theodore Roosevelt Bridge und am

Lincoln Memorial vorbeigelaufen. Nichts davon weckte mein Interesse. Charles Bukowski hasste Feiertage, den englischen Akzent und die Farbe Orange; ich hingegen habe eine starke Abneigung gegen Politiker und die riesigen Denkmäler, die ihnen gewidmet sind.

Nach etwa der Hälfte der Strecke änderten sich meine Gefühle. Wir gingen den Potomac River entlang und ich war erstaunt, als ich auf die "wearblue" Meile traf. Auf beiden Seiten hingen Bilder von gefallenen Soldaten und amerikanische Flaggen. All die Scherze, dass ich den Marines "ausgewichen" sei, erinnerten mich an das, was passiert wäre, wenn ich dem Corps beigetreten wäre.

Der Anblick der Bilder von echten Marines, den Männern und Frauen, die es nicht nach Hause schafften, war fast so schmerzhaft wie der von Marathon: The Patriots Day Bombing. Der Patriotismus war auf dem gleichen Niveau wie in Boston. Die Volksverhetzung öffnete mir die Augen. Als ich mich umsah, bemerkte ich all die stolzen Läufer in ihren Militäruniformen. Die Läufer in ihren Uniformen, die Flaggen, die symbolischen Abzeichen, die auf Schultern und Brust getragen wurden und die für herausragende Leistungen verliehen wurden. Es war wie bei Disney, nur dass sie nicht verkleidet waren und stoisch, feierlich und ehrfürchtig dreinblickten. Jaron könnte - wenn ich vor Jahren bei den Marines gestorben wäre - eines Tages diesen Marathon laufen und mich überholen.

Trotz der Emotionen, die ich während der "wear blue"-Meile, etwa bei Meile 14, empfand, behielt ich den Blick für das elitäre Denken der Marines. Seit ihrer Gründung hatten sich die berühmten Worte "semper fidelis" und das Motto "Die Wenigen, die Stolzen" bewährt.

Im neu gegründeten Marine Corps dienten 1775, noch bevor die Vereinigten Staaten ein unabhängiges Land waren, ein Dutzend schwarze Männer. Sie kämpften tapfer, doch als die Amerikanische Revolution endete und das Land, für das sie bluteten, Gestalt annahm, begann die schreckliche Diskriminierung. Es sollte mehr als 150 Jahre dauern, bis das Corps wieder einen Schwarzen aufnahm.

Im Jahr 1942 wies die US-Regierung das Marine Corps an, schwarze Männer zu rekrutieren, da sie Uneinigkeit befürchtete. Die militärischen Führer, einschließlich des damaligen Kommandeurs des Marine Corps, lehnten dies ab, aber innerhalb kürzester Zeit waren neunhundert Rekruten auf dem Weg nach Montford Point in North Carolina.

Nur einen Steinwurf von Camp Lejeune entfernt, dem hochmodernen Rekrutenlager der US Navy, das ausschließlich Weißen vorbehalten war, wurden in Montford Point während des Zweiten Weltkrieges tausende schwarze Marines ausgebildet. Nach dem ersten Rekrutierungsjahrgang begannen die schwarzen Marines sogar, ihre weißen Kameraden auszubilden.

In einem Land, das an vielen Orten und in vielerlei Hinsicht noch immer segregiert war, wurde das US-Marineinfanteriekorps, eine der besten Elitetruppen, die es je gegeben hatte, zu einer Organisation ohne Rassentrennung.

Im Jahr 2006, sechzig Jahre nach dem Beginn der Ausbildung der ersten Rekruten in Montford Point, waren etwa 20 Prozent aller Marines schwarz, bei einem Anteil von nur 12,4 Prozent Schwarzen an der US-Bevölkerung. Diese Marines sind die Fortsetzer der Tradition, die diese neunhundert Pioniere begonnen haben.

∽∽∽

Apropos Laufen

Heute, am Tag des Rennens, wurde mir zum ersten Mal bewusst, dass nur die Wenigsten und Stolzesten einen Marathon beenden können. Ganz zu schweigen vom Marine Corps Marathon. Bei der siebzehnten Meile standen unbewaffnete Wachen in der Nähe des Spike (das ist der Punkt, den man innerhalb einer bestimmten Zeit erreichen muss) und überprüften ihre Uhren auf die Cut-Off-Zeit, bei der ein Läufer auf eine andere Strecke umgeleitet wird. Bei der zwanzigsten Meile überprüfte ein zweites Team, ob die Läufer in der Lage waren, die Brücke zu erreichen (der andere Cutoff-Punkt). Ungefähr drei Kilometer später kam ein drittes Team, um zu überprüfen, ob es gelungen war, Crystal City vor der festgelegten Cutoff-Zeit zu durchqueren. Entlang der Alternativstrecke waren Kilometermarkierungen angebracht. Diese wurden von den Läufer genutzt, um die 26,2 Kilometer zu ihrer persönlichen Befriedigung weiterzulaufen. Diese Läufer würden jedoch nicht als offizielle Finisher anerkannt, hieß es auf der Website des Laufs. Diesen Lauf als offizieller Finisher zu beenden, machte mich stolz. Ich stieß auf einige bemerkenswerte Namen, als ich nach berühmten Finishern des Marine Corps Marathons suchte. Kevin Blackistone, Professor und Sportjournalist, bekannt durch ESPN. Clarence Thomas, Richter am Supreme Court. Adrian Fenty, ehemaliger Bürgermeister von Washington, DC. Und sogar die Königin der Medien, Oprah Winfrey.

Ich war ein schwarzer Marathonläufer. Ich stand auf den Schultern von Giganten. Den ehrgeizigen Multimarathon, den ich mir vorgenommen hatte, hatten diese großen Namen natürlich noch nicht absolviert. Aber ich fühlte mich angespornt und ermutigt durch ihre herausragenden Leistungen auf und neben der Strecke.

Beim Feiern des Marathon-Zieles kam mir ein Winfrey-Zitat in den Sinn: "Wenn du in diesem Moment dein Bestes gibst, bist du für den nächsten bereit". In der Tat weise Worte. Nächste Station: New York City Marathon.

Kapitel 17
Zwei Meter Zehn Groß.

Wie Ostern, Thanksgiving und Weihnachten an einem Tag war der 5. November. Ich hatte immer das Gefühl, dass es ein spezieller Tag war, wenn Mom in der Stadt war, aber diesmal war es ihr Geburtstag. Geburtstage waren für sie nie etwas Besonderes, aber sie war froh, in New York zu sein und ihre beiden Söhne zu Besuch zu haben. Und heute war der Jahrestag meines Einstiegs in die Welt des Laufens.

Sie saß in meinem Wohnzimmer, sah zu, wie ich meine Laufklamotten überstreifte, und feuerte mich mit den Worten, die sie Onkel junior sagen wollte, immer wieder am Laufen. "Dieses Jahr wirst du die Zeit von Onkel Jr. schlagen!" Ich hatte seine Zeit schon bei anderen Rennen unterboten, aber für sie musste es die gleiche Strecke sein. Und es war etwas Persönliches.

Mit Anca, einer anderen Marathonläuferin, mit der ich mich vor ein paar Monaten angefreundet hatte, hatte ich den ganzen

Morgen getextet. Wie Cathy war auch sie schon mehr als fünf Mal in New York City Marathon gelaufen und hatte auch in einigen anderen Städten teilgenommen. Wir wollten uns an der Fähre treffen und gemeinsam an den Start des Rennens gehen. Ich muss in zehn Minuten los. Ich nahm ein Taxi und tippte.

Ich lief diese Strecke zum zweiten Mal. Als ich den West Side Highway in Richtung South Ferry hinunterfuhr, fühlte ich mich wie ein Routinier. Ich bin Anca begegnet, und wir haben beide eine Banane zerdrückt, die mit Kalium, Magnesium und Kalzium gefüllt war, um einen zusätzlichen Energieschub am Morgen zu bekommen. Ganz zu schweigen davon, dass es die verkrampften Muskeln lockerte. Das war nicht unser erster Ritt. Die Fähre konnte problemlos übergesetzt werden und nach einer kurzen Busfahrt erreichten wir das Race Center. Die Rennzentrale gleicht einem dystopischen Rummelplatz oder einem komplizierten Zeitlabyrinth. Nur Bauernhoftiere und Zirkusspiele fehlen. "Die wissen wirklich, wie man mit 55.000 Läufer umgeht", flüstere ich Anca zu.

Man muss sich durch die fünf Wellen mit jeweils sechs Korridoren und drei Startzeiten nach Farben sortieren, bevor man an die Startlinie kommt. Ich befand mich in Korridor C, Welle 3, und wir würden um 10.40 Uhr auf die Strecke gehen, eine Stunde nach der ersten und 50 Minuten vor der zweiten Welle. Die schnellsten Läufer starten zuerst. Und das ist auch gut so, denn Keflezighi wird das ganze Rennen damit beschäftigt sein, Läufern auszuweichen, die vier oder fünf Stunden langsamer sind als er.

Ich habe James Lu kennen gelernt, den ich immer fotografiere, wenn ich ihn sehe. Wenn man genug NYRR-Rennen läuft, trifft man James unweigerlich. Angefangen hat er mit dem Laufen in seinen Fünfzigern, nach dem Tod seiner Frau. Mit 60 kam er bei seinem ersten New York City Marathon ins Ziel. Fast zwanzig New Yorker Marathons und unzählige lokale Läufe über kürzere Distanzen hatte er bereits absolviert, als ich ihn kennenlernte. Man erkennt ihn daran, dass er immer ein Stirnband mit der japanischen Flagge trägt und mit der japanischen Flagge läuft. Seine Körpergröße von 1,80 m wird durch seinen langen Bart und sein breites Lächeln in den Schatten gestellt. Er ist vielleicht der freundlichste Läufer, den ich je getroffen habe.

Als ich an der Startlinie stand, sah ich mich nach Anzeichen für ein bunt gemischtes Läuferfeld um. Ich irrte mich. Ich blickte über das Feld. Die Gesichter der Läufer, die vier oder fünf Stunden unterwegs waren, strahlten vor Aufregung. Ich konnte nicht anders als zu denken: Das sind meine Altersgenossen. Ich schwenkte meine Kamera über die Startlinie und sah Hunderte von Läufer vor mir und noch einmal Hunderte von Läufern hinter mir. Ich sah zwei weitere schwarze Läufer. "Wir sind wohl zu dritt", sagte ich zu mir.

"Hast du eine neue Playlist?" fragte Anca. "Ich habe Musik, die mich diesmal richtig in Schwung bringt."

Sie hatte das schon ein paar Mal gemacht, und es war zu erwarten, dass es wie von selbst gehen würde. "Ich fange mit meiner Playlist für 2016 an und plane, in der Mitte zu ein paar zufälligen Songs zu wechseln", sagte ich.

Der Startschuss war gefallen. Es konnte losgehen!

Ich beobachtete Anca, wie sie über die Verrazzano-Narrows-Brücke fuhr, und dachte: "Ich muss an meiner Form arbeiten. Ich beobachtete die anderen Läufer und überholte einige von ihnen. Einige überholten mich, als ob ihr menschliches System zur Verringerung des Luftwiderstands in Betrieb wäre. Mir war nie wichtig, wer schneller oder langsamer lief, ich versuchte immer, mein eigenes Rennen zu laufen. Heute gibt es mehr als fünfzigtausend Läufer. Ich sagte mir, der Einzige, der zählt, bin ich. Immer wieder erinnerte ich mich an die Musik in meinem Kopf und daran, warum ich hier war und was ich erreichen wollte. Wusste ich, wohin ich wollte? Hatte sich mein "Warum" geändert? Mein Telefon vibrierte mit einer neuen Nachricht. Meine Mutter erinnerte mich daran, dass ich die strikte Anweisung hatte, eine Zeit von 5:05 zu laufen. Jede Sekunde zählte. Du schaffst das", ermutigte sie mich.

Mein Onkel Jr. war immer einer meiner Helden, als ich aufwuchs. Wir verbrachten viel Zeit miteinander, weil wir beide Basketball, Football und Baseball liebten. Wir gingen jede Saison zu Dutzenden von Spielen der Detroit Tigers, und er erfüllte mir oft die Freude, die ich als Kind hatte, indem er darauf wartete, dass die Spieler herauskamen, um mir Autogramme zu geben. Er schärfte auch mein Verhandlungsgeschick, als ich vom Sammeln der Garbage Pail Kids zu den lukrativeren Sportkarten wechselte. Er war unerbittlich. Das war meine erste Erfahrung mit Statistiken, um Märkte zu verstehen. "Wenn ein Starspieler in der folgenden Saison scheiterte, sagte er mir: "Vergangene Leistungen sind keine Garantie für zukünftige Ergebnisse. Tatsächlich schien er das immer vorherzusehen. Als er mir diese Strategielektionen nicht mehr beibrachte, war ich ein gefürchteter Kartenhändler in der Schule.

Ich war bereits nach East Lansing gezogen, als Onkel Jr. Ende der Neunziger mit dem Laufen begann, und er nach Atlanta. Bis ich meine Reise begann, wusste ich also nicht viel über seine Reise. Als ich 2015 begann, die Ziellinie zu durchbrechen, schrieb ich ihm ab und zu eine SMS und bat ihn um Rat. Für

Apropos Laufen

einen schwarzen Mann, der Marathon läuft, war er meine einzige Referenz.

Onkel Jr. hat es mir erzählt:

Um Gewicht zu verlieren, begann ich im März 1998 mit dem Laufen. Zu der Zeit wog ich 236 Pfund, und mein Ziel war es, auf 165 Pfund zu kommen. Ich war damals 38 Jahre alt und war noch nie ernsthaft gelaufen. Bis zu diesem Zeitpunkt war ich überrascht, wie leicht es mir fiel und wie sehr es mir Spaß machte. Ich führte ein Tagebuch, in das ich meine gelaufenen Kilometer, meine Zeit und die Strecke eintrug. Nach einer Weile kaufte ich mir alle paar Monate Laufschuhe. Ich nahm an 5K- und 10K-Läufen teil. Ich liebte es. Dass Laufen für mich therapeutisch war, fand ich toll. In einem fünfundsiebzigminütigen Lauf konnte ich alle meine Probleme lösen. Es war berauschend!

Ich hatte bereits mehrere 5K- und 10K-Läufe in Detroit und einen 8K-Lauf in Atlanta, Georgia, absolviert. Nun wollte ich mich an einem längeren Lauf versuchen. Meine täglichen Läufe waren in der Regel zehn bis fünfzehn Kilometer lang, manchmal auch siebzehn bis zwanzig. Ich dachte mir also, dass ich problemlos weitere sechs Kilometer laufen könnte. Ohne wirklich zu erwarten, dass ich teilnehmen würde, nahm ich an der Verlosung für den NYC Marathon 2000 teil. Läufer aus New York hatten bei der Auslosung eine höhere Priorität. Viele Auswärtige oder Nicht-New-Yorker wurden abgewiesen, es sei denn, man gehörte zur Elite. Und siehe da: Ich bekam eine E-Mail, dass ich zu den wenigen Glücklichen gehörte, die eine Startnummer erhalten hatten - relativ gesehen.

Mein bester Freund wohnte zu der Zeit in Hell's Kitchen, also setzte ich mich mit ihm in Verbindung und plante einen Aufenthalt von zehn Tagen dort. Er war gerade vom Culinary Institute of

America graduiert worden, also nutzte er seine Kochkünste und sorgte dafür, dass ich bis zum Renntag Kohlenhydrate zu mir nahm. Damals arbeitete er im Babbo Ristorante von Mario Batali. Mein Freund stellte mich Batali vor. Am Abend vor dem Rennen brachte er mir ein paar italienische Tapas mit reichlich Pasta und ein Glas Wein.

Ich war super aufgeregt am Morgen des Rennens. Mit einer halben Tasse Kaffee, einer halben Banane und etwas Müsli sind wir um 4 Uhr aufgestanden. Ich ging zum Bus, der mich von Manhattan nach Staten Island brachte. Ich trug mehrere Schichten Kleidung, um mich gegen das kühle Wetter zu schützen, und ich rechnete damit, dass ich sie im Laufe des Rennens ausziehen würde. Beim Blick auf die Läufer in meiner Gruppe war ich noch nie so aufgeregt vor dem Start eines Rennens. Der New York City Marathon.

Der Startschuss ertönte und wir liefen alle auf die Verrazzano-Narrows Bridge. Was mir am besten in Erinnerung geblieben ist, ist die schöne Aussicht und das Meer von Menschen, das vor und hinter mir war. Ich lief eine Viertelmeile im sicheren Schritttempo mit den anderen. Da bemerkte ich ein rundes, schwarzes Drahtobjekt vor mir. Ich versuchte mein Bestes, um ihm auszuweichen, aber ich bemerkte es zu spät und verfing mich mit meinem Fuß in dem Draht. Ich fiel kopfüber auf die Brücke, und während ich fiel, dachte ich nur an die Titelseite der New York Daily News mit der Überschrift: "Mann aus Atlanta, Georgia, von Läufer-Kollegen in New York niedergetrampelt". Aber in dem Moment, in dem ich zu Fall kam, hoben mich die Läufer von beiden Seiten auf, bevor ich zu Schaden kam. Meine Knie brannten. Aber das Schlimmste war die Peinlichkeit. Erst nach etwa drei Kilometer merkte ich, dass meine Knie aufgeschürft waren und Blut mein linkes Bein hinunterlief. Mir ging es gut, bis ich das sah. Ich beschloss, mir nicht alles kaputt machen zu lassen, wofür ich gearbeitet hatte, und kämpfte weiter. Bis ich die 21-Kilometer-Marke erreicht hatte, fühlte ich keinen Schmerz. Ab diesem Punkt fangen die meisten Neulinge an, sich zu quälen, habe ich gelernt. Ich lebe und laufe nach dem Motto "Schmerz ist unvermeidlich. Leiden ist optional", und so war es auch hier.

Ich beendete das Rennen mit einer Zeit von 5:05. Das war keine schnelle Zeit, aber ich hatte ein wirklich befriedigendes Gefühl, das ich nie vergessen werde. Seit dieser Zeit bin ich zwar noch andere Distanzen gelaufen, aber einen Marathon habe ich nicht mehr absolviert. Mit 62 Jahren hat meine Liebe zum Laufen keineswegs nachgelassen. Manchmal mehr, manchmal weniger, laufe ich immer noch vier bis fünf Tage pro Woche. Laufen werde ich wahrscheinlich so lange, bis meine Beine nicht mehr mitmachen.

Das ist meine Erfahrung vom 5. November 2000, dem NYC Marathon.

^^^

Als ich bei der dreiundzwanzigsten Meile ankam, war mir klar, dass es sich um ein Fotofinish handeln würde. Ich war nur etwa eine Minute pro Meile langsamer, wenn ich meine Zwischenzeiten betrachte. Meine Mutter und Onkel Jr. lieferten sich wieder einmal einen Schlagabtausch, wie ich später erfuhr. Es waren keine bösen Schläge, es war einfach nur eine gute, saubere, gesunde Rivalität unter Geschwistern, bei der ich in der Mitte stand. Der einzige Unterschied war, dass meine Mutter an ihrem Geburtstag dabei war, und sie hüpfte durch alle fünf Bezirke und jubelte sogar noch mehr als die Super-Fans.

Ich fühlte mich gut und dachte, dass ich die Zeit von Onkel Jr. um ein paar Minuten unterbieten würde, als ich mich der letzten Meile näherte. Ich prahlte: "Ich werde eine Vier vor meiner Zeit haben." Ich schaltete mich in den Text-Thread zwischen meiner Mutter und Onkel Jr. ein. Ich schaute auf die Tribüne im VIP-Bereich und sah mein Team. Da ich wusste, dass meine Mutter das Rennen in Chicago nicht wiederholen wollte, bezahlte ich für die Plätze im Zielstadion. Die Tribüne ist nach dem Vorbild einer Highschool-Tribüne gebaut und umgibt die letzten vierhundert Meter, eine auf jeder Seite, so dass die Zuschauer sich hinsetzen können, um alle Läufer zu sehen. Das Gefühl, das ich hatte, als ich vorbeilief und winkte, machte mir Angst. Mein erster Gedanke war, dass die Familien der Opfer des Bombenanschlags auf den Boston Marathon ihren Angehörigen gewunken haben, als sich das Unglück ereignet hat. Ich drückte mir das Herz zusammen und betete, dass meine Familie und meine Freunde sich bald wieder sehen würden, wenn der Tag erst einmal vorbei sein würde.

Beim Überqueren der Ziellinie warf ich einen Blick auf meine Uhr. Sie zeigte 4:59 an. Ich hatte den GOAT geschlagen.

^^^

Meine Feier zu Hause war zu Ende, und nun war es Zeit für die Feier des besonderen Tages meiner Mutter. Im Keens Steakhouse bestellte ich traditionsgemäß Steaks für alle. DJ brachte eine Geburtstagstorte mit. Meine Mutter, die nie trinkt, trank ein Glas Armand de Brignac - ein französischer Champagner, der Möet

Hennessy Diageo und Mr. Shawn Carter alias Jay-Z gehört. Sie wollte sich zu diesem freudigen Anlass einen Hauch von Luxus und Dekadenz gönnen.

Wie es Tradition ist, nahm ich mir den nächsten Tag frei. Meine Mutter und ich spazierten durchs Viertel, sie in ihrem Marathonpullover 2016, ich mit meiner Marathonmedaille 2017. Drei Blocks weiter trafen wir den Admiral: NBA-Champion und Ex-Center der San Antonio Spurs, David Robinson. Wie kann man einen Mann übersehen, der im wahrsten Sinne des Wortes zwei Meter groß ist? Er war in den neunziger und frühen achtziger Jahren einer der Lieblingsbasketballspieler meines Onkels Jr. "Können wir ein Foto machen?" Mit einem Lächeln auf den Lippen sagte er: "Natürlich.

Auch ich fühlte mich an diesem Tag wie ein Champion. Nicht, weil ich einen überlebensgroßen Champion getroffen habe, sondern weil ich mein Versprechen eingelöst habe, ein schwarzer Marathonläufer zu sein, die nicht nur eine Inspiration für die nächste Generation schwarzer Marathonläufer ist, sondern auch für diejenigen, die mir am nächsten sind. Mir ist alles gelungen, was ich mir vorgenommen hatte.

Nächster Halt: Philadelphia.

Kapitel 18
Das Nicken.

Ich konnte nicht aufhören, über das Nicken nachzudenken, als ich nach dem ersten Marathon nach Philadelphia zurückkehrte. Ich hatte eine Reihe von Fragen im Kopf: Warum Philadelphia? Warum ich? Oder haben alle schwarzen Läufer die Anerkennung von den anderen schwarzen Läufern bekommen? Warum hat sich nichts geändert?

Vielleicht verstehen viele Amerikaner nicht oder wissen gar nicht, warum wir unsere Köpfe heben und senken, um einander zu bestätigen, dass wir hier sind. Gewöhnlich geschieht das unter Schwarzen und ist eine Art, einige Dinge zu verstehen: "Ich sehe dich." "Du bist in Sicherheit." "Ich stehe hinter dir." Oder "Toll, ich bin nicht der Einzige."

Warum können wir nicht einfach Feiern wie alle Anderen und Anstoßen mit Gläsern? Prost, salud oder mazel tov? Das tun wir doch auch. Aber das ist es, was fast alle anderen auch tun. Wir brauchten etwas für uns, von uns. Wir brauchten etwas, um dem Anderen heimlich ein Zeichen zu geben, ein Nicken, um zu sagen: "Ich habe dich im Blick", auch wenn dich sonst niemand sieht.

Laufen mag einfach erscheinen. Bis zu einem gewissen Grad ist es das auch. Dennoch gibt es Risiken - vor allem für schwarze Läufer - von denen viele für weiße Läufer nicht existieren. Schwarze Läufer konzentrieren sich bei Langstreckenläufen oft sehr stark auf ihre Umgebung und bemühen sich bewusst und manchmal mühsam, rassistische Stereotypen zu überwinden, sich anzupassen und andere zu beruhigen. Laut Runner's World tragen schwarze Läufer zur Vermeidung potenzieller Konflikte T-Shirts ihrer Universität, als wollten sie sagen: "Ich war auf dem College. Erschießt mich nicht". Die Läufer dürfen nur in gut beleuchteten Bereichen laufen und den Passanten mit einem Lächeln zuwinken, als wollten sie sagen: "Ich komme in Frieden". Das kann anstrengend sein. Die wenigsten weißen Läufer verstehen das. Sie drängen schwarze Sportler in eine weitere Isolation. Oder sie laufen einfach nicht.

Ich sprach mit einem weißen Mann aus Chestnut Hill auf der Messe in Philadelphia. Er prahlte: "Wenn ich draußen laufe, dann fühle ich mich so frei, dann kann ich die frische Luft im Park einatmen und das viele Grün sehen", sagte er.

"Ja", antwortete ich, "aber ich laufe nur am Renntag draußen."

Er schaute mich fragend an, aber ich wusste auch nicht, was ich sagen sollte. Ich war mir nicht mehr ganz sicher, nachdem ich über schwarze Läufer gelesen hatte. War es, weil ich noch eine Rechnung vom Fitnesscenter Equinox auf meiner Kreditkarte habe? Oder sagte mir mein Unterbewusstsein, dass es sicherer sei, in der Halle zu laufen?

Also machte ich mich im Internet auf die Suche nach Themen wie "Gesundheit", "Schwarz" und "Laufen". Ich hatte keine Ahnung, dass es Organisationen gibt, die sich um die Gesundheit und das Wohlbefinden von schwarzen Langstreckenläufern kümmern. Viele dieser Athleten, insbesondere Langstreckenläufer, setzen sich für mehr Vielfalt und Ressourcen im Gemeinwesen ein. Organisationen zur Unterstützung Schwarzer Langstreckenläufer sind ein wesentlicher Bestandteil dieser Initiative - und ein Mann ist besonders entschlossen, sie Wirklichkeit werden zu lassen. Tony Reed hat einen beeindruckenden Lebenslauf. Er ist ein bekannter Langstreckenläufer und Mitbegründer der National Black Marathoners' Association (NBMA). Er ist Mitglied der National Black Distance Running Hall of Fame. Unter anderem ist er der erste Schwarze, der Marathonläufe auf allen sieben Kontinenten absolviert hat. Es ist klar, dass Reed viel in seine eigene Laufkarriere investiert. Die Tugenden der NBMA bei anderen Langstreckenläufern und Interessenvertretern zu fördern und die Geschichte des schwarzen amerikanischen Langstreckenlaufs mit der breiten Öffentlichkeit zu teilen, ist jedoch seine Priorität. Als älteste und größte gemeinnützige Organisation schwarzer amerikanischer Langstreckenläufer steht die NBMA allen offen, unabhängig von ihren läuferischen Fähigkeiten oder ihrer Marathonerfahrung. Dass 40 Prozent der Mitglieder noch nie einen Marathon gelaufen sind und viele lieber gehen als laufen, ist auf der Website der Organisation nachzulesen. Schließlich möchte die NBMA die Mitglieder der schwarzen Gemeinschaft zu einem gesunden Lebensstil durch Langstreckenlauf und Walking ermutigen. Die Läufer treffen sich in großen Gruppen bei Marathonläufen im ganzen Land. Ziel der Organisation ist es zwar, die Leistungen der schwarzen amerikanischen Läufer zu feiern, aber das Hauptziel der Organisation ist die Erleichterung des Zugangs zum Laufsport.

Die NBMA vergibt Stipendien an schwarze Langstreckenläufer im Highschool-Alter und hat bisher mehr als 50.000 Dollar an Fördergeldern vergeben. Ich hatte sie bei keinem der Rennen, an denen ich teilgenommen hatte, gesehen. Aber jetzt hielt ich Ausschau nach einem T-Shirt oder einem Schild.

Philadelphia war schon immer eine Stadt, die mir ans Herz gewachsen ist. Aber ich vermisse die Realität der dunklen, düsteren Leere in Straßen wie der Lehigh Avenue und der West Oakdale Street, als ich nicht mehr an den Wochenenden nach Philadelphia fahren konnte. "In der Angst fühlt man sich unheimlich", sagte Heidegger. Vielleicht war ich nicht in der Lage, mir die Vorurteile vorzustellen, mit denen Juden, Schwarze und Italiener Ende des 19. Jahrhunderts in South Philly konfrontiert waren.

Heruntergekommene Stadtviertel sind keine idealen Orte, um für einen Marathon zu trainieren. Der Zugang zu Laufgemeinschaften und zu Ressourcen in einem gesunden Umfeld ist von entscheidender Bedeutung. Warum Organisationen für schwarze Langstreckenläufer so wichtig sind, ist nur einer der Gründe. Schwarze Erwachsene in den USA sind laut der Studie "The State of Obesity: Better Policies for a Healthier America" 1,5-mal häufiger fettleibig als ihre weißen Altersgenossen. Zudem sind mehr als 75 Prozent der Schwarzen übergewichtig oder fettleibig, aber nur 67,2 Prozent der Weißen. Die Sterblichkeitsrate durch Herzkrankheiten und Schlaganfälle ist bei Schwarzen fast doppelt so hoch. In der Stadt Philadelphia gaben mehr als 40 Prozent der schwarzen Bevölkerung an, fettleibig zu sein. Dies zeichnet ein schockierendes Bild der gesundheitlichen Ungleichheiten. Deshalb sind Organisationen für schwarze Langstreckenläufer so wichtig, um die Gesundheitssituation zu verbessern.

Zwei Wochen zuvor hatte ich in New York City zum ersten Mal T-Shirts mit der Aufschrift "Schwarze Männer lauft" und "Schwarze Frauen lauft" gesehen. In Philadelphia habe ich jedes Mal mit dem Kopf genickt, wenn ich einen anderen schwarzen Läufer gesehen habe, und ich habe noch lauter gejubelt, wenn ich diese Gruppen gesehen habe.

Zuerst war da eine große Gruppe von Frauen. Sie trugen T-Shirts, Hüte und Taschen mit Slogans. Sie haben alle angefeuert. Aber als ich vorbeilief, schrien sie: "Schnappt sie!", rief eine Frau.

"Ich versuche es ja", sagte ich und keuchte ein wenig, als ich mich mitten im Schritt befand. Ich versuchte es wirklich. Ich war da, um ein Gefühl für die Landschaft des Marathons zu bekommen und für die Menschen, die dabei sein durften.

Ich traf die Männer bei der fünften Meile. Sie waren ganz in Schwarz gekleidet. In großen roten Buchstaben stand der Name ihrer Gruppe: Black Men Run. Ich klatschte einen Mann ab. Ein anderer rief: "Ich sehe dich, Bruder!" Dann nickten zwei Männer fast unisono mit stoischen Gesichtern, in denen sich Stolz verbarg, zu mir herüber. Jetzt verstand ich. Das waren schwarze Studentenverbindungen. Die Gruppen waren zwar getrennt, aber gemischt zusammengesetzt. Männer, Frauen, Latinx und Weiße, die alle ihre Unterstützung zeigten.

Auch wenn es sich beim Langstreckenlauf um einen Einzelsport handelt, so basiert er doch auf Kameradschaft und Gemeinschaft. Man trainiert zusammen, läuft in Gruppen, sucht Rat und Anleitung (oder einfach jemanden, dem man sich anvertrauen kann). Sowohl Männer als auch Frauen sind gut beraten, sich Organisationen anzuschließen, die sich ausschließlich dem schwarzen Langstreckenlauf widmen - und genau hier kommen gemeinnützige Organisationen wie Black Men Run und Black Girls RUN! ins Spiel.

"Brotherhood, Unity, Health" (Brüderlichkeit, Einheit, Gesundheit) heißt es auf der Homepage der Organisation, denn das Ziel von Black Men Run ist nicht die Ausbildung zukünftiger Olympioniken (obwohl alle willkommen sind), sondern die Förderung der allgemeinen Fitness und einer Kultur des Laufens. Das Team, das hinter der Organisation steht, ist davon überzeugt, dass Laufen und Joggen dazu beitragen können, die Ungleichheiten zwischen weißen und schwarzen Amerikanern in Bezug auf Gesundheit und Fitness zu verringern und gleichzeitig afroamerikanische Männer zu ermutigen, sich sportlich zu betätigen. Die Organisation weist darauf hin, dass die Forschung zwar die körperlichen Vorteile des Langstreckenlaufs herausstellt, dass der Sport aber auch den Geist schärfen, das Selbstvertrauen stärken und Stress reduzieren kann - alles Dinge, von denen die Gemeinschaft der schwarzen Männer profitiert.

Die Organisation wurde von den Langstreckenläufern Jason L. Russell und Edward Walton mitbegründet. Frieden, Klarheit und Gemeinschaft sind einige der Gründe, warum sie jeden Tag laufen. Ziel der Männer ist der Aufbau einer Gruppe schwarzer Männer, die sich für die Pflege und Förderung eines gesunden Lebensstils einsetzen.

Mit dem Vorurteil, dass schwarze Frauen nicht laufen, wollte auch Toni Carey aufräumen, die 2009 Black Girls RUN! gründete. Sie ist sich der Epidemie der Fettleibigkeit bewusst, mit der die schwarze Gemeinschaft zu kämpfen hat, und sie ist zu Recht der Meinung, dass Ermutigung, Ressourcen und der

Apropos Laufen 183

Zugang zu einer Gemeinschaft von Läufern helfen können. Genau wie Black Men Run unterstützt Black Girls RUN! schwarze Frauen bei der Integration eines gesunden Lebensstils in ihren Alltag. Carey hofft, dass sie durch Laufen, Bildung und soziale Kontakte einen Beitrag zur Verringerung der Zahl der Frauen mit chronischen Krankheiten und Gewichtsproblemen leisten kann, die durch einen sitzenden Lebensstil bedingt sind. Menschen von überall auf der Welt haben die Möglichkeit, der Community beizutreten, sich für den Newsletter anzumelden, in die empfohlene Ausrüstung zu investieren und sich mit anderen Mitgliedern digital zu vernetzen. Die Community bietet zahlreiche Ressourcen, von Treffen und Botschafterprogrammen bis hin zu Tipps, wie man die Inflationskosten ausgleichen und gleichzeitig Lauftraining absolvieren kann.

^^^

Es fühlte sich so schwer an, als hätte ich fünfzig Pfund mehr auf dem Kopf und in meinem Herzen. Als ich über diese Gruppen, diese Gemeinschaft und die ganze Laufkultur nachdachte, rasten meine Gedanken. Wie windig es auf dem Kelly Drive war, bemerkte ich kaum. Ich wusste nicht, was sich schneller bewegte: die Visionen der Logos dieser Gruppen in meinem Kopf oder meine Füße, die versuchten, diesen Marathon zu schaffen. Beim Blick auf die Uhr hatte ich den Eindruck, dass ich ganz gut im Rennen war. Es war ein Kinderspiel von der achtzehnten bis zur neunzehnten Meile.

Zumindest redete ich mir das ein. Etwa eine Viertelstunde vorher hatte ich Andrea eine SMS geschickt, dass ich buchstäblich Magenkrämpfe hätte. Von einem Mann, der immer weiß, wo

Fünfsternehotels sind, weil sie die saubersten Toiletten haben. Ich hasse das Benutzen öffentlicher Toiletten so sehr, dass mir schon der Gedanke daran den Tag versaut. Ich scherze immer: "Der Tag, an dem ich ein Dixi-Klo benutzen muss, ist der Tag, an dem ich mit dem Laufen aufhöre, weil ich dann aufgeben muss."

Immer wieder wiederholte ich in meinem Kopf: Du darfst nicht aufgeben, du darfst nicht aufgeben. Und plötzlich wurde mir klar, dass das, was ich getan hatte, um mich auf andere Gedanken zu bringen, keine 7,2 Kilometer lang halten würde. Bei Kilometer 20 rief ich Andrea an. "Wenn ich die mittlere Latrine benutze, ist es die am wenigsten benutzte... richtig?"

Ich hörte eine Pause und dann ein schelmisches Kichern. "Das ist wie in Der Preis ist gerechtfertigt, Charles. Was ist hinter Tür Nummer vier?", scherzte sie.

Ich wusste nicht, wie ich mich fühlen sollte. Ich hatte das Gefühl, ich könnte weinen, aber ich brauchte die kostbare Flüssigkeit für meinen Flüssigkeitshaushalt. Also tat ich es nicht. Ich wollte schreien. Aber es kam nichts heraus. Ich war zu nah dran, um aufzugeben, und ich fühlte mich auch in jeder anderen Hinsicht gut.

Ich zückte mein Handy. Mir wurde klar, dass die Ziellinie näher war als die Toilette im Four Seasons Hotel. Wenn ich aufgeben würde, gäbe es niemanden, der mich verstehen oder mit mir Mitleid haben würde - mich eingeschlossen. Ich lief weiter. Aber mein Magen knurrte. Es war, als würde mich jeder Schritt einem Vulkanausbruch näher bringen.

Ich sah ein Starbucks. Ich ging hinein. Die Schlange vor den Toiletten war voll mit Leuten, die sich ansahen; zumindest wusste ich, dass keine Läufer dort waren. Ich hatte keine Zeit zu verlieren. Ich verkündete wie ein Ansager bei einem Flyers-

Spiel: "Ich laufe den Marathon und muss auf die Toilette."

Wie Moses teilte sich die Schlange und ich wurde an die Spitze befördert.

Später rief Andrea an, um nach mir zu sehen. "Geht es dir gut?"

Ich gab ihr die gleiche Pause, die sie mir gegeben hatte. "Ich bin ein Tough Mudder!"

Mit einem Lachen im Gesicht hatte sie das Gefühl, dass ich wieder auf dem Weg war. Den Nachmittagstee hatten sie und ihre Mutter gerade beendet. Ich freute mich, dass ihre Mutter zum dritten Mal in ihrer Heimatstadt an einem Rennen teilnahm. Meine Schwiegermutter war sehr klug, denn sie war in Philadelphia geboren und aufgewachsen. Ich erinnere mich noch daran, wie ich an der Penn Station auf sie wartete, wenn sie mit dem Amtrak ankam - mit dem Rücken zur Wand, die Augen auf den Bahnhof gerichtet und die Hand fest um ihre Handtasche geklammert. Mit Arline war nicht zu spaßen; wenn man ihr die Tasche wegnehmen wollte, musste man ihr direkt in die Augen sehen. Vor Wölfen musste sich Andrea, die in Wilmington, Delaware, aufwuchs, nie in Acht nehmen.

Eines Tages waren Andrea und ich in Peking, China, und ein cleverer Riksha-Fahrer entdeckte eine frische und leichte Beute - uns. Es waren ungefähr 108 Grad, leicht. Andrea stöhnte: "Lass uns einfach mit der Riksha zur U-Bahn fahren."

Aber ich fühlte mich nicht wohl mit ihm. Während der ganzen Fahrt habe ich immer wieder auf Google Maps geschaut. "Du fährst in die falsche Richtung", sagte ich immer wieder.

Er hat mich ignoriert, während Andrea zu mir gesagt hat: "Sei doch nicht so coupe de ville". Er meinte, ich sei zu hochnäsig, um mitzufahren.

Er verlangte 300 Dollar, als wir endlich ankamen, immer noch eine Viertelmeile von der Metrostation entfernt und zwanzig Minuten länger als geplant.

Ich wandte mich Andrea zu und sagte: "Deine Mutter kommt aus Philadelphia." Ich warf ihm fünf Dollar zu und wir gingen.

Arline entschied sich für eines ihrer Lieblingsrestaurants, Dante & Luigi's, ein sehr gutes italienisches Restaurant. Während des Abendessens nach dem Marathon haben wir oft in Erinnerungen geschwelgt - an den Lauf, an das Erlebnis und natürlich auch an die Medaille. Wie es der Zufall wollte, war diese Medaille im wahrsten Sinne des Wortes eine Miniaturausgabe der Freiheitsglocke. Ich versuchte, sie zu läuten, aber sie gab keinen Ton von sich. So stumm wie das Nicken all der Läufer, die mir vor einem Jahr zugenickt haben und die mir auch heute zugenickt haben.

Was war in Philadelphia so anders? Was war es an der Kultur, an der Gemeinschaft, an den Erfahrungen, die sie dazu gebracht haben, mir zu zeigen, dass sie mich sehen? Die Stadt der brüderlichen Liebe hat mich wirklich beeindruckt. Die Tatsache, dass ich am Ende des Rennens einen persönlichen Rekord aufgestellt habe. Zu sagen, dass mir meine Zeit nichts bedeutet hat, ist eine Untertreibung. Ich habe nur darüber nachgedacht, ob ich mein Ziel erreicht habe. Das hatte ich nicht. Von den sechs Abbott World Marathon Majors war ich nur noch zwei Marathons entfernt. Nur London und Tokio fehlten noch.

Kapitel 19
Hitzewelle.

Wenn ich daran denke, dass ich 2016 zum ersten Mal in Miami war, ist das verrückt. Ich war mit Michael, Alessandro, Max und ein paar anderen Jungs für Michaels Junggesellenabschied dort. Wir hatten viel Spaß. Selbst als ich ihnen sagte, dass wir nicht in dieser Stadt sein könnten, die so reich an Kultur ist, ohne das Pérez Art Museum Miami und das Rubell Museum zu besuchen, protestierten sie zwar ein wenig, aber sie waren von den Sammlungen überwältigt. Später in diesem Jahr kehrte ich nach Miami zurück, um die Art Basel Miami Beach zu besuchen – das erste von vielen Malen. Im Januar 2018 war ich ein Profi in Dade County.

Achtzig Grad hatte ich nicht erwartet, so unvermeidlich sie auch sein mögen. Oder zumindest hatte ich gehofft, dass es keine achtzig Grad werden würden. Heute würde es eine Premiere geben. Die Auswirkungen der Hitze auf das Rennen am Wochenende wurden zum ersten Mal auf der Messe diskutiert. Der Klimawandel führt weltweit zu mehr Hitzewellen. In vielen Regionen werden die Sommer länger und heißer. Der allmähliche Temperaturanstieg und die Zunahme lang anhaltender Hitzewellen stellen eine enorme Belastung für unseren Planeten dar.

In den Wochen vor dem Rennen habe ich mich voll und ganz auf die Flüssigkeitszufuhr konzentriert. Ich habe immer mehr Nuun genommen und Hammer Endurolytes dazu. Uns Schwarzen wurde immer gesagt, dass eine natriumreiche Ernährung eine der Hauptursachen für Bluthochdruck, Herzerkrankungen und Schlaganfälle ist - alles Krankheiten, von denen Afroamerikaner besonders häufig betroffen sind. In den letzten Monaten habe ich gelernt, dass zumindest für Ausdauersportler, die in heißer Umgebung trainieren, eine hohe Natriumzufuhr der beste Freund ist. Ich habe sie nicht in mich reingestopft wie Gummibärchen. Aber ich habe vorsichtshalber nur die Hälfte der empfohlenen Menge eingenommen. Da ich wusste, wie mein Körper auf extreme Hitze reagiert, konnte ich davon ausgehen, dass ich das Kühlsystem meines Motors ausgleichen musste.

Abgesehen von den Umweltproblemen, die diese Hitzewellen mit sich bringen: Extreme Hitze birgt auch eine Reihe körperlicher Risiken für Erwachsene. Da unser Körper eine konstante Kerntemperatur von 98 Grad haben sollte, sind Hitzewellen selbst für die gesündesten Menschen problematisch. Deshalb liegen die idealen Temperaturen während eines Marathons zwischen vierzig und fünfzig Grad.

Vereinfacht ausgedrückt: Wenn die Körperkerntemperatur eines Erwachsenen zu hoch wird, vor allem bei hochintensiven Sportarten wie Langstreckenläufen, kommt es zu gesundheitlichen Problemen. Organe und Enzyme können dann versagen, und langfristig können Nieren- und Herzprobleme oder sogar Hirnschäden auftreten. In der Regel planen die Veranstalter ihre Veranstaltungen für eine Jahreszeit, in der die Temperaturen in der Stadt am günstigsten sind. In New York ist das zum Beispiel im Herbst der Fall, in Boston im Frühjahr, und so ist es nur logisch, dass Miami seine Rennen im Winter austrägt. Experten sind sich einig, dass der Mensch Hitze und Kälte nur bis zu einem gewissen Grad ertragen kann, aber jeder sollte seinen Körper und seine Reaktion auf bestimmte Temperaturen kennen. Ich weiß, wenn ich der Sonne ausgesetzt bin und die Temperatur über achtzig Grad steigt, fühle ich mich nicht wohl. Diese Faktoren hören sich an wie ein entspannter Spaziergang durch das Tal des Todes in Kalifornien.

Ich erinnere mich noch gut an meine erste Reise nach Miami. 2016 bat mich Michael, ihm bei der Planung seines Junggesellenabschieds zu helfen, an dem auch Max, Alessandro und Ryan teilnehmen sollten. Später, aber nur zum abschließenden Steak-Dinner, sollte Michaels Bruder dazukommen. Ich hatte mich aus zwei Gründen für Miami entschieden: Es war für alle leicht zu erreichen und ich war noch nie dort gewesen. All die Jahre, die ich in New York lebte, sprachen alle meine Freunde davon, im Winter in den Süden zu fliegen oder nach Miami, weil es so schnell geht, aber ich war nie dort gewesen.

Wir gingen an den Strand, shoppten im Design District, besuchten ein oder zwei Museen und schlenderten den Ocean Drive auf und ab. Wir haben uns alle in Rom kennen gelernt. Und natürlich gibt es nichts Vergleichbares, als in eine zufällige Kirche zu gehen, ein Originalgemälde von Caravaggio oder eine fünfhundert Jahre alte Skulptur von Michelangelo zu sehen und während des Spaziergangs durch die Stadt darüber zu diskutieren, wer den Meißel besser geführt hat: Bernini oder Borromin. Aber auch die Sammlungen des Rubell Museums, von de la Cruz und Pérez gibt es in Miami. Ich bin sicher, dass uns eine Installation von Kusama oder ein Bild von Koons gefallen würde. Das war ein großes Highlight, wir alle lieben Kunst. "Das war toll, Charles, aber wann kriegen wir was zu trinken?" stichelte Ryan.

Okay, wir mochten alle Kunst, aber wir sollten die Hochzeit unseres guten Freundes feiern.

Die beste Erinnerung an dieses fünftägige Wochenende ist die Nacht, in der wir nach einem späten Abendessen in den Club gingen. Als wir um 9 Uhr morgens endlich aufbrechen wollten, zerrte ich sie zur Tür hinaus, nur um festzustellen, dass sich immer noch eine Schlange vor dem Eingang bildete. Am nächsten Tag waren wir völlig erschöpft - (nein!) - und hielten unsere Zeigefinger am Pool in die Luft. Wir verlangten nach mehr Wasser, um uns von den Feierlichkeiten des Vorabends zu erholen.

^^^

Der Wettkampf begann pünktlich um sechs Uhr morgens. Der frühe Start war ideal, denn man wollte ja vor der heißesten Zeit des Tages am Nachmittag im Ziel sein. "Pass auf den Wind auf", sagte ein Läufer zu meiner Linken.

Ein anderer Läufer zu meiner Rechten meinte: "Der Wind lässt es kühler erscheinen, als es ist.

Als ich meinen Blick nach vorne richtete, sah ich, dass jemand in offizieller Kleidung ein Warnbanner in Form einer Träne entrollte: von mittel bis hoch. Bisher waren bei fast allen

Läufen, an denen ich teilgenommen hatte, die grünen Banner stolz aufgehängt worden, wie Autoaufkleber, die signalisieren, dass die Bedingungen ausreichen, um zu laufen. Ich hatte sogar schon die gelben gesehen, die anzeigten, dass die Bedingungen nicht ideal waren, und die manchmal mit der Aufschrift versehen waren: "Seien Sie auf schlechtere Bedingungen gefasst". Aber das schwer zu fassende Symbol in der Farbe Himbeere, das auf potenziell gefährliche Bedingungen hinweist, hatte ich noch nie zuvor gesehen.

Ich war nicht nervös. Aber ich wollte, dass die Gruppe von Läufern, die neben mir plauderte, leiser wurde. Auch mich beeinflusste das Gerede darüber, wie nervös sie waren. Ich geriet in Panik - drei Wände kamen auf mich zu und der einzige Ausweg war die Umkehr und der Rückweg ins Hotel. Es war, als würde ich das Rennen aufgeben, weil mir zu heiß wurde. Ohne die vierte Wand, die mich umgab, würde ich mich der Hitze in Miami nicht kampflos ergeben.

Zu Beginn des Rennens erhielt ich eine SMS von meinem Freund, der mich Mr. Ferrari nannte. Nicht weil ich im Besitz eines Ferraris bin, sondern weil ich schon viele Marathons gelaufen bin. Die Nachricht lautete: "Einen Ferrari kann man nicht überhitzen.

Also sollte ich besser hydriert bleiben.

Der Lauf startete in Downtown Miami. Die Strecke führte über den 5 km langen MacArthur Causeway direkt nach South Beach. Die Läufer hielten ihre Arme hoch und sahen aus, als würde Winfrey Geschenke an ihr Publikum verteilen: "Du bekommst eine Marathon-Medaille! Du bekommst eine Marathon-Medaille! Jeder bekommt eine Marathon-Medaille!" Auf dem Weg zur Strandseite der Stadt stampften wir mit den Füßen gegen die sechsspurige Metallplatte.

Ein Läufer neben mir seufzte: "Ah, ich liebe diese Brise". In Gedanken war ich wieder bei den Läufern neben mir am Start. "Pass auf den Wind auf", warnte ich sie. "Er wird dich glauben lassen, dass es kühler ist, als es ist." Ich fühlte mich wie Bernie Lootz aus dem Film "The Cooler". Er hilft allen auf die Sprünge.

Mit Blick auf Yachten, Strandhäuser und Kreuzfahrtschiffe ist die Brücke lang und malerisch. Nachdem ich die drei Kilometer lange Brücke hinter mir gelassen habe, bin ich endlich am Strand angekommen.

Wie der Jubel der Zuschauer klatschten die Absätze der Läufer auf den Beton. Als wir den Strand überquerten, trafen wir auf Männer und Frauen, die gekleidet waren, als kämen sie gerade von einer Disco-Party. Es war kurz nach 9 Uhr morgens. Der Blick in ihren Gesichtern war genauso erschüttert wie der unsere; ihre Nächte waren zu Ende, während unsere Tage gerade erst begannen. Die Partygänger verließen die Clubs, als wir um die Ecke auf den Ocean Drive bogen.

Ich war damals schon ein paar Mal in Miami gewesen. Wegen einer Kunstmesse war ich erst vor wenigen Wochen dort gewesen. Die internationale Kunstmesse Art Basel fand damals schon seit über einem Jahrzehnt in Miami Beach statt. Zu dieser Veranstaltung, auf der einige der größten Geschäfte des Jahres gemacht wurden, kamen jedes Jahr Kunstmäzene und Galerien aus allen Kontinenten. Die Besucher hatten die Möglichkeit, die neuesten Trends zu entdecken und die bekanntesten Namen unter den lebenden Künstlern zu treffen.

Meine Mutter, die erste Kunstsammlerin, der ich je begegnet bin, hat mich als Schüler zu lokalen Messen und Festivals mitgenommen, um dort Bilder und Druckgrafiken auszusuchen, die unsere Wände mit ihrer Version der schwarzen Erfahrung dekorieren sollten. Zu dieser Zeit entwickelte sich meine Vorliebe für Kunst eher beiläufig, aber ich war noch nicht in der Liebe mit der Kunst. Während meines Studiums besuchte ich das Detroit Institute of Arts, wenn ich in den Ferien nach Hause kam. Aber als ich 2005 nach New York kam, war ich kulturhungrig. Im Metropolitan Museum of Art, im Whitney Museum of American Art und im Museum of Modern Art habe ich unzählige Stunden verbracht. Eine Lektion über die alten Meister hatte mir meine Zeit in Europa erteilt. Von 2009 bis 2012 bin ich viel gereist, habe über fünfzig Museen besucht und mehr über Epochen, Pinselstriche und Biografien gelernt.

Angefangen mit dem Sammeln von Kunst habe ich im Jahr 2012 auf einer Reise nach Boston. Als ich das Institute of Contemporary Art besuchte, schlenderte ich durch den Souvenirshop und kaufte einen limitierten Druck von Shepard Fairey für 50 Dollar. Von da an war ich besessen zu sammeln. Ich verschlang Bücher und Dokumentationen über Künstler. In Online-Journalen habe ich Marktberichte und Nachrichten gelesen. Ich war wirklich inspiriert. Aber erst 2017, als ich einen Kunstberater traf, änderte sich mein Leben. Ich hörte auf, Drucke und Editionen zu sammeln, und Originalgemälde und Skulpturen schmückten meine Wände. Ich verlangsamte meine Ankäufe fast bis zum Stillstand. Ich kaufte selektiv und nicht mehr aus dem Bauch heraus. Manche fahren nach Miami, um dem kalten Winter zu entfliehen; ich fahre nach Miami, um mich von der Kunstszene anstecken zu lassen.

^^^

In meinem Kopf begann sich die Zahl 81 festzusetzen. Dass ich Andrea eine Weile nicht sehen würde, war mir klar. Der Start des

Rennens war zu früh und wir waren auf der Seite des Festlandes. Als ich den Strand verließ und mich der Verpflegungsstation auf Belle Isle näherte, wurde es richtig heiß. Wenn Philadelphia mein persönlicher Rekord war, dann würde Miami auf jeden Fall mein schlimmster werden. Mein Kopf fühlte sich an, als würde er schweben. Der Schweiß verließ meinen Körper schneller als die Bälle die Schläger auf Miamis Tennisplätzen. Beim Öffnen meines Rucksacks stellte ich fest, dass meine Salzstangen zum Schmelzen gebracht worden waren. Meine Endurolyte-Tabletten hatte ich bei Kilometer vier fallen lassen. Ich sagte mir, keine Panik.

Zum Glück gab es an der Tankstelle Bananen und Gatorade. Die große Krise war abgewendet. Aber ich musste genau wissen, wie viel Zeit mir noch blieb, bevor ich zusammenbrechen würde. Meine Ciele-Mütze schützte mich kaum vor der Sonne. Meine Beine waren jetzt in den Lululemon Strumpfhosen überhitzt. Aber wenigstens fühlte sich jeder Schritt in meinen HOKA Clifton 4s lässig an. Ich liebe es, wie die HOKA's gepolstert sind; es fühlt sich an, als ob man mit Kissen an den Füßen läuft.

Da ich mich fragte, ob ich die letzten 16 Kilometer durchhalten würde, verlangsamte ich mein Tempo auf ein zügiges Gehen. Als ich die Halbmarathonmarke erreichte, war mein Gedanke: "Wäre es nicht toll, wenn ich jetzt am Ziel wäre? Mentale Stärke ist für mich schwer messbar und ich habe keine Ahnung, wie man sie lehren kann. Ich weiß nur, dass es bei jedem Marathon, den ich bisher gelaufen bin, einen Moment gab, in dem ich mir gesagt habe: "Das mache ich nie wieder. In Miami habe ich mir das auf jeden Fall 26 Mal gesagt. Mein Nacken brannte von der Sonne. Meine Beine fühlten sich an, als würde ich im Hochsommer Schneehosen tragen. Und meine Magengrube ertrank vor Angst und bettelte nach mehr als GU Energy Chews und heißem Wasser. Gerechte Menschen laufen keine Marathons. Das war definitiv der Teufel, der gegen mich arbeitete.

Nach dem Marathon fühlte ich mich wie beim Vorsprechen für Ethan Hawke in Training Day. Denzel Washington hatte mich durch die ganze Stadt gejagt. Zum Dank bekam ich eine fette Goldmedaille. Ich war fertig. Ich wusste nicht, ob ich zum Feiern ins Fontainebleau's LIV oder zum Chillen ins Faena Hotel's Tierra Santa Healing House wollte. Aber ich brauchte eine Dusche. Erst dann fiel mir ein, dass ich vergessen hatte, meine Gleitcreme einzucremen, und jeder Wassertropfen, der meine Achseln und Oberschenkel berührte, war wie ein Angriff von Kugelameisen und kriegerischen Wespen.

"Was ist denn los?", fragte Andrea auf mein Stöhnen hin.

"Das Wasser brennt mir auf der Haut!"

Doch das war erst der Anfang einer Hitzewelle. Hotlanta, ein fester Bestandteil der Dirty-South-Hip-Hop-Szene, war die nächste Station.

Kapitel 20
Pandabären.

❝Welcome in Atlanta, Jackin' Hammer and Vogues", rappte Ludacris auf Jermaine Dupris' Album *Instructions von* 2001.
Das Waffelhaus habe ich auf dieser Reise im Gegensatz zu Luda nicht erreicht. Er hätte aber hinzufügen sollen "Where the sun is especially hot", denn an diesem Märzwochenende 2018 war es etwa dreißig Grad wärmer, als man für einen Marathon erwartet. Für eine Stadt mit dem Spitznamen Hotlanta war mir das bewusst und ich hatte es erwartet. Aber diese Hitze beim Laufen zu erleben, war nicht weniger schockierend für meinen Körper. Es war das erste Mal, dass ich nach Atlanta zurückkehrte, seit ich als Schüler an den nationalen Meisterschaften für AGLOA teilgenommen hatte.
   Es war, als ob ich die Stadt schon gekannt hätte. Mein Onkel Jr. hatte über zwanzig Jahre dort gelebt, der Zoo hatte Pandas (mein Lieblingstier), und zur Jahrtausendwende galt sie als

neues Motown. Auch wenn das nicht die wichtigsten Gedanken waren, die mir durch den Kopf gingen, habe ich viel über die Menschen nachgedacht. Die schwarze Gemeinschaft florierte finanziell, vor allem dank historisch schwarzer Colleges und Universitäten wie Spelman und Morehouse und Arbeitgebern wie Coca-Cola und Delta Airlines, die dazu beitrugen, Schwarze in die obere Mittelschicht zu katapultieren. Ich erwartete eine große schwarze Menschenmenge beim Marathon, die mit mir laufen und mich anfeuern würde. Um mich zu entspannen, ging ich in den Zoo von Atlanta.

Es ist unwahrscheinlich, dass du einen Panda siehst, wenn du durch deinen örtlichen Zoo gehst. Pandas gibt es nur in 26 Zoos in 20 Ländern. Diese Länder liegen entweder in direkter Nachbarschaft zu China oder haben gut finanzierte Zooprogramme. In den USA gibt es nur vier Zoos, in denen man Pandas sehen kann: Smithsonian National Zoo in Washington, DC, Atlanta Zoo, Memphis Zoo und San Diego Zoo Wildlife Alliance. Diese Liste wird immer kürzer, denn während ich dieses Buch schreibe, haben die Pandas San Diego verlassen.

Wer das Glück haben will, einen Panda in seinem Zoo zu haben: Es gibt einige Hürden. Erstens: China besitzt alle Pandas der Welt. Sie vermieten sie für bis zu 1 Million Dollar an Zoos und zahlen 400.000 Dollar, um die Jungtiere aufzuziehen, die aus einer erfolgreichen Paarung hervorgehen. Rechnet man die Kosten für Forschung und Entwicklung, Lebensraumpflege und die Gehälter der auf Pandas spezialisierten Zoologen hinzu, kommt man auf weit über 2 Millionen Dollar pro Jahr. Schon beeindruckt?

Ich war verwirrt, weil der Panda ein so majestätisches und beeindruckendes Tier ist, als ich durch den Zoo von Atlanta ging. Wenn man in seiner Nähe ist, kann man nicht anders, als die Sanftheit seines Charakters zu spüren. Die Art und Weise, wie er von einem Bambushalm zum nächsten schattigen Nest läuft und sich an der Einfachheit seines Lebens erfreut, um die Ruhe zu genießen, die sein Leben ausmacht. Die Gegensätzlichkeit seiner schwarz-weißen Züge konnte ich nicht übersehen. Die Farben waren nicht getrennt. Sie fügten sich auf harmonische Weise zu einem einzigen Körper zusammen.

Nach dem Besuch des Zoos war ich im High Museum of Art. Es ist ein Museum im Herzen der Stadt mit einer Sammlung von fast 20.000 Kunstwerken aus verschiedenen Epochen und Regionen. Auf dem Weg zum Museum fällt mir das Haus III auf. Es handelt sich um eine farbenfrohe Darstellung von Lichtensteins Serie von Häusern, die das Wesen des amerikanischen Vorstadthauses einfangen soll. "Montage erforderlich, weißer Lattenzaun separat erhältlich", sage ich zu einer Passantin. Meinen Scherz hat sie sofort verstanden. "Ja, wenn man zur Mittelschicht gehört und weiß ist", murmelte sie als Antwort.

Beim Eintreten hatte ich nur ein Ziel vor Augen: die Suche nach Kehinde. Zu diesem Zeitpunkt war Kehinde Wiley auch außerhalb der Kunstszene bereits ein Begriff. Sein Porträt des vierundvierzigsten Präsidenten der Vereinigten Staaten, das in der National Portrait Gallery hängt, machte ihn zu einem der wichtigsten Maler unserer Zeit. Doch er reiste um die Welt, lange bevor er die Säle einer der bedeutendsten Sammlungen der Smithsonian Institution schmückte. Eine dieser Reisen führte ihn nach Brasilien. Dort standen afro-brasilianische Männer im Mittelpunkt seines Schaffens. Eine dunklere Hautfarbe bedeutete in Brasilien wie in vielen anderen südamerikanischen Ländern, dass man weniger wert war. Wenn Wiley also Männer wie Thiago Oliveira do Rosario Rozendo für seine Arbeiten auswählte, brachte er sie auf die Weltbühne. Ich dachte darüber nach: Wie muss es sich anfühlen, einer der wenigen in Brasilien zu sein? Wie Andrew in London.

Beim Laufen eines Marathons habe ich oft das Gefühl, dass ich mich in die Lage eines jeden Pandas versetzen kann, der sich fragt, warum es so wenige wie ihn gibt. Ich bin daran gewöhnt, dass die Zusammensetzung jedes Marathons, den ich laufe, der Zusammensetzung jedes Marathons vor mir gleicht: Massen von Weißen, die am Rande der Strecke jubeln, und ein nicht endenwollender Strom von Weißen, die zu beiden Seiten von mir laufen. Ein paar Schwarze sieht man hier und da. Nicht gerade die Farbe eines Pandabären. Aber in Atlanta sollte es ja auch anders sein, oder?

Und ich suchte nicht nach einer einheitlichen Gruppe Schwarzer (oder gar überwiegend Schwarzer), sondern nach einer Repräsentation. Ich möchte meine Gemeinschaft stärken und von ihr gestärkt werden. Kultur besteht aus vielen Dingen - sich mit dem Geschlecht, der religiösen Gruppe, der gesprochenen Sprache, der Arbeitsgruppe, der rassischen Identität und so weiter zu identifizieren. Die Wahrheit ist, dass wir alle eine einzige Monokultur in uns selbst sind. Es wird keinen zweiten Charles Moore wie mich und keinen zweiten Menschen wie dich geben.

Während des Marathons fühlte ich mich gut vertreten als Mann, als gebildeter Mensch, als mehrsprachig (Englisch und Italienisch) und als Musikliebhaber - aber nicht so sehr als Schwarzer. Weil ich der metaphorische Marathon-Panda bin. Siehst du ihn in HOKA-Schuhen? Siehst du die weiß-schwarz gestreiften Läufer in Tracksmith-Kleidung? Kannst du dir vorstellen, dass wir alle so gesund sind wie er? Weiß mit ein paar schwarzen Flecken an den Knien und am Bauch sollte er nicht sein. Wie die Pandas im Zoo von Atlanta brauchte er eine gesunde Mischung.

Apropos Atlanta: Für dieses Rennen habe ich hart trainiert. Um locker zu bleiben, machte ich nach Miami ein paar kurze Läufe. Mein Onkel Jr. in Atlanta erzählte mir, dass er jeden Tag lief. Er hatte eine kleine Gruppe von Lauffreunden, mit denen er sich an den Wochenenden traf, um einen leichten 5 oder 10 km Lauf zu absolvieren. Atlanta war ein Ort, den Schwarze nicht besuchten, sie zogen hierher, sagte Jermaine Dupri. Anders als mein Onkel Jr. schien Atlanta, ein Ort, an dem Schwarze regelmäßig Machtpositionen in Regierung, Wirtschaft und Kunst einnahmen, der Ort zu sein, an dem sich der Trend ändern könnte. Vielleicht würde ich dort - wie an keinem anderen Ort in Amerika - in die Menge schauen und eine Haut sehen, die so aussieht wie die meine.

Ich irrte mich gewaltig.

Sogar in Atlanta war die Demographie des Marathons offensichtlich. Insofern fühlte es sich wie andere Marathons an. Aber dieses Gefühl brachte mich zum Nachdenken darüber, was Atlanta für die schwarze Gemeinschaft bedeutet.

In Atlanta hat man das Gefühl, dass man mit Menschen in Kontakt treten und etwas aufbauen kann, dass sich die sozialen und wirtschaftlichen Zwänge und Bindungen, die anderswo so tödlich sind, angesichts von so viel schwarzer Exzellenz, so viel schwarzem Wohlstand und so viel schwarzem Erfolg lockern. In anderen Städten wie Chicago und Brooklyn hat die Gentrifizierung einen Schatten auf das Erbe und die Traditionen der Schwarzen geworfen. Doch in Atlanta gedeiht die Gemeinschaft, weil das System so aufgebaut ist, dass es Unterstützung und Ressourcen bietet. In Atlanta hat unsere Jugend Zugang zu Bildung, aber was noch wichtiger ist, sie hat Zugang zu Vorbildern und zu florierenden Unternehmen, die von schwarzen Männern und Frauen geführt werden, die ihre Ausbildung in dieser schönen Stadt erhalten haben.

All diese Fakten gingen mir durch den Kopf, als ich mich auf den Start des Atlanta-Marathons vorbereitete. Mit meinem Besuch im Zoo von Atlanta schienen sie damals nichts zu tun zu haben. Dort hatte ich etwas getan, was nur in wenigen amerikanischen Zoos möglich ist: Pandabären in ihren großzügigen Gehegen zu sehen.

Bei den Pandas ist man nie allein. Das stimmt in zweierlei Hinsicht. Erstens, weil der Panda ein so beliebtes Tier ist, ist die Menge immer groß. Überall um einen herum stehen Einheimische und Touristen Schulter an Schulter. Mit der Ehrfurcht, die diesem pflanzenfressenden Bären gebührt, haben wir alle die Pandas beobachtet. Das zweite Gefühl ist die Ruhe, die die Pandas ausstrahlt und in der man nie allein ist. Selbst das Öffnen und Schließen ihrer Augen vollzieht sich mit der Anmut eines Läufers.

^^^

Nach dem Verlassen des Zoos in Atlanta waren die Pandabären in meinem Kopf immer bei mir und ich war in Gedanken bei ihnen, als ich mich an der Startlinie aufstellte. Ich dachte an sie und ihre Seltenheit und verband sie mit meiner eigenen Seltenheit auf der Strecke. Ich verknüpfte sie mit dem, was das Seltene nicht nur für mich, sondern auch für die schwarzen Kinder bedeutete: Wenn sie einen Panda sahen, hatten sie das Gefühl, sie gehörten nicht dazu, oder hatten sie das Gefühl, sie gehörten nicht dazu, wenn sie Erwachsene sahen, die wie sie aussahen? War es das Gefühl einer Anomalie oder das Gefühl eines wunderbaren Moments, der es wert ist, immer und immer wieder in Erinnerung zu bleiben?

In Atlanta wurde Black Men Run gegründet, eine der wichtigsten Organisationen zur Förderung des Laufsports unter schwarzen Männern. Ziel ihrer Initiativen ist die Normalisierung des Marathonlaufens in der schwarzen Gemeinschaft. Ihre Präsenz war spürbar, aber nur an wenigen Orten.

Die meiste Aufmerksamkeit galt dem Lauf vor mir auf dieser Strecke. Als ich an der Startlinie stand, dachte ich weder an Stress noch an Angst. Vielmehr war ich in der Lage, sie während des Laufens zu verarbeiten und zu überwinden. Mein Atem staute sich in meinen Lungen, meine Wangen brannten vom Schweiß, der aus meinem Körper sickerte, und ich weigerte mich, langsamer zu werden, obwohl meine Füße danach verlangten.

Als ich durch den Martin Luther King Jr. National Historical Park und weiter bis zur Jimmy Carter Presidential Library & Museum lief, gab es nur noch die Strecke und mich. Tausende andere Läufer waren nur noch ein Teil der Kulisse. Das ist Marathon, ein Sport, der dich dazu bringt, den Gedankenstrom loszulassen, der dir sonst unaufhaltsam durch den Kopf geht. An diesem Tag war ich froh über diese Atempause, denn ich war überrascht zu sehen, dass der Atlanta Marathon, obwohl er in Atlanta stattfand, viel stärker in der Gesellschaft aller Marathons verankert war, einer Gesellschaft, die in einem malerischen Teppich aus Farben und Formen verwoben war.

Überall hingen Banner mit Veranstaltungshinweisen:

Vorsicht ist geboten. Die anderen Transparente, die mir auffielen: Schilder, die von Zuschauern hochgehalten wurden. Eines hatte die Aufschrift: Wenn ein Marathon leicht wäre, wäre er deine Mutter. Auf einem anderen stand: Go Random Stranger. Als ich die sorgfältig ausgearbeiteten und (einigermaßen) kreativ gestalteten Worte auf den Schildern bemerkte, musste ich lachen. Ich ging immer im Vorbeigehen an diesen Schildern vorbei, aber irgendetwas an diesem Rennen veranlasste mich, die Augen zu öffnen und sie zu lesen. Und dann waren sie auch noch früh am Morgen aufgestanden, um an einem Sonntag stundenlang zu malen, zu trinken und dabei willkürliche Versionen der englischen Sprache vor sich hin zu brabbeln. Sie waren die wahren Helden!

Erst bei Kilometer zwanzig sah ich ein Black Men Run T-Shirt. Endlich, dachte ich bei mir. Auf meiner rechten Seite der Strecke stand eine Gruppe von etwa hundert Männern und Frauen. Ich verlangsamte mein Tempo und lief an ihnen vorbei. "Danke, dass ihr heute gekommen seid", rufe ich.

"Nein, Bruder, danke, dass du gelaufen bist", antwortete ein Mann.

Plötzlich rannte eine junge Frau in den Dreißigern, die ein T-Shirt von Spelman trug, auf mich zu mit den Worten: "Gut gemacht! Du hast es geschafft!" Ihre Energie war elektrisierend. Ich wusste nicht, ob sie mit mir laufen oder mich abklatschen wollte. Auf jeden Fall fühlte ich mich aufgeladen.

Der Black Men Run entstand in Atlanta nicht aus dem abstrakten Wunsch heraus, dass schwarze Männer laufen sollten, sondern als Antwort auf eine zentrale Frage: Wie können schwarze Amerikaner sichere Räume finden, in denen sie laufen können? Diese Frage ist von großer Bedeutung in einer Zeit, in der Ahmaud Arbery auf der Suche nach einem solchen Raum sein Leben verlor. Auch wenn wir noch an der Beantwortung dieser Frage in der Praxis arbeiten, ist die Realität klar: Schwarze Amerikaner werden sich beim Laufen sicherer und wohler fühlen, wenn mehr Schwarze Amerikaner mit dem Laufen beginnen, denn die Gruppe ist da, um unsere Präsenz zu bestätigen und zu validieren. Ich fühlte mich sehr stolz in dieser Ecke. Für den Rest des Tages hatte ich nicht mehr das Bedürfnis, Läufer oder Zuschauer zu zählen. Ich brauchte nur das zu sehen.

Der schwarze Reichtum in Atlanta, die Präsenz der Schwarzen auf der Strecke und die Pandas. Der Panda ist wie der Marathon selbst ein Symbol des Friedens. Er hat mich an diesem Tag dazu inspiriert, den Marathon als einen Weg zu sehen, den wir gemeinsam gehen können. Er ist ein einsames Tier, aber in seinem Fell, dachte ich, während ich zwischen der ersten und der 26. Meile nach Luft schnappte, ist die Schönheit, gemeinsam zu laufen, nicht zu leugnen.

Vielleicht finden wir diesen Wert eines Tages auch auf den Marathonstrecken von Atlanta nach Tokio und in jeder Stadt dazwischen. Wir Menschen können so viel von der Tierwelt lernen. Von den majestätischen Pandabären habe ich an diesem Tag so viel gelernt und mich sogar inspirieren lassen. Danach stand ein weiterer Marathon auf dem Programm, in einer Weltstadt, die damals einen der wenigen Zoos der Welt hatte, in dem ein Pandabär lebte: London.

Kapitel 21
Geschlagene Krieger.

Und dann war plötzlich Schluss. Mein Training ruhte für die nächsten vier Wochen nach Atlanta. Ich wusste nicht, warum ich mich nicht mehr bewegte. Meine Knie waren in Ordnung. Mein Herz pumpte normal. Und psychisch fühlte ich mich unglaublich erfolgreich. Irgendetwas war anders. Man sollte meinen, nach einem Marathon in Atlanta, Georgia, dem Pfirsichstaat, würde es mir gut gehen, aber nein.

Meine Muskeln schienen jeden Tag zu brennen. Meine Waden fühlten sich besonders heiß an, als hätte ich ein paar Bissen Carolina-Reaper-Paprika gegessen, aber das intensive Brennen war über meine Zunge und meinen weichen Gaumen hinausgegangen und hatte sich stattdessen in meinen Beinen gesammelt. Ich dachte, ich hätte eine Milchsäurevergiftung, die anscheinend von der unzureichenden Sauerstoffzufuhr während des Trainings herrührte. Begonnen habe ich mit meinen Nachforschungen erst zwei Wochen vor dem Start in London. In den meisten Artikeln, die ich las, war die Rede von einem Gefühl wie beim Trinken von Gift. Das fühlte sich zwar ähnlich an wie meine Erfahrung, aber das Gefühl sollte sich nach einer Weile legen.

Erst dann wurde mir klar, dass mein Körper das ganze Jahr 2017 gefühllos war, weil 365 Tage lang Adrenalin durch meine Adern gepumpt wurde. Ich war kurz davor, zusammenzubrechen. Der Körper von Charles Moore war offiziell in den Streik getreten, und meine Beine und Muskeln hatten den Streik angeführt.

Ich wusste nicht, was ich tun sollte. Es war das erste Mal, dass ich in der Zeit zwischen den Rennen ohne Training war. Ich habe mich nicht gedehnt. Ich bin keine Meile gelaufen. Ich habe nicht einmal eine Zehn-Pfund-Hantel gehoben. Ich ging zum Unterricht, schrieb meine Arbeiten, las, schlief und aß ab und zu. Ob das eine Art Depression war, fragte ich mich. Nach jedem Rennen spürte ich, wie meine Stimmung ein wenig sank. Ich wollte es mir nie eingestehen: Der Marathon-Blues war echt. Aber sobald meine Stimmung wie ein Bumerang zurückkam, meldete ich mich immer wieder für einen neuen Lauf an. Ich schaltete oft einen Gang zurück und wandte mich an mein kleines Netzwerk von Lauffreunden. Ich schrieb Anca oder Cathy oder Matt oder Andrew oder Onkel Jr. eine SMS, stellte Fragen zum Laufen oder informierte mich über Ausrüstung. Ich habe recherchiert, was ich in der nächsten Stadt, die ich in Angriff nehmen wollte, unternehmen konnte. Das hat immer funktioniert. London hatte etwas an sich, das mich so steif wie ein Brett gemacht hat. Der Nervenkitzel, den ich bei meinen früheren Rennen verspürt hatte, war verschwunden.

Eine meiner Lieblingsszenen im Film Snatch ist die, in der der amerikanische Gangster seinen Freund in Großbritannien besuchen muss. Er ist nicht glücklich darüber. Er wendet sich an seinen Leibwächter und sagt: "London ... schlechtes Essen, schlechtes Wetter". London hat mir noch nie gefallen. Deshalb hatte ich bei der Buchung meines Fluges ein schlechtes Gefühl und den Plan, die Stadt gleich nach dem Rennen zu verlassen.

Bei der Ankunft in meinem Airbnb war ich mir nicht sicher, was der Grund für meine Enttäuschung über die Stadt war. Im April 2018 hatte sich das übliche Nebel- und Regenwetter in der Stadt, wie so oft im Frühling, in einen wolkenlosen Himmel verwandelt. Nach dem Gewinn der Lotterie für meinen Startplatz in London würde ich ein weiteres Mal bei den Abbott World Marathon Majors dabei sein - es wäre das fünfte von sechs Rennen. Und ich hatte nicht ein einziges Mal an den Tod gedacht, nachdem ich fünfzehn Marathons in ebenso vielen Monaten absolviert hatte.

Von der Besteigung des Mount Everest hatte ich schon seit Jahren geträumt. Zwölf Menschen starben 1996, einem der tödlichsten Jahre. Von Abstürzen, übereifrigen Bergsteigern und Amputierten, die noch immer mit den Schuldgefühlen der Überlebenden zu kämpfen haben, erzählen unzählige Memoiren und Berichte von Überlebenden. Die Lawinen von 2014 und 2015 haben ganze Gruppen von Gipfelstürmern ausgelöscht. Und als ob das nicht schon schrecklich genug wäre, kann ich mir den langsamen und schmerzhaften Tod eines Hirnödems in der Höhe nicht vorstellen und den bewusstseinsverändernden Zustand, in dem man weiß, dass man stirbt, aber keinen Walgreens für Schmerzmittel, keinen Arzt mit einer Ausbildung an der Harvard Medical School und nicht einmal Gott, der einen auffängt und rettet. Wenn dir das nicht gefällt, wie wäre es dann mit sechzigtausend Dollar und zwei Monaten Freizeit, um all das aufs Spiel zu setzen? Wenn man den Mount Everest besteigen will, dann erscheint einem ein Marathon wie ein Sonntagsspaziergang im Central Park.

Wie der Ursprung des Rennens zeigt, sterben bei diesem 26,2-Kilometer-Lauf auch Menschen. Der 21-jährige Francisco Lazaro starb 1912 beim Olympischen Marathon an einer Elektrolytstörung. Die Läufe in New York City, Chicago, Marine Corps und Boston - vier Marathonläufe, die ich gerade absolviert habe - forderten in den 1980er und 1990er Jahren Todesopfer. Das Spektrum reicht von Herzinfarkten, Körpertemperaturen im dreistelligen Bereich und Aneurysmen im Gehirn bis hin zu terroristischen Anschlägen. Wer an einen Marathonlauf denkt, denkt an dicke Adern und einen langsamen Puls, an wohlgeformte Waden, an schlanke, lange und durchtrainierte Körper, an die nötige Energie und daran, Kohlenhydrate zu tanken.

Doch der Marathonsport ist nicht nur wunderbar für die Gesundheit. Er birgt auch ernsthafte und nicht zu leugnende Gefahren. Läufer sterben - wenn auch nicht so häufig wie Bergsteiger oder BASE-Springer - an Schlaganfällen, Herzinfarkten und Blutvergiftungen. Beim London-Marathon, an dem ich im April 2018 teilnahm, brach Matt Campbell, ein Teilnehmer von MasterChef: The Professionals, weniger als 10 km vor dem Ziel zusammen.

Die Forschung zeigt, dass Läufer von Muskelverletzungen, Bänderrissen im Knie und Nierenschäden betroffen sein können, und dass es sich dabei um einmalige oder chronische Erkrankungen oder um beides handeln kann. Das sind echte Probleme, die Menschen auf der Strecke das Leben kosten können. Ein Herzinfarkt, der stille Killer, der er ist, sieht vielleicht nicht so grausam aus wie ein Absturz vom Mount Everest. Aber auch Läufer, die auf dem Boden liegen und sich krümmen, haben schon den Schmerz eines körperlichen Hindernisses erlebt - und den Zusammenbruch, der darauf folgt. Aus diesem Grund ist das Laufen von Marathons eine schlechte Methode zur Erhaltung der Fitness.

Als die Dunkelheit über mich hereinbrach, war Campbell, der jünger und schneller war als ich, bereits ins Krankenhaus gebracht worden. Es war heiß. Aber ich war gerade beim Laufen in Miami gewesen, wo die rote Fahne eine Warnung vor den Gefahren der Hitze war. Die Sonne hatte gebrannt. Aber ich hatte Hotlanta, wo ich meinen zweiten Marathon in Folge bei über achtzig Grad gelaufen war, erst vor ein paar Wochen verlassen. Aber das hier war anders. Von der BBC wurde es offiziell als der heißeste Marathon in der Geschichte der Londoner Veranstaltung bezeichnet. Auf die wirklichen Gefahren, die uns erwarten würden, wurde nicht hingewiesen.

Zum ersten Mal machte mir die brütende Hitze Angst. Sie erschreckte auch die anderen Läufer. Nicht die typische Angst tapferer Soldaten, sondern die geschundener Krieger verriet der Blick in ihren Augen. Die Zuschauer miauten und die Sonnenstrahlen spielten mit ihren Stimmen wie Kätzchen im Wasser. Bei Kilometer zehn war es kein plötzlicher Umschwung in der Stimmung, sondern eher eine Art dramatischer Bruch. Wir wussten nicht, was passieren würde, aber jeder wusste, dass die Apokalypse kommen musste.

Dass ich allein war, merkte ich erst bei Kilometer sechzehn. Keine einheimischen Freunde, keine Berliner Crew und Andrea war erst beim zweiten Marathon aller meiner Läufe abwesend. Vor mir lief ein etwa fünfzigjähriger Mann. Sein

Schritt war geschmeidig, er war schlank und groß. Als ich zu ihm aufgeschlossen hatte, passierte es: Er schaute auf seine Uhr, spannte die Brust an und fiel zu Boden.

Es gab ein Handgemenge. Den Läufern war es egal, ob es um Zeiten oder persönliche Bestleistungen ging, und auch nicht um den Abstand zum nächsten Wasserpunkt. Zehn Leute stürzten sich auf ihn wie Ameisen auf ein verschüttetes Eis.

"Ruft die Sanitäter!", schrie ein Läufer.

"Wir brauchen einen Arzt", rief ein anderer.

Ich blieb stehen. Ich fragte mich, ob ich etwas tun kann, aber zum Glück waren wir plötzlich von einer Gruppe ausgebildeter Ärzte bombardiert und er bekam die Behandlung, die er brauchte.

Noch bevor ich eine weitere halbe Meile zurückgelegt hatte, fiel hundert Meter vor mir ein weiterer Mann. Bis ich die zwanzigste Meile erreicht hatte, wiederholte sich die Szene noch ein Dutzend Mal. Am Straßenrand sah ich weinende Läufer, die in ihrem eigenen Erbrochenen saßen, und noch mehr, die in jedem Sanitätszelt, an dem ich vorbeikam, versorgt wurden. Für einen kurzen Moment stellte ich mir vor, ich wäre bei den Marines und der aktive Dienst sähe so aus. Nur dass es keine Kanonen, keine Bomber und keine feindlichen Linien gab. Nur 40.179 Läufer, die von der Kraft der Sonne angetrieben wurden.

Ich geriet in Panik. Der Schweiß lief mir aus der Nase. Mein Körper spürte jetzt die Auswirkungen der fünfzehn Monate und der Hunderte von Kilometern, die ich gelaufen war; der Blues hatte sich in Rot verwandelt. Die Musik konnte mich nicht mehr retten. Ich musste auf die Sirenen hören, auf die Schreie, und ich musste mir sicher sein, dass ich meinen eigenen Herzschlag hören konnte. Ich blickte mich um - kein vertrautes Gesicht war in Sicht, meine Tracker waren tausende Kilometer entfernt und niemand nickte mir zu. Ich war allein. Nicht so einsam, wie man sich fühlt, wenn man sein eigenes Rennen läuft, sondern so einsam, wie man sich fühlt, wenn alles um einen herum verlangsamt ist und man trotzdem weiterläuft. Ich hatte keine Ahnung, was mich erwartete. Also rief ich wie immer meine Mutter an.

"Bist du fertig?", fragte sie, weil sie wusste, dass ihr Telefon normalerweise am Marathon-Sonntag klingelt.

"Nein, aber bei Kilometer zwanzig fallen die Leute wie die Fliegen", antwortete ich. "Ich komme mir vor wie in einem Kriegsgebiet."

Wie auf der Suche nach den richtigen Worten auf ihrem Notizblock hielt meine Mutter inne. "Wenn es sein muss, geh weg. Du kannst nächstes Jahr wiederkommen."

Nächstes Jahr? Das war der fünfte Abbott World Marathon Majors. Ich kam wegen des Gimcracks, dieser kleinen glänzenden Medaille für unter einen Dollar. Ich war durch eine Lotterie in das Rennen gekommen. Wer wusste schon, wann ich wieder am Start sein würde, oder ob ich überhaupt wieder am Start sein würde?

Laut David Goggins erreichen wir nur 40 Prozent unseres Potenzials, wenn wir uns anstrengen. Sonneneruptionen und UV-Strahlen hin oder her, der Teufel auf meiner einen Schulter sagte mir, ich würde nicht mein Bestes geben. Nicht so der Engel auf meiner anderen Schulter. Ich war entschlossen, gesund zu bleiben. An jenem Tag hörte ich auf den Engel.

Jeder Mensch, auch Charles Moore, muss die Schwelle von 40 Prozent Ausdauer für sich selbst in Angriff nehmen. Keine Ausrede mehr war die Angst vor der Gefahr. Mein Leitmotiv war die Weisheit der Gesundheit, der Sicherheit und der Umstände. Es ging nicht nur um mich, wenn ich mich anstrengte. Meine Verantwortung bestand darin, heimzukommen, um bei meiner Frau zu sein und unser bald geborenes Kind zu versorgen.

Glücklicherweise kehrte das Hochgefühl, das ich anfangs verspürt hatte, als ich begann, den Marathon zu laufen, plötzlich zurück. Drei Kilometer vor dem Ziel wurde die trockene, dumpfe Steifheit in meinem Körper von einem lockeren, lebendigen Energieschub abgelöst. Ich blieb stehen. Ich streckte mich. Ich hob die Knie in die Luft, um die Oberschenkel zu lockern. Meine Hände verschränkten sich, die Handflächen an meinem Hinterkopf, und halfen bei der Lockerung und Entspannung meines Rückens. Als meine Füße auf den Bordstein knallten, um meine Waden zu entlasten, begann sich das Tape an meinen Knöcheln zu lösen. Der Ferrari-Motor begann, Blut durch meinen Körper zu pumpen. Ich befand mich auf einem ultraleichten Balken.

∧∧∧

Meine Stimmung war so schlecht wie das Wetter, als ich die Ziellinie überquerte. Ich überlegte, wie ich zu meinem Airbnb zurückkommen sollte. Ich konnte kaum laufen. Meine Arme waren zu schwer, um sie für ein Taxi zu heben. Mein Körper war von den Strahlen der Sonne so durchlöchert, dass es mir schwer fiel, mich auch nur in die kleinste Richtung zu bewegen. Ich wollte nur noch mitten auf der Straße liegen und in ein Bett getragen werden. Irgendein Bett. Irgendwie schaffte ich es zurück. Normalerweise ging ich sofort unter die Dusche, zog mich an, entspannte mich nicht länger als eine Viertelstunde.

Dann machte ich mich auf den Weg zum Abendessen. An diesem Tag war es anders. Ich schlief sofort ein. Ich war nicht aus dem Haus, ich war nicht beim Sammeln von 200 Dollar.

Gegen Mitternacht (Londoner Zeit) wachte ich auf - und hatte Hunger. Ich sprang unter die Dusche und zog mich an. Um 12.30 Uhr war ich in einem Restaurant, von dem ich nicht weiß, wie ich es ausgesucht habe. Das Restaurant ist nicht weit weg, hat Steaks und die erste Kritik (die ich gelesen habe) ist gut. Am nächsten Tag brach ich auf, um für den Rest der Woche den Schauplatz zu wechseln: Riga, Lettland, wegen der Jugendstilarchitektur und Kopenhagen, Dänemark, wegen des Opernhauses von Henning Larsen. Ich mochte den Kontrast dieser beiden Kulturen. Ich konnte es kaum erwarten, die sechs Monate Pause zu genießen, die ich nach meiner Rückkehr nach Hause haben würde.

Kapitel 22
Guten Tag, Detroit!

Aus den Lautsprechern unseres Cadillac dröhnte die Musik. "Löwen und Tiger und Kolben, oh je!", um es mit Dorothy aus dem Zauberer von Oz zu sagen. Stevie war ein Teilzeitliebhaber; Dianas und Lionels Liebe war endlos. Die Twelfth Street brannte nicht mehr. Und "Hello Detroit" war das Lied, mit dem ich jeden Morgen aufwachte.

Die achtziger Jahre in Detroit waren meine prägenden Jahre, Winter, Frühling, Sommer und Herbst. Es war die Zeit, in der ich mit meinem Onkel Jr. zu den Spielen der Tigers ging und mit meinen Freunden Touch Football spielte. Vor allem aber war Basketball mein Lieblingssport. In der Grund- und Mittelschule habe ich fast jeden Tag gespielt. Und im Umkreis von 250 Quadratmeilen - wir waren etwa 280 Kilometer von Chicago entfernt - war ich wahrscheinlich der einzige Jordan-Fan. Ich hatte jedes Paar Turnschuhe, jede Farbe. Und als ich zum Camp in Atlanta fuhr, um an den AGLOA Nationals teilzunehmen, und als ich meine ganze Ausrüstung ruiniert hatte, weil ich auf dem roten Boden Basketball gespielt hatte, haben meine Eltern nicht geschrien. Sie hielten es mit dem exzentrischen Streberkind, das Basketball liebte, und wir machten uns auf den Weg zum Einkaufen.

Um Basketball als Option in Betracht zu ziehen, wurde ich nie groß genug. In der Highschool versuchte ich mich in der Baseball-Mannschaft, weil mein Onkel Jr. mich dazu überredet hatte. "Du bist schnell, hast eine gute Hand-Augen-Koordination und kennst das Spiel", riet er mir.

Alle Fakten. Der Fall wäre klar und eindeutig gewesen, wenn er ein Strafverteidiger gewesen wäre. Aber, meine Damen und Herren Geschworenen, am zweiten Trainingstag, als ich draußen stand, kam mein Freund Dwayne Burke und sagte: "Geh nach Hause, Mann. Du siehst krank aus."

Mit kämpferischer Banditenmentalität ignorierte ich ihn. Mit der Langsamkeit eines ausgewachsenen Baumfaultiers schwang ich im nächsten Inning den Schläger. Der Trainer schrie: "Moore, geh nach Hause!"

Später dachte meine Mutter, die nichts von meiner Krankheit wusste, ich hätte nicht gesprochen, weil ich es nicht schaffte, mitzuspielen. Vier Stunden später weckte sie mich und sagte: "Du hast Windpocken". Und die Rede für die Baseball Hall of Fame, die ich geprobt hatte, war weg.

Aufgewachsen in Detroit brauchten wir für die Einreise nach Kanada nie einen Pass. Wir fuhren oft dorthin, um zu würfeln, das Rouletterad zu drehen und "Blackjack!" zu rufen, in den Casinos, die in der Stadt noch nicht legal waren. Nach dem Abschlussball hat eine Gruppe von uns, zu der auch Dwayne Burke gehörte, beschlossen, dass wir über die Grenze fahren und in das Casino gehen wollten. Das war natürlich meine Idee. Ich konnte den Moment kaum erwarten, in dem ich mit meinem kühnen Date hereinspazieren würde - ich in meinen onyxfarbenen Hosen, meiner kreideweißen Jacke und meiner ebenholzschwarzen Fliege. "Moore... Charles Moore", sagte ich, wenn mich jemand nach meinem Namen fragte. Das ist nie passiert. Es stellte sich heraus, dass das gesetzliche Mindestalter für das Spielen von Glücksspielen bei neunzehn Jahren lag, und obwohl wir es durch die Eingangstür schafften, wurden wir alle nach kurzer Zeit wieder weggeschickt.

An diesen Moment musste ich denken, als ich bei der Detroit Free Press Marathon Expo mit der Grenzpolizei zum Anmeldeschalter ging.

"Hast du deinen Pass dabei?", fragte Andrea.

Zu diesem Zeitpunkt war ich schon so ein Profi, dass ich mir das Kleingedruckte für die Läufer angeschaut hatte. "Natürlich nicht", sagte ich, denn ich war mir sicher, dass ich ihn nicht brauchte.

"Schau mal", sagte sie. Sie zeigte auf einen fettgedruckten Hinweis zu den Einreisebestimmungen.

Auf dem Schild stand: Du brauchst einen gültigen Reisepass, um dein Marathon-Paket zu bekommen. Es stellte sich heraus, dass wir bei Meile drei die Ambassador Bridge überqueren, an den Casinos vorbei und durch den Detroit-Windsor Tunnel zurück nach Detroit laufen sollten. Ich hatte noch nicht einmal einen Blick auf die Streckenkarte geworfen oder die Details gelesen. Der Zufall wollte es, dass sich mein Reisepass in meinem Safe zu Hause befand, etwa sechshundert Kilometer von zu Hause entfernt.

Ich war schon einmal in einer ähnlichen Situation gewesen.

Als ich im Oktober 2009 nach Neapel in Italien reiste, hatte Jayson, mein Bankkollege vom College, seinen Reisepass in Rom vergessen. Er wusste nicht, dass er bei jedem Hotelaufenthalt in Italien vorgelegt werden muss. Ich sagte ihm, er solle seinen Mitbewohner bitten, den Pass zu fotografieren und ihn ihm zukommen zu lassen. Das hat funktioniert. Seit dieser Zeit habe ich immer ein Foto von meinem Pass auf meinem Handy dabei.

Meine Nichte Aria und mein Neffe Jaron haben mich wie immer ins Detroit Institute of Arts Museum begleitet. Es ist ein Ritual, wenn ich nach Hause komme und Detroit besuche. Unser Ausflug steht nichts mehr in den Weg. Routinemäßig suche ich nach Gemälden, die für sie bestimmt sind. Meine Cousine Deanna war schon einmal im Museum. "Warum sollte ich noch einmal hingehen? Die haben da doch gar nichts für uns", hat sie mir einmal gesagt. In einer Stadt, die zu 85 Prozent von Afroamerikanern bewohnt wird, machen die schwarzen Besucher des Museums gerade mal 5 Prozent aus.

Weil sie absolut Recht hatte, konnte ich ihr damals nichts entgegensetzen. Aber wie auf der Marathonstrecke gibt es Märtyrer, die die Last der Stolzen und der Wenigen tragen. Den Kindern meiner Geschwister habe ich gepredigt: "Erforscht, seid offen und bleibt optimistisch". Wie ein Lieblingsalbum auf Repeat. "Stell dich neben Mickalene Thomas, Ari", sagte ich zu meiner Nichte, und "Hier ist dein Ed Clark, Jaron", sagte ich zu meinem Neffen. Zum Schluss gingen wir immer durch den Souvenirshop, um etwas zu kaufen, dass an unseren Besuch erinnerte.

∧∧∧

Bei allen Marathons, die ich bisher außerhalb der Stadt gelaufen bin, habe ich auf der Karte immer nach dem Marriott gesucht, das dem Start oder dem Ziel am nächsten lag. Hier in meiner Heimatstadt wohnte ich nur eine kurze Taxifahrt von der Startlinie entfernt. Ich übernachtete im Haus meiner Mutter. Am frühen Sonntagmorgen bin ich aus dem Bett gesprungen, habe mich angezogen und bin nach unten gerannt, um mein Auto zu holen. Ich zerkleinerte eine Banane, um die Startlinie zu bestätigen, während wir den Lodge Freeway hinunterfuhren. Ich hatte keine Ahnung, wo die Barrikaden sein würden und wie der Start aufgebaut war. Als ich dort ankam, musste ich feststellen, dass wir etwa fünf Kilometer vor dem Start blockiert waren und der Fahrer nicht wusste, wie er dort hinkommen sollte. Ich hatte nur noch zwanzig Minuten. Ich atmete ein paar Mal tief durch, bevor ich einen Nervenzusammenbruch bekam. Dann entdeckte ich einen Elektroroller von Bird. Seit etwa einem Jahr pendelte ich jede Woche von New York City nach Cambridge, Massachusetts, um dort zu studieren. Den ganzen Sommer über habe ich mein Leben riskiert, indem ich mit einem Bird-Scooter durch die Straßen von Cambridge gefahren bin und Hügel hinaufgeklettert bin, als ob ich eine Sicherheitsausrüstung tragen würde (was ich aber nicht getan habe). In den meisten Städten waren sie ein Ärgernis. Die Leute fuhren sie mitten auf der Straße und stellten sie oft dort ab, wo es ihnen gefiel. Aber ich sah das anders und es war ein Notfall. Ich hatte keinen Pilotenschein und konnte nicht zum Start fliegen ... also war ein Bird die zweitbeste Lösung. Mit diesem kleinen motorisierten Hoverboard flog ich durch leere Straßen, wich Zuschauern aus, sprang über Bordsteine, umfuhr Barrikaden und erreichte pünktlich die Startlinie.

Als ich schließlich an der Startlinie ankam, fühlte ich mich erleichtert und zufrieden, fast so, als hätte ich das Rennen schon hinter mir. Als der Startschuss fiel, war ich ganz cool. Ich war eher nervös, weil es meine Heimatstadt war. Normalerweise fängt das Kopfschütteln erst bei Kilometer 16 an, aber in diesem Fall ging es schon bei Kilometer 1 los. Warum bin ich hier? Was, wenn ich in Detroit scheitere? Was, wenn ich einem alten Freund über den Weg laufe und er Zeuge meiner Verzweiflung wird? Seltsamerweise war es das erste Mal, dass ich mir nicht einredete, dies sei mein letzter Marathon. Ich wusste, dass es nicht so war. Ich war hier, um sicher zu gehen, dass meine Anwesenheit in der Halle zu spüren war. Ich kam, um ein Freund zu sein, ein Cousin, Bruder oder Onkel junior, zu dem man sich wenden und sagen kann: "Er hat es geschafft."

Die frische, kalte Luft, die vom Fluss herüberwehte, kühlte meinen Körper. Ich sparte meine Energie für den Fall, dass ich rennen musste ... aber ich musste. Ich wollte einen Marathon laufen. Es machte mir zu schaffen, dass mein Tempo langsamer war als sonst. Ich hatte das Gefühl, dass ich viel zu früh in Krämpfe verfallen würde, und meine Jacke erfüllte auch nicht wirklich ihren Zweck.

Da das Rennen die kanadische Grenze überquerte, wurde es als internationales Ereignis betrachtet. Dies brachte alle Arten von terroristischen Bedrohungen mit sich. Bestimmte Regeln durften in Detroit nicht gebrochen werden. Erstens: Wer nicht mitlief, durfte die Strecke nicht betreten. Wenn das Pony eines Zuschauers vorbeilief und umarmt werden wollte, wurde diese Regel oft gebrochen. Zweitens müssen alle Läufer jederzeit ihre Startnummer zeigen.

Auch das ist eine typische Regel, aber hier war das Sicherheitspersonal vor Ort, um gegebenenfalls einzugreifen.

Als wir in Kanada ankamen, dachte ich an die Ballnacht vor all den Jahren. Ich dachte daran, wie ich abgewiesen worden war. Ich dachte auch an all die anderen Reisen, die ich in der Zukunft mit meinen Freunden machen würde und bei denen ich eine Menge Geld verlieren würde. (Nie mehr als 200 Dollar.) Es war wunderschön. Windsor war sauber und sah gut aus. Fast wollte ich zum Mittagessen anhalten, vielleicht eine gute Poutine oder etwas Montreal Pökelfleisch. Aber da meine Finger und Zehen taub waren, wollte ich mich nur in einem schmierigen Restaurant aufwärmen. Auf dem Weg zurück in die Vereinigten Staaten hielt ich im Tunnel an, um vor dem Schild, das die Grenze zwischen Kanada und den Vereinigten Staaten markiert, das sprichwörtliche Selfie zu machen. Zurück in Detroit wusste ich, dass ich mich aufwärmen und in Bewegung setzen musste.

Mein Motor begann zu laufen, als ich Meile zwölf erreicht hatte. Mein Schritt war nicht zu bremsen, als ich die Bagley Street hinauffuhr. Auf dem Bürgersteig zu meiner Linken sah ich zwei schwarze Polizisten. Einer von ihnen gab mir ein Zeichen, meine Jacke zu öffnen.

Mir ist kalt, dachte ich und tat es widerwillig. Es schien keine große Sache zu sein, denn der Motor des Ferraris war gerade erst angesprungen.

Ich ging an ihm vorbei. Ein weißer Polizist war direkt hinter ihm. Er sprang von seinem Posten vor mir und streckte seinen linken Arm aus, während seine rechte Hand nach seiner Pistole griff.

Hat der Kerl es ernst damit, nach seiner Waffe zu greifen?
"Ich muss dein Hemd sehen", rief er.
"Du kannst es sagen, aber fass mich nicht an, sonst vermiete ich dein Haus, bis ich dich verklage", platzte ich heraus und blieb stehen.

Kaum waren die Worte aus meinem Mund, standen zwei weiße Männer neben mir. Einer zückte sein Handy. Er begann zu filmen. Der andere schrie die schwarzen Polizisten an, die nur wenige Meter hinter uns standen. Der erste sagte: "Fasst ihn an, und ich sorge dafür, dass das Video an die Free Press geht."

"Sein Hemd ist deutlich zu sehen", sagte einer der schwarzen Polizisten.

Der Text "You're a fighter, you're a lover/You're strong and you recover..." tanzte in meinem Kopf, während der Beamte seine Waffe in den Halfter steckte. Ich wollte einfach nur mein Rennen laufen. Die nächsten zwei Kilometer liefen diese beiden Männer - oder sollte ich sagen Kameraden - mit mir. Ihre Wut und ihre sofortige Reaktion erinnerten mich an all die Menschen, die entschieden haben, zu lieben statt zu hassen. An die Menschen, die bereit waren, für das zu kämpfen, was richtig war, und die nicht schweigend zusahen. Sie waren Kämpfer.

Einer hat mir sogar erzählt, dass er einen schwarzen Gürtel hat. Er war bereit, den Kerl zu verprügeln. Ich bin froh, dass er es nicht getan hat. Es ist mir lieber, in der Zeitung zu stehen, weil ich die Regeln des Marathonlaufs missachtet habe, als zum Schweizer Käse zu werden, nachdem mein Leibwächter einen Polizisten aus dem Weg räumen wollte.

^^^

Es war eiskalt. Die letzten drei Rennen konnte ich es kaum erwarten, mich in einem klimatisierten Raum zu erholen. Jetzt bettelte ich um Wärme. Die Schauer, die mir über den Rücken liefen, erinnerten mich an die schrecklichen Jahre des Wartens auf den Bus bei eisigen Temperaturen, als ich in Michigan aufgewachsen war. Ich konnte es kaum erwarten, meine Familie in die Arme zu schließen und nach Hause zu meiner Mutter zu gehen. Dort zog ich mich um und ging zu Buddy's Pizza zum Abendessen.

Ich fühle mich jedes Mal wie zu Hause, wenn ich in Detroit bin. Aber der Marathon war wie eine Umarmung. Die Stadt und ich haben uns nach so vielen Jahren wiedergefunden. Detroit, danke für die Erinnerungen.

Kapitel 23
Schwarze Männer laufen Marathons.

Beim dritten Mal ist mir das Glück hold gewesen. Ich hatte keine Ahnung, was mich erwartet - vielleicht ein Gefolge, Leibwächter und eine Band, die meine Titelmelodie spielt. Jedenfalls einen Titelsong, denn jeder gute Held braucht einen. Als ich im November 2018 über den FDR Drive zur Fähre fuhr, freute ich mich auf meinen dritten Versuch beim New York City Marathon. Das Wetter war perfekt. Die Temperaturen lagen in den 50ern, es war windstill und die Luftfeuchtigkeit war konstant.

An der South Ferry Station traf ich mich wieder mit Anca, die für den Start des Marathons eine ähnliche Einstellung hatte wie ich: Nimm dir immer ein Taxi, der Weg zur Startlinie zu Fuß ist das beste Aufwärmen und sei nie zu spät. Meiner Meinung nach ist das der Grund, warum wir immer noch Freunde sind.

"Wir sind zu früh", sagt sie.

"Ja, gerade früh genug, um die Welle der Läufer hinter uns zu erwischen."

Diese Fährfahrt war anders. Wir saßen einfach nur da und schwiegen. Sie schaute auf ihr Handy und ihre Uhr, während sie eine Banane aß, und ich dachte darüber nach, wie das Rennen wohl werden würde.

Ein Punkt, der mir auf dem Weg zur Startlinie durch den Kopf ging, war, wer wohl an der Startlinie stehen würde. Ich erinnerte mich an das Motto des NYRR: Helfen und Inspirieren durch Laufen. Ist das nicht interessant? dachte ich. Jetzt stehen wir an der Startlinie eines anderen Marathons und ich denke über ihre Mission und ihre Politik der Vielfalt (Diversity Policy) nach.

Diversity ist zu einem Modewort geworden. Dadurch wird es nicht weniger wichtig oder relevant, aber es ist wichtig, sich darüber im Klaren zu sein, was es genau bedeutet. Der Wunsch, Menschen mit unterschiedlichem Hintergrund in einer Organisation oder Gemeinschaft zu repräsentieren, steht im Mittelpunkt der meisten Diversity-Initiativen. Viele Organisationen - von Universitäten bis hin zu Medienunternehmen - setzen sich aktiv dafür ein, dass ausreichende DEIA-Maßnahmen (Diversity, Equality, Inclusion and Accessibility - Vielfalt, Gleichberechtigung, Einbeziehung und Zugänglichkeit) ergriffen werden. Eine Möglichkeit zur Förderung der Vielfalt ist die Konzentration der Organisation auf DEIA und die Gründung eines Ausschusses oder einer Initiative, die sich auf diese Praxis konzentriert.

Dahinter steht der Gedanke, Angehörige unterrepräsentierter Gruppen einzubeziehen und ihnen einen gleichberechtigten Zugang zu Fortbildungs- und Entwicklungsmöglichkeiten zu bieten. Dies führt letztendlich zu einer höheren Mitarbeiterzufriedenheit und -bindung. Dies geschah auch, als die NYRR später eine öffentliche Debatte über Rassismus innerhalb der Organisation führte. Wenn man nicht weiß, wie man ein gesundes, vielfältiges Umfeld im Büro fördern kann, wie kann man dann die Teilnahme an Wettbewerben beeinflussen? Meine Antwort: Gar nicht. Und das zeigte sich wieder einmal, als ich an der Startlinie stand. Da waren wieder Hunderte von Menschen, und ich konnte nicht anders, als ein bisschen traurig zu sein, als ich mit meiner Kamera herumfuchtelte, um die Energie einzufangen.

Die Vielfalt ist vielleicht der am besten repräsentierte Teil des DEIA-Schirms. Unter Vielfalt wird eine Reihe von Merkmalen verstanden, wie z.B. nationale Herkunft, Rasse, Sprache, Behinderung, ethnische Zugehörigkeit, Geschlechtsausdruck, sexuelle Orientierung, Geschlechtsidentität, sozioökonomischer Status, Veteranenstatus und Alter. Der Begriff schließt auch Unterschiede zwischen Menschen ein. Diese beruhen auf ihren Denkmustern und Lebenserfahrungen. Um auf dem richtigen Weg zu bleiben, sollten innerhalb der Organisationen spezifische Standards festgelegt und die Fortschritte regelmäßig überprüft werden.

Während Diversity auf Repräsentation fokussiert, basiert Gerechtigkeit auf konsistenter, systematischer, fairer und unvoreingenommener Behandlung aller Menschen, ungeachtet ihres Hintergrunds. Ziel der Praxis ist die umfassende Förderung der Gleichberechtigung bzw. der gleichen und gerechten Behandlung aller Menschen, einschließlich People of Color und anderer, die in der Vergangenheit Ausgrenzung, Unterrepräsentation oder Benachteiligung beim Zugang zu

Chancen erfahren haben. Neben Schwarzen Menschen und anderen, die als Mitglieder der BIPOC-Gemeinschaft (Black, Indigenous and People of Color) identifiziert werden, muss sich diese Gleichbehandlung auch auf religiöse Minderheiten, LGBTQ* (Lesbian, Gay, Bisexual, Transgender und Queer), Menschen mit Behinderungen und andere Gruppen erstrecken, die negativ von Armut oder Ungleichheit betroffen sind. Selbst wenn sich eine Organisation für mehr Gerechtigkeit einsetzt, kann es sein, dass ihre Politik und ihr Programm die systembedingten Hindernisse, die der Chancengleichheit im Wege stehen, aufrecht erhalten.

Inklusion ist, die Talente und Fähigkeiten aller Menschen zu erkennen, wertzuschätzen und zu nutzen. Ziel ist es, die einzigartigen Qualitäten von Menschen mit unterschiedlichem Hintergrund zu integrieren, um die Organisation zu stärken. Inklusion ist ein gut etabliertes Ideal, das im DEIA-Konzept verankert ist. Es geht über Diversität hinaus, da es nicht nur ein Aufruf zur Repräsentation ist, sondern ein Aufruf zum Handeln. Dies ist zu einem großen Teil in der Kultur der Organisation verwurzelt, da die Organisation ein Umfeld der Zusammenarbeit, Fairness und Flexibilität fördern muss, das unterschiedliche Menschen an die Organisation bindet und die Vielfalt nutzt, um sicherzustellen, dass sich alle Mitglieder wohl fühlen und in der Lage sind, ihren vollen Beitrag zu leisten. Die Initiativen einer Organisation in Bezug auf Inklusion müssen, ebenso wie die Initiativen in Bezug auf Vielfalt, regelmäßig evaluiert werden, um ihre Qualität zu überprüfen.

Zugänglichkeit bedeutet die Gestaltung, den Bau, die Entwicklung und die Instandhaltung von Programmen, Einrichtungen, Informations- und Kommunikationstechnologien und Dienstleistungen in einer Weise, dass sie für alle Menschen, einschließlich Menschen mit Behinderungen, leicht zugänglich sind. In gleicher Weise müssen diese Menschen auch in der Lage sein, diese Programme und Systeme in vollem Umfang und unabhängig zu nutzen.

Die meisten Organisationen haben die Absicht, DEIA zu fördern. Es gibt jedoch einige Fallstricke, wenn es um Diversity-Maßnahmen geht. In den siebzehn Marathons, an denen ich bisher teilgenommen habe, hat noch kein Läufer den Sehtest bestanden. Wäre das heute anders?

∧∧∧

Anca war viel konsequenter im Training als ich. Und das merkte man. Wie mit Zement beschwert fühlte ich mich auf den ersten Kilometern. Meine Gefühle lasteten auf mir, als ich an all die Probleme dachte, die der Marathon mit sich bringen würde. Unsere Wege trennten sich vor der dritten Meile, nachdem sie wie eine Kanone losgeschossen war. Ich wurde langsamer und ging zu Fuß.

Voll wie ein Bienenschwarm waren wir zu diesem Zeitpunkt immer noch. Ich lebe seit 2005 in New York City und bin diesen Lauf schon zweimal gelaufen. Aber an die Kurven und Winkel in unbekannten Stadtteilen wie Staten Island und den südlichen Vierteln von Brooklyn hatte ich mich noch nicht gewöhnt. Als ich die Verrazzano-Narrows Bridge überquerte, durch Bay Ridge fuhr und die Fourth Avenue hinaufglitt, fühlte ich mich wieder wie ein Tourist.

Von Andrea erwartete ich diesmal nicht viel, wenn überhaupt. Sie war im achten Monat schwanger und trug ein ganzes zweites

Kind mit sich herum. Bei Kilometer vier rief ich sie an, um mich zu melden.

"Wie geht es dir?", antwortete sie, ihre Stimme heller als meine Stimmung.

"Mir ist der Saft ausgegangen und ich bin immer noch in Brooklyn." Ich wollte nicht, dass sie sich Sorgen machte, aber mir war schlecht.

Im Hintergrund hörte ich Papier rascheln. "Ich überprüfe dein Tempo. Es scheint in Ordnung zu sein", sagte sie und versuchte, meine Zweifel und mein Unbehagen zu vertreiben.

"Die Geschwindigkeit ist eine Sache, aber meine Füße sagen mir, dass ich in dieses Café gehen und mir einen Cappuccino bestellen sollte."

Das Schweigen auf der anderen Seite erinnerte mich daran, wie schlecht ich scherzen konnte. Möglicherweise wusste sie, dass ich noch mehr aufmunternde Worte suchte. "Du schaffst das", sagte sie. "Das ist erst dein achtzehnter Marathon?"

Die nächsten Kilometer fühlten sich einsam an. Seltsam, denn dieser Abschnitt der Fourth Avenue ist von Zivilisten bevölkert - sie rufen, feuern an und verteilen selbstgemachte Energiespender. Als wir in der Nähe des Barclays Center ankamen, sah ich die Black Men Run Gruppe. Diesmal war es anders. Bemerkt hatte ich sie bei den letzten beiden Läufen nicht. Aber über Vielfalt, Gleichberechtigung, Inklusion und Barrierefreiheit hatte ich mir damals auch noch keine Gedanken gemacht.

Das wirft die Frage auf: Wie können diese Orte DEIA-Initiativen mit einem Minimum an Vorurteilen und ohne Eigeninteresse einbeziehen und aufwerten? Wie können die Organisatoren von Wettkämpfen das Akronym nicht als

Schlagwort, sondern als aktive Maßnahme zur Einbeziehung, Berücksichtigung und Repräsentation derer verwenden, die lange Zeit unterrepräsentiert waren? Das sind wichtige Überlegungen für alle, die DEIA einführen oder einfach nur verstehen wollen.

Ich habe die Idee blockiert. Ich musste sie auf später verschieben. Sie hat meinen Lauf behindert und meine Energie verschlungen. Ein Marathon nach dem anderen, Charles. Meile fünfundzwanzig beim New York City Marathon, Meile eins beim DEIA. In meiner Wahlheimat hatte ich zum Glück nicht mehr viel Zeit zum Laufen.

Nach dem Rennen bekam ich eine SMS von Andrew: Schau dir das an, Bruder. Er hat mir ein Foto von seiner Medaille geschickt.

Warte, du bist in NYC? Ich hatte keine Ahnung, dass er heute dort läuft. Wir können uns morgen treffen, antwortete ich.

Wir sind ins Balthazar gegangen, eines meiner Lieblingsrestaurants in SoHo. Es war das erste Mal, dass wir zusammen saßen und uns unterhielten. Dass Andrew nicht nur Marathon läuft, sondern auch Kunst sammelt, habe ich bei diesem Frühstück erfahren. Unglaublich, wie viele Gemeinsamkeiten man findet, wenn man mit Menschen spricht.

Kapitel 24

Swag Surfin'

Alle Augen sind auf dich gerichtet und aus den Augenwinkeln funkelt das Gold. Es signalisiert allen, die dich sehen, dass du gewonnen hast - dass du etwas erreicht hast, das es wert ist, gefeiert und gewürdigt zu werden. Ob Vince-Lombardi-Trophäe oder Highschool-Jacke, dieser Glanz scheint in die Luft zu springen und eine Aura der Größe zu verbreiten. Es ist die Flamme des Sieges und der Beharrlichkeit, eine Flamme, die niemand anzünden muss und vor der jeder Respekt haben muss.

Nenne es eine Auszeichnung. Nenne es ein Andenken. Trophäen, Medaillen, Orden - sie sind nur Schmuck, wenn wir nicht verstehen, welche Bedeutung derjenige, der sie trägt, in ihnen sieht. Frage die Person, die sie gewonnen hat, oder die Person, die sie trägt oder in die Luft hält, nach der Bedeutung dieser Leistung. Frag sie auch, was all ihre harte Arbeit und ihr Einsatz bedeutet haben.

Niemand in der NBA hat jemals eine Meisterschaft gewonnen, ohne zuvor ein Leben lang trainiert zu haben, geschweige denn gegen die besten Spieler der Welt im Einsatz gewesen zu sein. Jeder College-Sportler weiß, dass die Medaille nicht aus Metall besteht, sondern aus dem Schweiß, den sie hinterlassen haben - und die meisten haben das schon in der Grundschule gelernt.

Das verstehen auch Nicht-Sportler. Jedes Mal, wenn man einen Ehering sieht, ist das auch ein Zeichen für eine Leistung. Zwei Menschen haben sich trotz aller Widrigkeiten gefunden, sie haben sich darauf geeinigt, füreinander da zu sein, und sie machen sich dann auf den Weg in ein Leben, das so ganz anders ist als das einzige Leben, das sie bis dahin gekannt haben. Das ist eine Trophäe wert.

Das Abschlusszeugnis der Schule, eine Urkunde über die Anerkennung, selbst die Scorekarte von der letzten Runde auf dem Golfplatz: Jeder dieser Gegenstände ist ein Symbol für ein erreichtes und verfolgtes Ziel - für ein erfolgreich gelebtes Leben. Man erringt den Sieg, man nimmt das Schmuckstück mit. Und auch wenn man weiterzieht, geht die Errungenschaft mit, denn der Gegenstand symbolisiert sie.

Als ich an der Startlinie meines neunzehnten Marathons stand, wusste ich, warum ich dort war und was ich wollte. Und warum? Weil meine Frau, die inzwischen Mutter meines Sohnes geworden war, mit Il Principe Charles II. quer durch New York City laufen würde. Was ich damals nicht wusste, war, wie energiegeladen er sein würde. Er ist ein aufstrebender Athlet. Er läuft, er springt, er klettert. Gibt es auch Ironman-Rennen für Kinder?

˄˄˄

Die Bühne der Harvard-Universität betrat ich einige Monate zuvor gleich zweimal. Einmal zur Übergabe meines Diploms - ein Master in Museum Studies - und das zweite Mal zur Entgegennahme des Titus & Venus Legacy Award bei der Black Graduation Ceremony in Harvard.

Ich erinnere mich, wie man mir 2018 von dieser Zeremonie erzählte, die ich als Schwarze zunächst nicht verstand. "Du musst unbedingt hingehen", sagte Sylvia. Sie war eine Freundin, die ein Jahr vor mir ihren Abschluss gemacht hatte. "Das ist der einzige Ort während der Abschlussfeier, an dem wir so feiern können, wie wir es tun. Das ist eigentlich das BBQ." Ich war begeistert.

Anfang April 2019 wurde ich per E-Mail darüber informiert, dass ich den Titus & Venus Legacy Award gewonnen hatte. Wer die beiden waren oder ob es sie wirklich gab, wusste ich zu diesem Zeitpunkt noch nicht. Was ich wusste, war, dass der Preis an Absolventen verliehen wird, die während ihrer Zeit in Harvard die schwarze Gemeinschaft akademisch und/oder ehrenamtlich unterstützten. Ich habe mein Engagement für die Verbesserung der Menschen und der Art und Weise, wie über uns Schwarze gesprochen wird, nie in Frage gestellt. Aber ich dachte über die Notwendigkeit einer Trennung nach. Warum ist es notwendig, dass wir unsere eigene Zeremonie in Harvard haben? Ich habe gelernt, dass es nicht daran lag, dass wir bei der Hauptveranstaltung nicht akzeptiert worden wären, sondern dass wir einfach nicht auf die gleiche Art und Weise repräsentiert oder gefeiert worden wären.

Im Jahr 2016 schrieb eine Mitarbeiterin der Harvard Gazette namens Christina Pazzanese einen Artikel mit dem Titel "To Titus, Venus, Bilhah, and Juba". Darin wurden meine schlimmsten Befürchtungen bestätigt: "In ihrem Bemühen, die Spuren der

Sklaverei an der Universität zu beseitigen, haben die Harvard-Verantwortlichen heute einige der Menschen gefeiert, deren Leben und Arbeit so lange unsichtbar waren, und vier Sklaven aus der Kolonialzeit eine Gedenktafel gewidmet." Ich war hin- und hergerissen.

Am Tag der Zeremonie wurde ich von einer der Organisatoren, Princess, gefunden und ins Hinterzimmer geführt. Ich hatte ein starkes Kribbeln im Bauch. Es fühlte sich an, als hätte ich etwas sehr Ballaststoffreiches gegessen und es wollte raus. "Ich möchte, dass du für das Meet and Greet mit nach hinten kommst", sagte sie.

Mein Magen wurde etwas ruhiger, aber die Intensität nahm zu, als ich sah, wie so viele wichtige Menschen lachten und weitergingen, als hätten sie alle die Pointe eines Witzes gehört, der sich auf mich bezog. Da war die Dekanin Bridget Terry Long, und da waren die Mitglieder des Kongresses Ayanna Pressley und Jahana Hayes. Und da war John Silvanus Wilson, der ehemalige Präsident des Morehouse College, der vor kurzem zum Berater und Strategen des Präsidenten der Universität ernannt worden war.

Ich wusste nicht, was los war, warum ich hier war und ob ich den ganzen Schweiß in ein Gefäß bekommen werde. Als Dr. Cornel West eintrat, beruhigten sich meine Nerven. Als er den Raum betrat, war es, als wäre eine Flasche voller Blitze explodiert. In seiner Gegenwart versuchte man die ganze Zeit, den Blitz einzufangen, nur um dann erschöpft festzustellen, dass der Blitz seinen Weg zurück in die Flasche fand, sobald er ging. Ich setzte meine Superkräfte ein, und als ich mit dem Swag-Surfen fertig war, rief ich meine Crew zusammen und machte mich auf den Weg zum Abendessen.

˜˜˜

Apropos Laufen

Wie eine Siegesrunde fühlte sich mein neunzehnter und letzter Marathon an. Ich rannte, winkte und tupfte. Der Lauf verlief so glatt, dass ich das Gefühl hatte, es sei der Tag des Murmeltiers für Läufer, die nur eine Meile laufen. Ich nahm die Zuschauer wahr, als wären sie nur für mich da, und ich genoss sie. Der Schweiß lief mir über das Gesicht. Aber der Wind blies ihn weg, bevor er meine Augenbrauen erreichen konnte. Mein Rhythmus war gut.

Dass es mein letztes Rennen sein würde, wusste ich damals noch nicht. Ich wusste, dass ich das Ziel erreichen wollte, als ich Anfang 2017 von den Abbott World Marathon Majors erfuhr. Ich bin in New York City gelaufen, dann in Boston, dann in Berlin, dann in Chicago und schließlich in London. Mir fehlte nur noch Tokio. Um nach Tokio zu kommen, musste ich, nachdem ich meine Hausaufgaben gemacht und Google Translate auf die Probe gestellt hatte, eine große Hürde überwinden. Ich meldete mich für einen Wohltätigkeitslauf an, der 2019 stattfinden sollte, und sammelte ganz nebenbei die 3.000 Dollar, um teilnehmen zu können, nur um herauszufinden, dass nur die ersten 5.000 Läufer, die das Ziel erreichen, teilnehmen. In der Facebook-Gruppe "Tokyo Marathon" erzählte man mir, dass sich alle am ersten Tag anmelden, die Spende bezahlen und dann das Geld einsammeln. Ich fühlte mich wie Holofernes aus den Apokryphen. Ihm war gerade der Kopf abgeschlagen worden. Ich war sofort dabei, als die Nachricht vom Tokio-Lauf 2020 kam. Ich registrierte mich, zahlte die drei Riesen ein und hatte die Gewissheit, dass der nächste Schritt das Spendensammeln war.

∼∼∼

Im Sommer 2019 entschied ich mich für einen weiteren Marathon: eine Promotion. Den größten Teil des Sommers verbrachte ich mit dem Lernen für die Graduate Record Examinations (GREs) und der Entscheidung, für welche Programme ich mich bewerben sollte. Beworben habe ich mich in Columbia, Berkeley, Brown, Harvard, Princeton und Yale. Der Prozess war anstrengend. Es gab GREs, Recherchen über Fakultäten und Professoren, Bewerbungen und die gefürchteten Essays. Insgesamt waren die Essays einfach: Beschreibe uns dein Leben, was du studieren möchtest und welche Professoren und Ressourcen an unserer Hochschule dir dabei helfen, deine Ziele zu verwirklichen. An einer Universität wurde ein zusätzlicher kurzer Aufsatz darüber geschrieben, was Vielfalt für mich bedeutet, nachdem ich das Kästchen angekreuzt hatte, dass ich mich als Schwarzer oder Afroamerikaner identifiziere. Moment mal, darüber soll ich jetzt auch noch einen Aufsatz schreiben? dachte ich.

Ich war schockiert. Mir fehlten die Worte. Wochenlang grübelte ich darüber nach. Dann dachte ich über die Ähnlichkeiten zwischen diesem Thema, Wissenschaft, Kunstmuseen und Ausdauersport, insbesondere Marathon, nach. So schrieb ich einen Aufsatz mit dem Titel "Schwarze laufen keine Marathons":

Als ich mich 2016 dem Start des New York City Marathons auf der Verrazzano-Narrows Bridge in Staten Island näherte, blickte ich in all die aufgeregten Gesichter, die bald ihr Ziel erreichen würden. Schwarze Gesichter waren nur wenige zu sehen. Vielfalt ist die Bestätigung und das Feiern der eigenen Identität auf Schritt und Tritt. An diesem Tag war der Marathon für mich beendet, und in den nächsten drei Jahren folgten achtzehn weitere. Gleichzeitig war ich Ansporn und Inspiration für sechs meiner Freunde, die alle Afroamerikaner sind, ihren ersten Marathon zu laufen. Um meinen Freunden zu zeigen, was möglich ist, lief ich die 26,2 Kilometer in Rom, Boston, Chicago, Berlin, London und anderen Städten.

Als ich den Marathon in Rom lief, war ich nicht überrascht, dass ich wahrscheinlich der einzige Afroamerikaner im Rennen war. Aber beim Laufen in Städten wie Atlanta, Miami, Birmingham und Washington, D.C. wurde mir der eklatante Mangel an Repräsentation deutlich. "Schwarze laufen keine Marathons", schrieb Marcus Ryder in The Guardian, "weil sie in den Laufvereinen, in denen sie trainieren, keine Gleichgesinnten sehen. Fast immer, wenn ich eine schwarze Person sah, nickte sie mir zu. Du weißt, diese leichte Kopfbewegung, die dem anderen schwarzen Menschen sagt, dass du seine Anwesenheit anerkennst. Im Jahr 2011 waren 90 Prozent der Marathonläufer weiß und nur 1,6 Prozent schwarz, so eine Umfrage von Running USA unter 12.000 Läufern. Es ist offensichtlich, dass selbst elitäre sportliche Aktivitäten leider nicht anders sind als Kunstmuseen: Ihnen mangelt es an Diversität, sowohl in der Vergangenheit als auch in der Gegenwart. Aus diesem Grund möchte ich mit Hilfe meiner Erfahrungen die Aufmerksamkeit auf die Möglichkeiten zur Veränderung dieses Bildes lenken.

Ihr, die ihr hier eintretet, wenn wir alle Hoffnungen aufgeben, geben wir alle Träume auf. Ich war schon immer ein Träumer. Als Jugendlicher träumte ich von einem Leben in Italien, vom Bestellen von Wein und Champagner auf Italienisch, vom Flanieren zwischen den Ruinen und Plätzen der antiken Städte. Als Teenager träumte ich von einem Umzug nach New York, einem Job an der Wall Street und dem Essen in feinen Restaurants in meinem gut geschnittenen Anzug. Im College bedauerte ich, dass ich mich nie in Harvard beworben hatte; ich wusste, dass ich das Zeug dazu hatte. Als ich erwachsen war, wollte ich Opern auf der ganzen Welt sehen, lernen, wie man Oboe spielt, und Raupen in Schmetterlinge verwandeln. Und jetzt träume ich davon, dass man mich eines Tages Dr. Charles Moore nennen wird.

Was passiert, wenn man die Hoffnung aufgibt? Aufgeschobene Träume stinken wie Gammelfleisch.

Zurück in den Trott, in dem ich war. Ich beendete den Lauf. Meinen 19. Marathon in Rekordzeit. Es war nicht mein persönlicher Rekord, aber es war ein Rekord für mich. An das Rennen selbst kann ich mich nicht mehr erinnern. Alles ist verschwommen. Ich erinnere mich nur daran, dass ich bei Kilometer 26 anhielt, zwei Zehntel Kilometer vor dem Ziel. Ich schaute auf die Uhr, checkte mein Handy und genoss den Moment. Ich habe nicht geträumt. Es war sehr real. Nach dem Überqueren der Ziellinie und dem Empfang meiner Medaille stellte ich mich für ein Foto zur Verfügung. Ein wahr gewordener Traum, ich war auf dem Höhepunkt meiner Leistung angekommen.

Kapitel 25
Ahmaud der Tapfere!

Die Umstände des Mordes an Ahmaud Arbery im Jahr 2020 kamen mir nur allzu bekannt vor, als ich davon hörte. Da war ein Mann, der regelmäßig Sport trieb, um sich fit zu halten und ein bisschen gesünder und länger zu leben. Und er wurde von einem Lynchmob niedergemetzelt, wie so viele andere vor ihm. Um das Ausmaß des Verbrechens zu verdeutlichen, ist es wichtig, seine Geschichte hier zu erzählen.

Ahmaud stand knapp dreihundert Kilometer westlich von dem Ort, an dem mein Onkel Jr. in Georgia lebte, am Rand einer Wohnstraße. Er stand auf einer Spur, der Ford F-150 mit seinen Mördern auf der anderen. Einer der Mörder stand auf der Ladefläche, als würde er nach Beute Ausschau halten - nach einem unschuldigen Leben, das er stehlen wollte.

Als Ahmaud und der F-150 den Weg kreuzten, sprachen die Mörder ihn an. Die drei Männer schrien ihn an - und was hörte er? Es waren nicht die Anfeuerungsrufe, die ich bei jedem meiner neunzehn Marathonläufe zu hören bekommen hatte. Ihre Worte waren nicht ermutigend, nicht fragend, sondern angeklagt. Er hatte es gewagt, an diesem Tag zu laufen. Der Schweiß auf seinem Rücken und die Luft, die in seine Lungen gedrungen war, zeugten davon, dass die Band in dem F-150 ihn beleidigt hatte. Er war hinausgegangen und hatte sich getraut, sein Leben zu leben, durch das Land in Georgia zu sprinten und zu joggen, das sein Zuhause war.

Das war alles, was er brauchte: Leben, atmen, sein. Das war genug für die drei hasserfüllten Ghule, um die Verfolgung aufzunehmen. Aus einem Rennen wurde ein anderes. Eigentlich wollte Ahmaud nur trainieren. Stattdessen rannte er um sein Leben. Es tut mir weh, aber ich habe mir vorgestellt, wie er sich gefühlt haben muss, wie er sich geängstigt gefühlt haben muss, als er nicht mehr zum Spaß rannte, sondern um zu überleben.

Ahmaud wehrte sich tapfer. Er kämpfte mit einem seiner Mörder um das Gewehr, das die drei auf ihn gerichtet hatten. Aber die Chancen waren zu groß. Sicher hätte der hochdekorierte Sportler mit jedem seiner Angreifer kurzen Prozess gemacht, aber es waren drei gegen einen. Sie waren auf der Suche nach Seelen. In Ahmaud Arbery hatten sie eine gefunden.

Ahmaud: ein Läufer wie ich. Wie mein Onkel junior, wie viele Schwarze, die sprinten, joggen, Marathon laufen. Ahmaud, dessen Tod wie eine Glocke die Minuten des Hasses einläutete, der in Georgia noch immer schwelt. Nur wenige Kilometer von dem Ort entfernt, an dem mein Onkel Jr. jeden Tag läuft.

Onkel Jr. erzählte mir später, dass ihn dieser Vorfall so sehr mitgenommen habe, dass er mit dem Laufen aufgehört habe. Ich war nur noch am Tag des Rennens im Freien. Aber er war jahrzehntelang fast jeden Tag draußen gelaufen, einfach aus

Spaß.

Es war ein Zeichen, dass die Wahrheit siegen kann, als die Geschworenen die Mörder des heimtückischen Mordes für schuldig befanden. Aber auch die Tatsache, dass so etwas überhaupt passieren konnte, war ein Zeichen. Jedes Mal, wenn Ahmaud gelaufen war, hatte er sein Leben riskiert. Er hatte alles riskiert, um den Nervenkitzel des Laufens zu erleben. Auch wenn er nicht sicher sein konnte, ob er überleben würde. In Amerika riskiert man mehr als einen Bänderriss oder einen verstauchten Knöchel, wenn man sich auf ein Rennen vorbereitet. Wenn man zufällig ein schwarzer Läufer ist, kann es zu einer Art Kampfsport werden, auch wenn es das eigentlich nie hätte sein sollen - und es sollte auch nie wieder so sein.

Jetzt bin ich einfach dankbar, dass Jungs wie Onkel Jr. diese Saison wieder laufen und hoffe, dass das, was Ahmaud Aubrey passiert ist, nie wieder passiert.

^^^

Im Jahr 2013 veröffentlichte der Guardian einen Artikel von Ryder mit dem Titel "Why don't black people run marathons? Er beschäftigte sich mit einem Phänomen, das viele Menschen in den Vereinigten Staaten - zumindest anekdotisch - bestätigen können: Bei landesweiten Marathonläufen machen Schwarze nur einen kleinen Teil aller Läufer aus. Unter anderem heißt es in dem Artikel

Während die Geschlechterbarriere zu fallen scheint, gibt es eine andere bei Langstreckenläufen: Schwarze laufen keine Marathons.

Angesichts der Tatsache, dass fast alle Top-Marathonläufer, sowohl Männer als auch Frauen, Afrikaner sind, ist dies umso erstaunlicher. Die einzige Statistik, die ich gefunden habe, ist die halbjährliche National Runner Survey von Running USA, die zeigt, dass nur 1,6 Prozent der Marathonläufer in Amerika Afroamerikaner sind, im Vergleich zu 90 Prozent Kaukasiern, 5,1 Prozent Hispanics und 3,9 Prozent Asiaten/Pazifikinsulanern.

Zu sagen, dass schwarze Menschen keine Marathons laufen, ist jedoch sowohl abwertend als auch falsch. Unabhängig davon, ob Ryder übertrieben hat oder nicht, ist es eine Tatsache, dass viele Läufer diese Aussage wörtlich nehmen, weil sie nicht sehen, dass schwarze Menschen an Marathonläufen teilnehmen. Es lohnt sich, die aktuellen Statistiken zu analysieren, die zeigen, dass der Sport zeitweise ausgegrenzt und diskriminiert wurde. Wenn wir einfach sagen: "Schwarze Menschen laufen keine Marathons", dann lassen wir die reiche, jahrzehntelange Geschichte schwarzer Pioniere außer Acht - und die Bedeutung, die hinter ihrer Bereitschaft steht, sich in einen Raum zu begeben, in dem nur wenige andere so sind wie sie oder ihre kulturellen Erfahrungen geteilt haben.

Nehmen wir zum Beispiel Ted Corbitt. Er war Gründungsvorsitzender der NYRR, der größten Läufervereinigung in New York City und einer der weltgrößten Leichtathletikverbände. Der 1919 Geborene wurde zu einer Koryphäe des Marathonlaufs, als die Läufer noch homogener waren als heute. Zwischen dem Broadway und dem Harlem River, von der Bronx bis nach Manhattan, lief Corbitt jeden Tag mehr als zwanzig Kilometer. Mein Vater hat mir immer gesagt, dass er nicht allein ist, dass es noch andere große schwarze amerikanische Langstreckenläufer gibt", erinnert sich sein Sohn Gary. Bis ich anfing, sie selbst zu erforschen, wusste ich nicht, wie reich diese Geschichte ist.

Für die Bewahrung der oft übersehenen Geschichte des schwarzen Langstreckenlaufs hat sich der jüngere Corbitt eingesetzt. Er hat die Ursprünge des Sports in der schwarzen Gemeinschaft bis zu den Anfängen in den Vereinigten Staaten zurückverfolgt. Wenn wir bis ins 19. Jahrhundert zurückgehen, finden wir Frank Hart, einen schwarzen Einwanderer, der 1858 als Fred Hichborn geboren wurde. Nach seiner Ankunft in den Vereinigten Staaten in den 1870er Jahren war Hart ein begeisterter Anhänger der damals populärsten Sportart des Landes: des Marschierens. In mehrtägigen Wettkämpfen wurde zwischen Kontrollpunkten gelaufen und gewandert. Diese Läufe erstreckten sich über Hunderte von Kilometer und waren die Vorläufer des modernen Ultramarathons. Hart arbeitete hauptberuflich in einem Lebensmittelgeschäft in Boston. Er war einer der ersten professionellen Läufer und einer der Begründer der Laufbewegung in Amerika.

Marilyn Bevans lief einen Marathon mit einer Zeit von 3:04:32 und gewann den George Washington's Birthday Marathon in Beltsville, Maryland, etwa ein Jahrhundert nachdem Hart den Marathonlauf dominiert hatte. Bevans war die erste Afroamerikanerin, die einen Marathon in den Vereinigten Staaten gewann. Kurze Zeit später setzte sie ihren Erfolg fort und belegte beim Boston-Marathon mit einer Zeit von 2:55:52 Stunden den vierten Platz. 1977 wurde sie die erste Afroamerikanerin, die beim Boston-Marathon eine Medaille gewann. Mit einer Zeit von 2:51:12 schlug sie ihre eigene Bestzeit und belegte den zweiten Platz. Es war die Nike-Ära, der Aufstieg des Langstreckenlaufs zur kulturellen Extravaganz und eine Sternstunde schwarzer Spitzenleistungen in einem Sport, von dem der Guardian weniger als vierzig Jahre später behauptete, es gäbe keine schwarzen Teilnehmer.

Bevans sagte über ihre Erfahrung: "Ich habe das Training genossen. Das Training hat mir Spaß gemacht. Ich hatte nicht den Gedanken, die Erste [schwarze Frau] zu sein, ganz ehrlich. Ich wollte einfach die Beste sein und mich messen. Mein Ziel war der Sieg, und ich wusste, dass ich mit harter Arbeit eine Chance haben würde.

Wie Bevans hat sich Tony Reed nicht nur als erster Schwarzer, der einen Marathon auf allen sieben Kontinenten beendete, sondern auch als Marathonläufer in allen US-Bundesstaaten in die Annalen des schwarzen Langstreckenlaufs eingetragen. Insgesamt absolvierte Reed 131 Marathonläufe. Sein Beitrag dazu, den Sport für mehr Schwarze als je zuvor zu öffnen, ist unbestreitbar. Ein großer Teil davon ist der Tatsache zu verdanken, dass er all die schwarzen Männer und Frauen ins Rampenlicht gerückt hat, die dazu beigetragen haben, den Langstreckenlauf zu dem zu machen, was er heute ist.

Im Interview mit Runner's World erinnert sich Reed an den Lauf von 2004: "Die Kinder, die den Lauf verfolgten, begannen mit mir zu laufen und ich sprach sie an. Das hat mich wirklich berührt. Für diese schwarzen Kinder, die einen schwarzen Läufer laufen sahen, war ich eine Art Vorbild. Ich habe nie darüber nachgedacht, dass ich ein Vorbild für die Leute sein könnte, die mich dort draußen laufen sehen. Es ist diese Art zu denken, die Reed dazu motiviert hat, seine wichtige Aufklärungsarbeit zu leisten und die Wahrheit über schwarze Menschen und den Marathonlauf ans Licht zu bringen - im Gegensatz zu den anekdotischen Missverständnissen, die sich hartnäckig halten.

Schwarze Amerikaner haben - ohne eine gemeinnützige Organisation zu gründen oder eine Medaille zu gewinnen - auf andere Weise zum Wachstum des Langstreckenlaufs beigetragen. Laufen ist wirklich ein Mikrokosmos der Gesellschaft", sagt Tiffany Chenault, Soziologieprofessorin an der Salem State University, über ihre Lauferfahrungen. Obwohl es einladend und integrativ sein sollte, ist es das nicht. Chenaults Forschungsschwerpunkt sind rassische, soziale und wirtschaftliche Faktoren, die für schwarze Sportler ein Hindernis bei der Ausübung ihres Hobbys Laufen sein können.

Für die neuesten Talente aus bestimmten Regionen Kenias, Äthiopiens und Eritreas ist der globale Langstreckenlauf zum Schaufenster geworden. Die Welt hat mit Ehrfurcht auf die Generation von Eliud Kipchoge, Mo Farah, Haile Gebrselassie und Kenenisa Bekele geblickt, die gezeigt haben, zu welchen Leistungen der menschliche Körper fähig ist. In der modernen Sportmedizin sind ihre Kondition und ihre Leistungen Kilometersteine.

Aber auch schwarze Amerikaner haben in den letzten Jahren den Weg an die Spitze des Langstreckenlaufs gefunden. Keflezighi war 39 Jahre alt, als er 2014 den Boston-Marathon gewann. Er war der jüngste US-Amerikaner, der jemals den Marathon gewann, und kein anderer Amerikaner war Sieger in Boston, New York und Gewinner einer olympischen Medaille. Nach seinem Rücktritt wandelte er seinen Ruhm als schnellster Marathonläufer Amerikas in eine Medien- und Wohltätigkeitskarriere um und läuft unter anderem für das NYRR Team for Kids.

Es gibt noch viele andere schwarze Läufer, die weniger bekannt sind, deren Karriere und Erfolge aber nicht weniger beeindruckend sind als die von Keflezighi. Aliphine Tuliamuk gewann die Marathon-Tests für die Olympischen Spiele 2020 in den USA. Als Vertreterin der Vereinigten Staaten bei den Olympischen Spielen 2021 in Tokio nahm sie an einem Wettkampf auf höchstem Niveau teil, während sie gleichzeitig ihr neugeborenes Baby stillte. Der 31-jährige Nathan Martin, der seit seiner Kindheit läuft, brach 2021 in Chandler, Arizona, den Geschwindigkeitsrekord für schwarze amerikanische Männer im Marathon, wenn auch auf einer viel kleineren Bühne als Tuliamuk.

Auf die Frage, wie er zum Sport gekommen ist, verrät er, wie wichtig es sein kann, Unterstützer zu haben: "Am Anfang war ich ziemlich zögerlich, aber in der achten Klasse haben mich [meine Lehrer] überzeugt".

Die Geschichte von Martin ist die Geschichte der schwarzen Langstreckenläufer in den Vereinigten Staaten von Amerika: Natürlich laufen Schwarze. Wenn wir weiter gegen Ungleichheiten im Sport kämpfen, Sicherheitsbedenken im Freien ausräumen und junge Schwarze ermutigen, lieber früher als später mit dem Laufen anzufangen, werden die Statistiken das bestätigen. Organisationen wie der Black Men Run, die Civil Rights Race Series, Black Girls RUN!, GirlTrek und die NBMA leisten harte und wichtige Arbeit bei der Veränderung des Bildes von Schwarzen Menschen und dem Laufsport, beim Zerstören von Mythen und beim Feiern des Erbes.

Wenn wir mit falschen Vorstellungen aufräumen, werden sie nicht weiter bestehen. Die Wahrheit ist, dass Schwarze Menschen Läufer sind und schon immer gewesen sind - lange vor der Entstehung des Sports. Indem wir die Entwicklung einer gerechteren Sportart und eines gerechteren Hobbys fördern, kann eine vielfältigere Bevölkerung den Schmerz bei Kilometer acht, zwölf und zwanzig entdecken - ebenso wie die unvergleichliche Freude, wenn man die sechsundzwanzigste

Meile und die Ziellinie erreicht -, aber vor allem die gesundheitlichen Vorteile, die ausdauerndes Laufen mit sich bringt.

Apropos Laufen... Ich hatte selbst viel zu laufen. Ich war keinen Marathon mehr gelaufen und hatte mich auch nicht darauf vorbereitet, seit Ahmaud Arbery auf tragische Weise ermordet worden war. Ich hatte mir zwar nicht in den Kopf gesetzt, meinen nächsten Marathon Ahmaud zu widmen, aber ich würde auf jeden Fall an ihn denken, wenn ich an den Start ging. Das konnte ich nicht ändern. Und dann war da noch ein weiteres Abbott World Marathon Majors Event, das ich mir vorgenommen hatte - Tokio. Das hatte ich schon länger geplant: Tokio sollte im März 2020 sein. Und nichts, aber auch gar nichts sollte mich davon abhalten.

Kapitel 26
Und wieder von vorne.

Um mein lang gehegtes Ziel zu erreichen, an allen sechs Abbott World Marathon Majors teilzunehmen, hätte ich nicht aufgeregter sein können. Mein Flugticket nach Tokio, Japan, war gebucht. Und mein Hotelzimmer in der Nähe der Ziellinie war reserviert. Alles, was ich tun musste, war, einigermaßen fit zu bleiben und mich nicht zu verletzen. Auch mit Mitte vierzig hatte ich das Gefühl, dass ich das schaffen könnte.

Mitte Februar bekam ich die ersten Anrufe von besorgten Familienmitgliedern und Gratulanten.

"Es tut mir leid, dir das sagen zu müssen", sagte Matt. "Sag deine Reise nach Japan ab, Bruder."

"Ich habe gehört, dass wir am Anfang der Pest stehen", sagte DJ zu mir.

"Ich werde den Tokio-Marathon laufen", sagte ich zu beiden. Und ich muss zugeben, dass ich etwas nervös wurde, als

Anfang Februar die E-Mail mit der Überschrift <Achtung!> Wichtige Ankündigung für die Teilnehmer am Tokio Marathon 2020 eintraf. Trotzdem öffnete ich die E-Mail sofort und fand darin die Startnummernausgabe, den Abholort und meine Startnummer bestätigt.

Aber als die dramatische Musik im Laufe der Woche immer lauter wurde und ankündigte, was auf die Welt zukam, wusste ich, dass ich die Fluggesellschaft anrufen würde, um einen Gutschein für den Flug und die Stornierung meines Hotels zu bekommen.

Die nächste E-Mail war mit der Betreffzeile WICHTIGE INFORMATIONEN ZUM TOKYO MARATHON 2020 versehen und ich spürte einen Krampf in meinem Magen, der meine Handbewegungen verlangsamte, als ich die E-Mail öffnete.

Auf unserer offiziellen Website haben wir am 17. Februar die endgültige Entscheidung für die Veranstaltung im Jahr 2020 bekannt gegeben. . . *Hinweis: Alle für 2020 angemeldeten Läufer haben einen garantierten Startplatz für die Veranstaltung im Jahr 2021.

Tokio wurde auf 2021 verschoben?

Ich war am Boden zerstört. Ich hatte keine Tränen in den Augen, aber ich hätte es gerne. Enttäuscht zu sein, ließ sich nicht wegdiskutieren. Wie ich mich fühlen würde, wenn ich endlich über die Ziellinie segeln würde, dachte ich jeden Tag. Wer würde mir meine Sechs-Sterne-Medaille überreichen? Welchen Champagner würde ich zum Feiern öffnen? Aber das alles spielte keine Rolle. Es wäre auch toll gewesen, wenn ich gar nichts gemacht hätte. Hätte ich etwas verloren, wofür ich hart gearbeitet hatte, wäre ich nicht glücklich gewesen. Aber ich wäre trotzdem stolz auf mich gewesen, weil ich mein Bestes gegeben hatte, um es vorzubereiten und zu erreichen. Aber bereit zu sein und nicht in der Lage zu sein, an den Start zu gehen, war für mich fast schlimmer, als wenn ich nach Tokio gefahren wäre und das Rennen aus irgendeinem Grund nicht zu Ende gebracht hätte. Ich habe keine Angst zu versagen. Ich habe Angst davor, es nicht zu versuchen.

Heute wissen wir: Die weltweite Pandemie ist noch nicht vorbei. Und so fühlte ich mich im Herbst des Jahres 2020 wie betäubt. Ich war das ganze Jahr über keinen einzigen Kilometer gelaufen. Dank des Royal 35 Steakhouse nebenan aß ich wie ein König. Jede Woche verkauften sie mir und ein paar Nachbarn vor der Haustür trocken gelagerte amerikanische Wagyu-Steaks zum Selbstkostenpreis. Und jede Woche wurde mein Körper steif von dem Mangel an Bewegung. Es war ein guter Tag, wenn ich an einem Tag fünfzehnhundert Schritte ging. Psychisch war ich am Boden zerstört. Ich wollte, dass diese Pandemie vorbei ist, damit ich mich wieder aufraffen und hoffentlich wieder bewegen kann.

Ich wartete auf eine weitere E-Mail und traute mich kaum, sie zu öffnen, als sie endlich eintraf.

1) Welches Ereignis möchtest du verschieben?

Bitte wähle aus, ob du deine Teilnahme am "Tokyo Marathon 2021

oder den "Tokyo Marathon 2022" verschieben möchtest.

-Tokyo Marathon 2021 Sonntag, 17. Oktober 2021 (vorläufig)

-Tokyo Marathon 2022 Sonntag, 6. März 2022 (vorläufig)

Das war brutal. Natürlich wählte ich den 17. Oktober 2021, der dann doch abgesagt wurde. Und wieder der 6. März 2022

abgesagt.

Zu diesem Zeitpunkt war ich schon ein bisschen mehr in

Bewegung, aber ich war immer noch keinen einzigen Kilometer zu Fuß unterwegs. Ich fühlte mich wie ein Spitzensportler, der - wenn auch zu früh - in den Ruhestand geschickt wurde. Dass Jordan nach drei Meisterschaften seinen Rücktritt erklärte, daran erinnere ich mich noch gut. Nur um fast zwei Jahre später ein zweites Mal zu triumphieren.

Mit dem Laufen begann ich wieder im April 2022. Wenn es beim Marathon ein Trikot gäbe, so wie es beim Basketball der Fall ist, dann hätte ich mich für die Nummer 45 entschieden. Als ich mich für den New York City Marathon 2022 anmeldete, den ich zum fünften Mal laufen würde, begann mein jordanisches Comeback. Ich hatte 20 Pfund zugenommen, weil ich mich gut ernährt und kaum Sport getrieben hatte. Aber mental war ich am Boden zerstört. Ich musste meinen Mut zurückgewinnen und hatte vergessen, wie man trainiert.

Zum ersten Mal seit Ewigkeiten wechselte ich meine Schuhe. Ich entschied mich für den Nike Air Zoom Alphafly NEXT%s. Die Schuhe, die einst für die Elite der Langstreckenläufer und bei den Olympischen Spielen wegen des Verdachts auf "technologisches Doping" verboten waren. Hey, ich bin mit fünfundvierzig Jahren aus einer Auszeit zurückgekommen. Ich wollte alle Vorteile nutzen, die ich bekommen konnte. Wenn man diese Schuhe anzieht, fühlt man sich wie ein Känguru, weil sie so viel Sprungkraft haben.

Es war das erste Mal, dass ich mir einen richtigen Zeitplan gemacht habe, und ich habe sogar an der frischen Luft trainiert. Ich bin drei- bis viermal pro Woche gelaufen. Im Durchschnitt waren es sechs bis zehn Kilometer pro Lauf. Ich aß wieder gesünder und begann, mein Gewicht zu reduzieren. Man hält ein gesundes Körpergewicht, wenn man sich gesund ernährt und

Apropos Laufen   257

aktiv bleibt. Es ist komisch, wie das funktioniert. Aber während ich abnahm, ging mein Selbstwertgefühl in die andere Richtung. Ich fühlte mich ... als könnte ich einen Ultramarathon laufen!
 Als ich Andrea sagte, was ich dachte, antwortete sie: "Bist du verrückt? Was ist das überhaupt?"
 "Technisch gesehen ist ein Ultra etwas länger als ein Marathon. Aber er beginnt normalerweise bei 50 Kilometern - also mindestens 31 Kilometer".

Als ich meine Anmeldung für den New York City Marathon im Jahr 2022 bestätigte, war ich auch auf der Suche nach einem Ort, an dem ich entweder vor oder nach dem Marathon einen 50-km-Lauf absolvieren könnte. Schließlich landete ich in Dallas, Texas. Ich war auf der Suche nach einer neuen Herausforderung und ein Ultramarathon war genau das Richtige für mich. ^^^

Am Tag des Rennens wusste ich zumindest, dass ich gut aussehen würde. Ich trug ein schwarzes Tracksmith T-Shirt und eine schwarze Tracksmith Laufhose mit grauem Seitenstreifen. Dazu eine schwarze ciele x Tracksmith-Mütze. Und dazu blaue Nike Air Zoom Alphafly NEXT%s. Ich sah aus, als wäre ich gerade der Titelseite von Runner's World entsprungen.
 Die Ausrüstung war wie eine Rüstung, innerlich fühlte ich mich wie ein Stand-up-Comedian, der vor tobendem Publikum neues Material ausprobiert. Ich habe das schon vier Mal gemacht, sagte ich mir immer wieder. Es fühlte sich an wie das erste Mal, als ich an diesem Morgen die Fähre nach Staten Island bestieg. Ich sah zu und beobachtete, wie sich alle zu bewegen begannen. Es war klar, dass es jemanden auf der Fähre gab, der diese Reise

noch nie zuvor gemacht hatte. Jemand auf dieser Fähre würde das Rennen nicht beenden. Jemand auf dieser Fähre würde am Ende eine Medaille mit sechs Sternen in Empfang nehmen. Jemand auf dieser Fähre würde seinen zwanzigsten Marathon laufen. Moment mal. Es war das fünfte Mal, dass ich an dieser Veranstaltung teilnahm, aber es würde das zwanzigste Mal sein, dass ich die 26,2 Kilometer an einem Tag laufen würde. Als ich an der Startlinie ankam, hatte ich die coolen und schützenden Klamotten, die ich trug, bereits vergessen. Alles, woran ich denken konnte, war die Startlinie zu überqueren und dann über die Ziellinie zu laufen.

Es sollte der leichteste Marathon werden, den ich je gelaufen bin - sowohl in physischer als auch in mentaler Hinsicht. Als wäre ich die Einzige, lief ich durch die Menge der Läufer. Als würde der Wind hinter mir alle Zweifel wegblasen, sprintete ich an den Kilometermarkierungen vorbei. Das ganze Rennen war wie verschwommen. Erst als ich nach Hause kam, um zu duschen, schien es seinen Höhepunkt erreicht zu haben. Ich war bereit für ein Steak. Aber diesmal musste ich es mir verdienen. Nächster Halt: Dallas.

Kapitel 27
Durchbruch.

Wenn man in einer großen Gruppe läuft, blickt man in die Gesichter, und es ist leicht, für ein paar Momente oder sogar Minuten die Straße unter den Füßen und die Szenen, die zu beiden Seiten an einem vorbeiziehen, aus den Augen zu verlieren. Du siehst nur die Gesichter, die genauso keuchen und schnaufen wie du. Und du wirfst einen flüchtigen Blick auf all die anderen Gesichter. Dein Geist wandert auf erfrischende Weise, während du die Arme in den dicken Wind stemmst und mit den Zehen leicht auf den Bürgersteig tippst. Du hast Zeit zum Nachdenken, und mit jedem Kilometer, den du zurücklegst, hast du ein bisschen mehr Zeit zum Nachdenken.

Deshalb hat mich die Laufgemeinschaft so schnell in ihren Bann gezogen. Jedes Mal, wenn ich mich für einen neuen Marathon anmeldete, hatte ich das Gefühl, Teil von etwas zu sein - dass all diese neuen Freunde und ich dasselbe spektakuläre

Gefühl suchten, dass wir uns besser verstanden, als wir am Morgen aufgewacht waren. Diese Gemeinschaft ist nicht nur geografisch, sondern auch in Bezug auf die Interessen: Vielleicht triffst du bei einem Lauf ein paar Dutzend Läufer und findest keinen einzigen Gleichgesinnten, außer dass ihr beide eine Leidenschaft fürs Laufen habt.

Diese Leidenschaft reicht aus.

Du musst nicht lange nach Motivation suchen, wenn du diese Art von Leidenschaft um dich herum hast, diese Art von kollektiver Anstrengung. Der Anblick all der Menschen, die an deiner Seite laufen, ist für sich allein schon Motivation genug. Du teilst den ganzen Sauerstoff um dich herum, auch wenn deine Zeit deine eigene ist und du weißt, dass nur du dein Rennen laufen kannst. Egal, ob du als Erster oder Letzter ins Ziel kommst, du läufst immer auf derselben Straße. Die Gemeinschaft der Läufer, wie sie bei jedem 5-Kilometer-Lauf, 10-Kilometer-Lauf, Halbmarathon, Marathon oder jedem anderen Lauf zum Ausdruck kommt.

Ich werde über das gewisse Etwas sprechen, über die Kante, an der ich oft stand und die ich erst überquerte, nachdem ich viel nachdachte und trainierte. Natürlich brauchte es auch Inspiration. Das tun große Herausforderungen immer, um etwas zu erreichen, das man noch nie erreicht hat, besonders etwas, das an der Grenze des Unmöglichen liegt. Dieses Etwas verlangt, dass du in dich hineinschaust und alle Nuancen erforschst, um dich kennenzulernen, wie du es im rasenden Tempo, mit dem du dein Leben lebst, nicht könntest.

Ich möchte dir etwas über meinen Freund Oliver Ventura erzählen, bevor ich dir von meiner letzten Herausforderung erzähle. Als Dominikaner der zweiten Generation bin ich mit

Oliver eng befreundet, seit wir an der Michigan State University studiert haben. Oliver und ich verstehen uns auf ganz natürliche Weise. Wir verstehen uns. Das macht es uns leicht, offen zu reden und zu sagen, was uns wirklich auf dem Herzen liegt. Außerdem achten wir aufeinander. Wir sind immer im Gespräch über die Ereignisse in unserem Leben und was unsere Ziele sind.

Nach dem College bin ich nach New York City gezogen, und Oliver hat sich in Nashville niedergelassen. Einige Zeit später ist er in Austin gelandet.

Als ich 2016 anfing, Marathons zu laufen, schien er daran interessiert, mich zu begleiten. Aber Fitness war nie Teil unserer Freundschaft. Olivers Eltern hatten nie einen gesunden Lebensstil, und so hatte er einige ihrer ungesunden Gewohnheiten in die Wiege gelegt bekommen. Sein Leben lang kämpfte er mit leichtem Übergewicht.

Oliver begann, während ich Medaillen, Erinnerungsstücke und Schmuck von all meinen Läufen sammelte, Sport zu treiben. Er kam zu mir und erzählte mir, dass er am Vortag gejoggt sei. Es waren zwar nur kurze Strecken, aber er hat es geschafft. Er sah, wie viel mir das Laufen bedeutete, und wollte es auch.

Was war also das Problem?

Das Problem war, dass Oliver sich nie für einen Lauf angemeldet hatte. Ich erklärte ihm, was mir das Laufen bedeutete. Wie es sich anfühlte, Teil von etwas zu sein, wie es mich motivierte, meine Ziele immer höher zu stecken. Jahrelang hatte ich mich danach gesehnt: Ich bin im Rennen!

oder Mein erster Lauf ist nächsten Monat! oder Schau, was ich mache!

Wir sprachen darüber und Oliver willigte ein, an einem 5-Kilometer-Lauf in Dallas teilzunehmen. Der Plan war, an diesem Samstag zu laufen, aber als Oliver ankam, stellte ich fest, dass er sich weder für den Lauf angemeldet noch seine Schuhe eingepackt hatte, was er mir erst Tage vor dem Lauf sagte. Egal, er war mit mir in Texas und wir würden es schaffen. Auf eine SMS musste ich nicht lange warten. Stattdessen konnte ich es selbst in die Hand nehmen, meinen Freund zu inspirieren. Ich gab meinen besten Al Pacino und spielte die Any Given Sunday-Rede perfekt nach. Es funktionierte, und da ich zu diesem Zeitpunkt bereits für seine Teilnahme bezahlt hatte, stand seinem ersten Ziel nichts mehr im Wege.

Das war das erste Rennen, das ich von der Seitenlinie aus gesehen habe. Ich wollte, dass er seinen Moment hatte, während ich ihn auf seinem Weg unterstützte. Am nächsten Tag würde ich selbst einen Ultramarathon laufen. Ich sah, wie einer meiner ältesten und engsten Freunde durch Jahrzehnte des Neinsagens und der lebenslangen Fragen ging. Kann ich gesund sein? Wird es für mich funktionieren?

Oliver lief diesen 5-Kilometer-Lauf. Als ich ihn an der Ziellinie traf, erinnerte ich mich daran, wie oft er mir gesagt hatte, wie sehr ich ihn inspiriere. Mir lief ein kalter Schauer über den Rücken, als ich ihm sagte, dass er es war, der mich heute inspiriert hatte. Er hatte sich seinen tiefsten Ängsten gestellt und sie überwunden. Er hatte die Herausforderung angenommen und nicht aufgegeben. An diesem Tag war Oliver der mutigste Läufer, den ich kannte.

Nach Olivers erstem 5-Kilometer-Lauf musste ich meine ganze Einstellung zum Laufen überdenken. Ich hatte in sechs Jahren einen weiten Weg zurückgelegt. Aber es gab noch viel zu tun. Ich hatte meine eigene Anmeldung für den Dallas Ultra Marathon 2022 verschoben.

Es ist nicht die Distanz, die einen Marathon von einem Ultramarathon unterscheidet. Es ist nicht die Zeit und es ist nicht die Anstrengung. Der Unterschied ist der Glaube: Man kann sich zutrauen, einen Marathon zu laufen, man kann sich sogar dabei sehen, aber sobald man sich zutraut, einen Ultramarathon zu laufen, ist man schon in die erste Bärenfalle getappt.

Du kannst nur dann einen Ultramarathon laufen, wenn du daran glaubst, dass niemand in der Lage ist, einen Ultramarathon zu laufen, und wenn du daran glaubst, dass du es trotz dieser beunruhigenden Realität trotzdem tun wirst. Das habe ich von Oliver gelernt, als er den 5K gelaufen ist: Ich glaubte, dass er es schafft, er war nicht sicher, und dann schaffte er es. Genauso war ich mir nicht sicher, ob ich in der Lage sein würde, einen Ultramarathon zu laufen, aber auch wenn der Tod oder die Dehydrierung mich daran hindern könnten, würde ich es trotzdem versuchen.

Der Lauf fand am 11. Dezember 2022 statt. Der Himmel über Dallas war bedeckt. Um uns herum herrschte Nebel. Beide Hindernisse schienen unbedeutend im Vergleich zu dem Ungetüm, das vor mir lag. Erst vor einem Monat war ich in New York meinen zwanzigsten Marathon gelaufen. Aber das war etwas anderes. Auch wenn ich in diesem Jahr bereits fünfzig Marathons gelaufen war, hätte ich das immer noch als schlechte Vorbereitung für einen Ultramarathon empfunden, der als alles definiert ist, was länger als 26,2 Kilometer oder 42 Kilometer ist (je nachdem, wen man fragt).

An diesem Tag lag das Rennen noch 50 Kilometer vor mir. Ich fühlte mich bereit zu laufen, aber nicht dafür. In meinen schwarzen Tracksmith No Days Off Tights, einem weißen Tracksmith T-Shirt und babyblauen Nike Air Zoom Alphafly

NEXT% ls schaute ich mich um, um etwas in den Gesichtern zu erkennen, wie ich es immer tat, und fand die gleiche Gemeinschaft, die ich immer gefunden hatte, wenn auch vielleicht ein wenig vorsichtiger und zurückhaltender als bei den eher standardisierten Rennen.

Als wir uns auf den Weg durch die Straßen von Dallas machten, merkte ich, dass mir das Gefühl des Laufens im Laufe der Zeit immer vertrauter wurde. Ich hatte ein gutes Tempo gefunden und wusste, dass ich erst vier Wochen zuvor an einem Marathon teilgenommen hatte.

Und dann passierte etwas: Bei Kilometer 19 bogen alle Ultramarathon-Läufer von den Marathon- und Halbmarathon-Läufern ab. Ich wusste, dass diese Abzweigung etwa fünf Kilometer lang war, die Hälfte hin und die andere Hälfte zurück, da ich die Strecke vorher studiert hatte. Während ich diese Schleife lief, wurde die Menge um mich herum immer dünner. Es wurde schwieriger, Gesichter zu finden, in die ich blicken konnte, und schwieriger, mich irgendwo anders als von meinen eigenen Füßen inspirieren und motivieren zu lassen, die inzwischen mit einem wütenden Klopfen nach mir riefen.

Zwischen Kilometer zwanzig und einundzwanzig gab es keine Zuschauer. Ich sah nie mehr als sechs Läufer auf einmal. Kein Applaus, kein Jubel, keine aufmunternden Worte, nur die Einsamkeit des Laufens, als wären wir alle zufällig auf den Straßen von Dallas gelandet, um am frühen Morgen zu trainieren.

Es war wunderbar, wieder in der Gruppe zu sein. Es war auch wunderbar, die Markierung für Meile 26 zu sehen, bis ich mich daran erinnerte, dass das Rennen noch nicht zu Ende war, dass ich das, was ich gerade getan hatte, noch einmal tun musste.

Ich hielt inne und dachte an Konstantin Stanislawski.

Ich konnte hören, wie er mir zusah und mich nicht zum Laufen, sondern zum Denken anspornte. Als ich an der Ziellinie stand, noch viele Kilometer vor mir, stellte ich mir Stanislawskis große Fragen: Wer bin ich? Warum bin ich hier? Woher komme ich? Wohin gehe ich?

Viele Läufer berichten, dass sie sich nach einem Marathon mehr mit sich selbst verbunden fühlen als vorher. Diese verwandelnde Kraft ist unglaublich, und doch wurde mir klar, dass sie nicht absolut ist. Als ich an der Seitenlinie stand und Oliver zusah, wie er sich durch die 5 Kilometer kämpfte und sie meisterte, fühlte ich mich erleuchtet und erfüllt, als wäre ich dort, als hätte ich es geschafft. Dieses Gefühl ist schön, aber was ist es wert? Was ist es wert, sich weise und erfüllt zu fühlen, wenn es einen Weg gibt, den du noch nicht gegangen bist und der dich am Ende zu Fall bringen könnte?

Es ist nicht nötig, dass du in grummelnde, kämpfende Gesichter blickst, um zu wissen, dass in deinem Inneren etwas unerledigt ist, und wenn du es tust, kannst du an den Ort zurückkehren, an dem du angefangen hast, all die Weisheit und all die Leistungen zu sammeln. Du wirst dich wieder wie neu fühlen. Vielleicht fragst du dich - wie Oliver - ganz bewusst: "Schaff ich das? Soll ich das tun? Ist das zu viel für mich?

Du kannst diese Zweifel noch einmal widerlegen, wenn du sie wieder entdeckst. Du kannst dir selbst zeigen, dass es kein Zufall war und dass du sowohl auf dem Weg, den du eingeschlagen hast, als auch auf dem Weg, den du nicht eingeschlagen hast, deine Füße in Bewegung halten kannst.

Ich weiß nicht, ob ich beim Dallas Ultra Marathon 2022 eine der wichtigsten Fragen beantwortet habe, aber ich weiß, dass ich sie gestellt habe. Ich habe sie in aller Aufrichtigkeit gestellt und ich habe mich auf die Antworten eingelassen, die sich mir geboten haben. Für die Antworten habe ich mich aufgeopfert und kühl gedacht: Wenn die Antworten kommen, werde ich bereit sein, sie zu sehen.

Kapitel 28
Marathon Weltenbummler.

Acht Stunden Arbeit, zwei Stunden Fitness, eine Stunde Entspannung mit einem Buch, eine halbe Stunde Meditation vorm Schlafengehen: Wir leben unser Leben auf viele verschiedene Arten und Weisen, aber ganz gleich, wie wir unser Leben gestalten, wir leben in der Zeit. Die Zeit ist Wiege und Grab zugleich, sie ist Begleiterin und Begleiter in allen großen Momenten. Manchmal hast du ein bisschen mehr Zeit, und manchmal hast du ein bisschen zu wenig Zeit. Als Marathonläufer denke ich viel über die Zeit nach. Darüber, was sie von mir verlangt und was ich von ihr verlange. Noch mehr als sonst habe ich über die Zeit nachgedacht, als ich die Strecke in Tokio gelaufen bin.

Es ist eine wechselseitige Beziehung, die schon lange vor dem Start an der Seite der anderen Läufer beginnt. Es ist jede

Sekunde und jeder Tag, an dem ich aufwache und atme, all die Stunden, auf die ich mich freue - mein Leben in all seiner Pracht.

Einen Teil meiner Zeit verbringe ich am frühen Morgen, wenn ich aufwache, oder am Abend, wenn die Luft so frisch ist, dass ich sie als perfekt bezeichnen kann. Das sind meine Lieblingsstunden. Es gibt keinen Druck im Hinblick auf das Erreichen einer persönlichen Bestzeit, sondern nur das Ziel, so hart wie möglich zu laufen, um die Kilometer zu schaffen. Die Trainingszeit kommt schnell zusammen. Wenn mir jemand sagt: "Du bist drei Stunden gelaufen? muss ich lächeln, denn das war nur ein Bruchteil der Zeit, die ich investieren musste (oder durfte).

Auf diese Weise denke ich fast immer über die Zeit nach. Ich kann meine Zeit ins Laufen stecken. Das ist ein Segen, den ich sehr schätze. Ich bin auf den Wegen und Bürgersteigen unterwegs, während andere im Lager oder in der Fabrik schuften oder noch eine Doppelschicht im Büro schieben müssen. Dabei kann ich, wie jeder, der mich kennt, bestätigen wird, einen Fleiß an den Tag legen, der selbst den engagiertesten Handwerker beeindrucken würde. Ich liebe meine Arbeit, ich liebe es, zu studieren und einen Acht-Stunden-Tag zu haben, aber mein Tagesablauf ist flexibel, so wie ich ihn brauche. Wenn ein Rennen ansteht, kann ich mir eine Auszeit nehmen. Ich kann meine Zeit als meine eigene nutzen, und das ist zutiefst befreiend. Nichts in meinem Leben, nichts in meiner Routine hält mich von dem ab, was meine Seele erfüllt.

Nichts von all dem soll uns davon abhalten, uns zu bemühen und zu bemühen, unseren Sport zu betreiben. Im Gegenteil, wir haben uns entschieden, unsere Zeit dem Marathonlauf zu widmen.

Apropos Laufen

Aber das Privileg, das sich daraus ergibt, ist unbestreitbar. Das Geld zu haben, das man ins Laufen investieren kann, ist privilegiert. Diese Kosten summieren sich ebenso wie die Trainingszeit. Neue Laufschuhe, jede Anmeldung, die Reisekosten, die Spezialnahrung, um meinen Körper in Schwung zu halten: Die Rechnung würde vielen die Schamesröte ins Gesicht treiben. Aber ich würde das Geld nicht auf eine andere Art und Weise ausgeben, genauso wie ich die Zeit nicht anders verbringen würde. Es ist eine wunderbare Erfahrung, Kilometer für Kilometer zurückzulegen. Und wenn meine Zehen den Boden berühren und der kalte Wind meinen Lungen die nötige Ruhe verschafft, dann weiß ich, dass ich die richtigen Entscheidungen getroffen habe, von der Anmeldung über das Training bis hin zum Renntag selbst.

Der Renntag selbst: Bevor wir dazu kommen, ein paar Schritte zurück.

Proust, der Autor von "Auf der Suche nach der verlorenen Zeit" oder im Original "Die Erinnerung an die Vergangenheit", sagte: "Die Zeit vergeht, und nach und nach wird alles wahr, was wir falsch gesagt haben". Denken wir an das Privileg, das Wandel und Reflexion bedeuten: Wenn man sein ganzes Leben damit verbringt, an einem Tisch zu nähen oder an einer Kasse zu stehen und die Snacks von anderen Leuten zu kassieren, dann hat man nur wenig Zeit, um innezuhalten und sich zu verändern. Für die Perspektive, die mir das Laufen im Überfluss bietet, bleibt wenig Zeit. Während die Kilometersteine am Wegesrand verschwimmen und alte Unwahrheiten zu Wahrheiten werden, verändere ich mich ständig und beobachte meinen eigenen Geist.

Alte Überzeugungen werden zu Torheiten, über die ich hinausgewachsen bin.

Ich stieg in die Abgründe meiner eigenen Erinnerungen und Überzeugungen hinab, zerriss sie, bis auf der anderen Seite ein wenig Licht erschien. All das wäre nicht möglich gewesen ohne das Laufen, ohne die Ruhe, die mir das Laufen gibt.

Um es noch einmal zu sagen: Es geht nicht nur um die Zeit auf der Strecke.

Es geht auch um Zeitreisen. Davon gab es beim Tokio Marathon 2023 jede Menge. In den Wochen und Monaten, die dem Rennen vorausgingen, war ich überrascht, wie viel Zeit ich haben würde, bevor es losging. Ich würde ein Vielfaches an Zeit brauchen, um dorthin zu kommen, als um zu laufen.

Meine Reise begann in New York City: Es war der erste der Abbott World Marathon Majors, an dem ich teilnahm. Mit Taxi, Fähre und Bus. Keine der Fahrzeiten war so, wie Waze sie vorgeschlagen hatte, wie sich jeder New Yorker denken kann. Es gab Verspätungen, rote Ampeln, die länger dauerten, als sie sollten, und mit jeder Verspätung hatte ich mehr Zeit, über den bevorstehenden Tag nachzudenken. Später, in Boston, fuhr ich mit dem Amtrak durch den Tunnel, den die Einheimischen immer "Big Dig" nennen werden - mit Spott in ihrem Akzent, der kein "R" mehr hat. Nach Chicago musste ich fliegen, nach Berlin und London auch. Fünf Rennen und viele, viele Stunden Reise.

Tokio war natürlich die längste Reise von allen. Alles in allem habe ich vierzehn Stunden gebraucht, um von New York City dorthin zu kommen, mit einem neunzigminütigen Zwischenstopp, zehn Stunden für einen kurzen Aufenthalt in Sydney, Australien, und zehn Stunden, um wieder zurück nach Tokio zu kommen. Die ganze Zeit über hat man das Gefühl, dass es sich lohnt zu suchen, dass es etwas zu entdecken gibt in all den tickenden Minuten, die weder langsamer noch schneller werden oder stehen bleiben.

So gesehen wird die Zeit zum Hüter ihrer selbst. Während sie vergeht, vergehe ich mit ihr. Das ist die andere Eigenschaft der Zeit, über die wir zu flüstern pflegen. Sie verschleißt jeden von uns. Der Sand der Zeit ist im wahrsten Sinne des Wortes für unsere Körper, so wie er im wahrsten Sinne des Wortes für die Berge ist, die die Wellen in die Vergessenheit schlagen.

Manchmal ist die Zeit härter als das. Im falschen Moment wird einem ohne Vorwarnung alles genommen.

Wenn ich unterwegs bin, denke ich an die Menschen, die Pech hatten. Ich denke an ihre Familien und daran, was es für sie bedeuten würde, wenn ihre Lieben ebenfalls am Start wären. Als ich mich auf den Tokio Marathon 2019 vorbereitete, sammelte ich Geld für wohltätige Zwecke. Ich hatte ein gutes Gefühl, weil ich mich bei anderen Läufen so gut gefühlt hatte. Es stellte sich heraus, dass die Regeln etwas anders waren, als ich es gewohnt war. Nur die ersten paar Tausend Läufer, die das Ziel erreichten, durften an der Spendenaktion teilnehmen.

Ein Blick in das Jahr 2020: Dieses Mal habe ich mein Geld für das Toy Museum in Tokyo gesammelt und mich für den Tokyo Marathon im Jahr 2020 angemeldet. Der Termin stand fest: 1. März 2020. Natürlich fand der Lauf nicht statt. Japan schloss seine Grenzen und ich lief dieses Jahr keinen Marathon. Weil ich eine E-Mail verpasst hatte, konnte ich auch nicht am New York City Marathon 2021 teilnehmen. 2022 kehrte ich mit meinem zwanzigsten Marathon in New York City und meinem einundzwanzigsten in Dallas zu den Majors zurück.

Drei Jahre waren vergangen, als ich meine Sechs-Sterne-Tour wieder aufnahm. Ich war fünf von sechs - ein Rennen von der begehrten glänzenden Sechs-Sterne-Medaille entfernt. Es wäre einer der größten Erfolge in meinem Rennfahrerleben.

Ich war bereit.

Dann brachen das Leben und die Zeit über mich herein wie die Pandemie zuvor. Zehn Tage vor dem Tokio-Marathon war ich in Arkansas, wo ich einen Schreibaufenthalt absolvierte. Ich war weit weg von zu Hause. Meine Gedanken waren auf der anderen Seite des Pazifiks, als ich eine Treppe hinunterstürzte. Die Schmerzen waren unmittelbar und schmerzhaft. Er verspottete mich, als ich auf dem Boden lag.

So schnell wie möglich suchte ich einen Arzt in Bentonville auf. Seine Nachricht war düster. "Es ist definitiv gebrochen", sagte er zu mir, als mir all die Jahre und der Schweiß, jedes Körnchen Zeit, durch die Finger glitten.

Ich flog zurück nach New York und verstaute meine Krücken im Gepäckfach. Ich klammerte mich an eine gewisse Hoffnung, denn der Arzt in Bentonville hatte kein Röntgenbild gemacht. Es schien, als hätte ich ein Recht darauf, dass mich eine Treppe aus meinem Traum reißen würde. Das Licht der sechs Sterne wurde schwächer, und ich hatte nicht die Absicht, es ganz loszulassen, nicht ohne Widerstand.

Weniger streng, aber auch nur geringfügig, war die zweite Meinung in New York. "Wahrscheinlich nicht gebrochen, aber in einem sehr schlechten Zustand", sagte der Arzt.

"Machen wir ein Röntgenbild", sagte ich.

"Ist der Schmerz nicht...?"

"Unerträglich", sagte ich. "Das ist das Schlimmste, was ich je erlebt habe. Aber es ist nicht so schlimm wie neulich. Aber in acht Tagen laufe ich den Tokio-Marathon."

"Nein, wirst du nicht", sagte der Arzt. "Nicht in diesem Zustand." Zur sichtlichen Verärgerung des Arztes bestand ich auf einer Röntgenaufnahme. Doch als er das Röntgenbild las, verwandelten sich seine Frustration und sein Schock in Überraschung und Verwirrung.

"Es ist nicht gebrochen", sagte er. "Und nicht nur das, es handelt sich auch nur um eine ganz leichte Verstauchung.

Das war das Beste, was er mir sagen konnte. Auch wenn er das schelmische Grinsen, das sich auf mein Gesicht schlich, nicht zu schätzen schien, weil er wusste, dass ich mich von einer Verstauchung nicht davon abhalten lassen würde, nach Tokio zu fahren, so gehörten die Momente doch wieder mir. Ich hatte meine Zeit zurück von der Couch und den Katzen, die mir mit dem Einsperren drohten.

Ich würde die Ziellinie überqueren und mir meinen sechsten Stern verdienen.

Nach meiner Ankunft in Tokio flog ich weitere zehn Stunden nach Sydney, wo ich die Aufführung von La Bohème im Sydney Opera House besuchte. Ich saß in der ersten Reihe in der Mitte, nahe genug, um an der Jacke des Dirigenten zupfen zu können (was ich aber nicht getan habe).

Wie gut die japanischen Eventmanager organisiert waren, erstaunte mich am Tag des Rennens. Ich fühlte mich wie ein Experte auf diesem Gebiet, nachdem ich die ersten fünf von sechs Läufen absolviert hatte. Es war eine technische Meisterleistung. Alle Läufer, die sich für 2020, 2021 und 2022 angemeldet hatten, stellten sich neben mir auf. Dieser Moment war uns allen schon einmal entgangen und wir wollten ihn nicht noch einmal verpassen. Laut Guinness World Records gab es an diesem Tag mehr Finisher mit sechs Sternen als jemals zuvor in der Geschichte - dreitausend an der Zahl, das ist fast die Hälfte der Gesamtzahl. Es waren die Verspätungen, die wir in Kauf genommen hatten, der Mut und die Ausdauer, die uns über Ozeane und durch schmerzhafte Trainingsnächte getragen hatten. Und die noch schmerzhafteren Nächte, in denen wir uns fragten, ob das Training umsonst gewesen war, in der Hoffnung, dass sich die Welt wieder drehen und unsere Zeit wieder uns gehören würde.

Bei der 19. Meile spürte ich einen Stich in meinem Knöchel. In Gedanken war ich wieder in Bentonville, bei CityMD, bei jedem Trail, den ich gelaufen war, bei der Uhr auf meinem Handy und den Minuten und Stunden, die sie verstrichen waren.

Proust war in meinen Gedanken. Ich suchte nach meiner eigenen verlorenen Zeit, nach den Jahren, in denen ich nicht gelaufen war, und den Jahren, in denen ich laufen durfte, nach fünf Sternen unter meinem Gürtel und einem sechsten, der nur sieben Kilometer entfernt war. Es hätte mich nicht aufgehalten: Der Knöchel hätte in zwei Hälften gebrochen werden können, und ich wäre die letzten zehn Kilometer oder mehr auf allen vieren gekrabbelt. Es war mir zu viel - alles - und beim Überqueren der Ziellinie hatte ich kaum noch Schmerzen.

Bei den Abbott World Marathon Majors in Berlin vor fünf Jahren hatten mein Freund Andrew und ich uns kennen gelernt. Auch er erhielt in Tokio seinen sechsten Stern. Wir feierten mit Sushi und Sake. Es war alles, was wir uns erhofft hatten: das Genießen des Lebens in einem so fernen Land in vollen Zügen und das Wissen, dass wir trotz aller Widrigkeiten in den Jahren 2020, 2021 und 2022 Sechs-Sterne-Läufer geworden sind.

Lil Wayne rappt: " If we could buy time, every store would sell it." Das können wir offenbar nicht. Wir können Zeit weder kaufen noch verkaufen. Wir können sie investieren, wir können sie verbrauchen, wir können sie wegwerfen. Und wir können sie wertschätzen. Wir können sie, wenn am Ende eines Tages noch genug davon übrig ist, für das einsetzen, was wir für richtig halten. Für mich blieb an all diesen Tagen etwas übrig, genug Momente, um einen kurzen oder auch einen langen Lauf zu planen, genug Zeit an einem Wochenende, um sie im Big Apple zu verbringen oder zwischen den Wolkenkratzern von Berlin, in Chicago und Boston und London, in Tokio, wo aus fünf Sternen sechs wurden - und die Zeit blieb stehen, als meine Füße stillstanden und die Freude über die Medaille mir gehörte. Die Freude, zu laufen, hat mir so viel gegeben und mir eine große Perspektive eröffnet, was das Laufen, den Wettkampf, die Fitness, die Fairness und die Zeit betrifft.

Wie der Kämpfer, der endlich den begehrten schwarzen Gürtel erlangt, um dann festzustellen, dass das wirkliche Lernen und Trainieren erst jetzt beginnt, so habe ich nach meinem sechsten Stern in Tokio festgestellt, dass mein wirkliches Lernen und Trainieren erst jetzt beginnt. Viele weitere Wettkämpfe stehen an und viele weitere persönliche und praktische Lektionen sind zu meistern - Zeit, die gut investiert ist.

www.ingramcontent.com/pod-product-compliance
Lightning Source LLC
Chambersburg PA
CBHW070241010526
44107CB00041B/1486/J